P9-DHG-158

Lionheart Gal

Life Stories of Jamaican Women

Sistren: *Back row, standing* – Cerene Stephenson, Jennifer Williams,
Bev Hanson, Joan French, Afolashade (Pauline Crawford), Jerline Todd,
Lorna Burrell-Haslam, Beverley Elliot
Sitting – Lana Finikin, Lillian Foster, Honor Ford-Smith, Myrtle Thompson
Foreground – Rebecca Knowles
(missing, Jasmin Smith and Vivette Lewis)

Photo: Maria LaYacona, *c.*1986

SISTREN is an independent women's cultural organisation, which works at advancing the awareness of its audiences on questions affecting Caribbean women. Sistren, which means 'sisters', developed from the initiative of working-class women in 1977, and is best known for its theatre work. It was among the first of a new wave of Caribbean women's organisations addressing questions of gender and class, violence, sexuality, ageing, women's history, and women's work. Sistren's plays were collaboratively created through improvisation, and the group also developed a popular drama-in-education programme that involved audiences to analyse their collective situation and seek solutions to pressing problems.

Currently, Sistren continues to work in popular education in inner-city communities. The group's cultural work is rich in imagery derived from the music, dance and popular expression of the Caribbean. It is also known for revealing the tough daily reality facing Caribbean women. The collective has won many awards in Jamaica and abroad for its work.

HONOR FORD-SMITH was the founding artistic director of the Sistren Theatre Collective from 1977 to 1989. She is presently a lecturer at New College, University of Toronto.

SISTREN
with Honor Ford-Smith

Lionheart Gal
Life Stories of Jamaican Women

With a new afterword by Honor Ford-Smith

 University of the West Indies Press

Jamaica ● Barbados ● Trinidad and Tobago

University of the West Indies Press
1A Aqueduct Flats   Mona
Kingston 7   Jamaica
www.uwipress.com

© 2005 by Sistren Theatre Collective

All rights reserved. Published 2005

09 08 07 06 05   5 4 3 2 1

CATALOGUING IN PUBLICATION DATA

Lionheart gal: stories of Jamaican women / Sistren;
with Honor Ford-Smith
p. cm.

Previously published: London: The Women's Press, 1986.

ISBN: 976-640-156-X

1. Women – Jamaica. 2. Jamaica – Social life and customs.
I. Sistren (Organisation). II. Ford-Smith, Honor.

HQ1517.L56 2005   305.4'097292

Cover illustration: The cover illustration by May Thompson and
Ann Hodges is based on a scene described in 'Veteran by Veteran'.
It shows four images of Caribbean women of great spiritual power
defending their yard from thieves and invaders. In yellow is Erzulie,
the Haitian goddess of sexuality; in blue is Yemaya, the Yoruba
mother goddess; in white is Obatala, the androgynous god/dess of
purity, truth, peace, justice and wisdom; and in red is Ni, the guerilla
warrior priestess and queen of the Maroons.

Cover design by Robert Harris.

Printed in the United States of America.

To the daughters and mothers of all the Caribbean
and the vision their struggles will set free

Contents

Acknowledgements

Plenty gratitude is due to the many who helped produce this book.

The Jamaica School of Drama gave me study-leave to work on the project and Hertencer Lindsay and Dennis Scott supported me wholeheartedly in my struggle against time to complete it. The University of Kent at Canterbury gave me a place to begin the work. The Women and Development Unit (WAND) of the Extra-Mural Department of the University of the West Indies found funding for the initial interviews and Peggy Antrobus believed in the worth of the material long before it was written down.

Yasmin Barnett, Effie-Ann Johnson and Janet Burnett typed and did some of the transcription. Mervyn Morris, Beverly Hall and Mervyn Alleyne helped me to come to terms with the dimensions of the language issue. My mother, Joyce Tate, provided a quiet space in her house to work. Gloria Hull, Rhonda Cobham, Joan Ross, Pauline Melville, Nan Peacocke and Bernardo Garcia Dominguez gave useful comments on the manuscript at critical stages.

Above all, those associated with the Sistren Collective provided a community in which the work grew and a motivating reference point for all of us involved in *Lionheart Gal*. Special thanks and praises are due to the resource and office staff; to Joy Erskine, Lauren Williams and Delores Robinson; to Jenny Jones for her hours of painstaking help in standardising the creole spelling, Joan French for her thoughtful and critical nurturing of the entire project, Hilary Nicholson for her intolerance of longwindedness and repetitiousness; to Ann Hodges for her work on the designs.

Finally, to those individuals and organisations without whose backative over the years Sistren could not remain in touch with the daily realities facing Caribbean women. Our deep appreciation to organisations such as: Canadian Catholic Organization for Development and Peace, Canadian University Service Overseas, Caribbean Association for Feminist Research and Action, Christian Aid, Intermedia, Inter-pares, Match, Novib, Oxfam Canada, Oxfam UK, United Church of Canada, War on Want, World Council of Churches, and Trocaire.

Introduction

Background

The voices in *Lionheart Gal* echo across the last forty years of Jamaica's history, reverberating with the impact of so called 'development' on women. The stories chart the terms of resistance in women's daily lives and illustrate ways in which women can move from the apparent powerlessness of exploitation to the creative power of rebel consciousness. They reveal the humour and courage released in this process and project fragments of the future it envisions. The stories can be read individually as accounts of ways in which women come to terms with difficulties in their personal lives. However, within each story there are different emphases such as work, housing, relations with men and children; so that taken together, they are a composite woman's story, within which there are many layers of experience. All of the testimonies are underscored by a movement from girlhood to adulthood, country to city, isolated individual experiences to a more politicised collective awareness.

The stories explore two opposing images of the black woman, which co-exist in the psyche of Caribbean women: the image of the warrior woman as typified by Ni (Nanny), the Maroon leader of the eighteenth century, and the image of the nanny, the domesticated servant woman. They explore these images as they exist in the daily lives of twentieth-century Caribbean women. Ni, the warrior priestess, led the eastern Maroons in their fight against slavery. Maroon stories tell us that she was far more militant than Kojo, who led the western Maroons. In 1740 when she learned he had signed a treaty with the British, she was furious and vowed to continue hostilities. She did this until 1741 when she was granted a land patent in the Parish of Portland.[1]

Ni was not merely an exceptional woman. Her power was underpinned by several factors – material and cultural. It drew on the tradition of the Ohemaa (the Ashanti Queen-Mother); on the control which African women had over agriculture in Maroon society; on the specific needs of the war effort as well as the circumstances of sexuality which existed in the rebel communities of the time. Other black women drew strength from these traditions too. Cubah, for instance, was to have been Queen of Kingston, if the rebellion in which she was involved had succeeded, and the earliest Maroons of the seventeenth century had a Coromantee Queen. The legacy of these women belongs to all Caribbean women who try to change oppressive circumstances in which they find themselves. This legacy belongs to women like those who speak in *Lionheart Gal*.

The granting of the land patent to Ni had a contradictory effect. It created within the slave colony a homeland (apartheid-style) for the free blacks, but in a sense, since the war had ended, it contained the revolutionary potential of the Maroons within the island as a whole. Ni, it is said, never died. Maroon tradition says that such a leader cannot be destroyed, she merely moves to another point of struggle where she can be more useful.

Thereafter, the second image of the Caribbean woman began to come into being as the centuries progressed. She was the proverbial black mammy, nanny of the Great House, instinctively maternal, perpetually self-effacing, kind-hearted and loving, the complacent servant who loved her oppressor. These two images, Ni and Nanny, the rebel and the passive one, stand opposite one another apparently as different as day and night, at opposite ends of the spectrum of colonial past and present.

The work in this collection indicates that the two images of women may not, in fact, be as opposite as we have been taught to believe. Behind the familiar image of the domesticated nanny lurks the eternal Ni. To recognise her it may be necessary to readjust one's sense of the rules of resistance and the limits of power. It may be necessary to seek her out over the years in odd places – beside the stove, sweeping the yard or crouched over a pan of clothes. It may mean coming to terms with ways in which ordinary women

xiv

have determined their own struggles for themselves and the ways in which they have assessed their own victories and defeats. In so doing, we may be able to identify the circumstances and consciousness which we need to draw on to build the basis from which we can win a greater share of power over our own lives as women. Since those who win struggles rarely do so by confronting the oppressor on his own terms, these discoveries may suggest ways of re-inventing the terms of struggle and the strategy itself.

Lionheart Gal draws on a legacy of tale-telling which has always preserved the history of Caribbean women. Stories of Ni, for example, are some of the earliest to emerge in the region after the experience of colonisation and the forced African migration. As such, they form a kind of bedrock of consciousness of female resistance among Jamaicans. Eminent historians may argue about whether Ni existed or not; record keepers of the colonial era may colonise our memory of her, taming her with the generic name for the archetypal domesticated woman, the nanny; nevertheless image-laden tales live on, offering an inspirational code for the struggles of women in the region. Ni, they say, was the possessor of magical religious powers, a tactician, a stern general, a herbalist, a cultivator. She bounced bullets off her bottom or she caught them and threw them back. She trapped British soldiers in a cauldron which boiled at the foot of the hill on which Nanny town stood. When her people were on the verge of starvation and about to give up the fight, Ni received pumpkin seeds, which, when planted, yielded fully grown pumpkins in record time, enabling the Maroons to continue the war.[2]

The tale-telling tradition contains what is most poetically true about our struggles. The tales are one of the places where the most subversive elements of our history can be safely lodged, for over the years the tale tellers convert fact into images which are funny, vulgar, amazing or magically real. These tales encode what is overtly threatening to the powerful into covert images of resistance so that they can live on in times when overt struggles are impossible or build courage in moments when it is. To create such tales is a collective process accomplished within a community bound by a particular historical purpose. The tales and the process of making them suggest the possibility of a unity between the aesthetic imagination and the social and political process. They suggest an altering or re-defining of the parameters of political process and action. They bring to the surface factors which would otherwise disappear or at least go very far underground.

The tales demand to be de-coded. For example the tale about Ni bouncing bullets off her bottom might describe something which literally took place. On the other hand, the tale is offering a greater truth – one which states that the female body brings forth life. In so doing women can turn back death. And so these stories are invaluable in the effort to change the effect of oppressive forces on our lives. To decode the images and ideas contained in such tales creates a situation within which the awareness of social contradictions is sharpened. Understanding the analogies evokes both thought and feeling. Rediscovering the meaning of signs and images within tales like these is to restore the centrality of imaginative expression and beauty to human experience. It is to release the power contained in the images and to create a basis for political action. *Lionheart Gal* draws on this tradition.

The testimonies themselves start with the women of the stories as objects of processes they do not control. The authors of these processes, the elite, are as invisible as ghosts. In 'Rebel Pickney', the ominous silence and fear which surrounds the relationship between rich and poor is symbolised by the empty great house inhabited by white duppies who terrify Betty on her journey. If the elite are invisible, the processes they control are starkly visible. From story to story many of the same determining forces impact on the lives of the women: migration pulling like a magnet, female unemployment or under-employment, the failure of the educational system, rapid urban industrialisation, inadequate housing, violence as the supreme and ultimate expression of power, manipulation of sexuality in order to dominate, the failure of present political structures.

At the centre of all the accounts is an exploration of our assumptions about maleness and femaleness in a small, poor, black country and the way those assumptions relate to the material conditions in which men and women find themselves. The dominant ideology of the male as breadwinner certainly still reigns supreme in Jamaican society, in spite of the fact that in material terms it simply does not work. Twice as many men are employed as women in Jamaica. Men's access to resources is greater than women's, but male unemployment is still chronic. A third of women are defined as 'household heads' officially, but many more women shoulder supreme responsibility for children both economically and in terms of household labour. Women accept

xvi

work which is extremely badly paid and in jobs where there are fewer labour organisations. The reality, then, is in profound contradiction to the officially sanctioned ideal. Against this background, women's fight for material survival means that sexual relationships between men and women are often characterised by the tedious playing out of a power struggle ritualised by trade-offs of money and sex. The first word in male power is violence and the last word in female leverage is sexuality.

Nevertheless, the effect of the ideology of male dominance is to mystify the relationship between the accumulation of wealth for the few and the impoverishment of many. It reinforces the interests of men across class lines and divides the interests of men and women of the working class by justifying male privilege and giving poor black men a stake in the system of domination. Overcoming the limitations of such a situation is not something which can be approached in a voluntaristic way by individuals for it is held in place by the economic, social and political factors described in immediate terms in these stories.

Migration is one of these processes. It is experienced on several levels. It functions in these testimonies as a metaphor for journey, movement or discovery, but it also describes the sociological process as it affects men and women. The migration of men overseas in the 1950s and that of women to the cities is mentioned in eight of the stories. Since the turn of the century when the Panama Canal was built, white capital has drawn the black working class overseas. The option to work abroad has traditionally always been first offered to men, who because of the traditional and hierarchical sexual division of labour were the preferred cheap labour in post-war Britain, or in the USA as farm workers. For women, the chance to earn larger incomes in the 'advanced' countries was slimmer. Historically, at certain times (for example the early twentieth century) female migration overseas has been actively discouraged in order to encourage 'proper family life', i.e. women were to stay at home and as the song says 'mind baby'. The ideal of the male breadwinner justified male migration, which also acted as a brake on male unemployment locally. Concurrently colonial policies which discouraged the employment of women in agriculture and encouraged their confinement to the domestic and subsistence economy were put into place in this century. Between 1921 and 1943 the entire female labour force declined from 219,000 to 163,000. The percentage decline between 1911 and 1943 was

xvii

from 59.6 per cent to 34 per cent. In agriculture, the area where most women had worked at the time of the Emancipation of slavery, the female labour force declined from 125,400 in 1921 to 45,600 in 1943.[3]

As the stories here suggest, women tended to migrate internally to the city to find work. They came either alone or with their mothers, often to work as domestic servants in the hope that living in the city would increase their independence from family restrictions and material well-being. Migration then was a hoped for saviour who turned traitor. Female workers in the city earned starvation wages if they earned any at all. As is clear from the case of Didi in 'Ole Massa and Me' and G in 'Working Woman', they were often forced into a greater dependence on men. Additionally, because there are larger numbers of women than men in the city, their position was even more insecure and the basis for female solidarity was further weakened. Where women like Mama in 'Rock Stone a River Bottom' have held on to land of their own or held land in common with their family, women like G have become landless workers in the city with nothing to 'bribe di family' to take care of them in their old age. This doesn't mean that life in the country is better for women. 'Country Madda Legacy' sharply illustrates the harsh conditions facing small farmers and destroys any romantic illusions which may exist about peasant life. What emerges is that the situation of women is not moving forward in a linear or progressive way. Where the society appears to move forward, women often do not benefit, and in fact in the Caribbean it appears as if considerable losses in autonomy are taking place. If we accept indicators like the access of women to work, to control of land, the conditions of women may well be worse than they were in the nineteenth century, when almost all women were an important part of the labour force.

In most stories, the women selected a childhood experience as the one which gave them the courage to question the state of things and the courage to try to change their lives later on. For most girl children the institution from which their first consciousness of oppression emanated was the family – either in the form of the exploitation of child labour, through the violence of fathers or brothers, or in the case of the middle-class women, through the hypocrisy surrounding race and class relations in the family. In 'Grandma's Estate,' Ella for instance struggles to overcome the isolation placed upon her by privileges such as class and colour, before the material constraints of earning her own living make her absolutely part of her class. The failure of the educational institution to create any reflection on the contradictions which children experience in childhood is vividly discussed in the stories of Ella, as well as those of Didi and Betty.

The exploitation of girl children extends from the household, out into the labour market where women can still exist in the strange half-slave, half-serf existence of the domestic worker in the late twentieth century. In 'Emancipation of a Household Slave', Doreen describes her experience of working as an unpaid domestic servant in her early teens. Later on, she is sent out to work in her stepmother's job and is required to hand over the wages each week. Such testimonies violate the idea that being part of a wage earning economy results in greater freedom for women. Untouched by any of the legislation of the 1970s such as minimum wage, or by labour organisation, these forms of 'hidden' exploitation stubbornly persist. They do not disappear when new social institutions are introduced, as used to be thought. Instead they merely take on a new form so that they can continue to exist as before. To change this situation clearly requires careful study and special considera-tion. So far however, these issues have remained low priorities for most organisations in our society who complain about the difficulty of organising domestic workers and about the divisive potential of organising women in their own interest.

In 'Criss Miss', 'Rock Stone a River Bottom', 'Me Own Two Hand' and others, the experience of sexuality and motherhood are described as central to the experience of womanhood. In all cases both the act of sex and becoming a mother are experienced as processes which heighten women's alienation from the societies they are supposed to be a part of. Sex is neither pleasurable nor empowering. It is indeed the 'pathway to destruction' since through it women lose whatever tenuous possibility of autonomy they may have had. Sex in these stories is shrouded in secrecy and confusion. Women feel ignorant about their own bodies. The experiences described in *Lionheart Gal* are the exact opposite of the proud rebellious sexuality contained in the image of Ni bouncing bullets off her bottom. Sex is often associated with money, but not in the teen years where economic necessity does not adequately explain young motherhood. Becoming a mother is traumatic psychologically and materially, and so are the 'penalties' for being a mother. The Caribbean women's movement has been slow to

xix

address issues of sexuality and reproductive rights. The state, however, has not, and its policies have resulted in greater losses in autonomy for women. They entrench the idea that motherhood is a social disability. Presently state policy on sexuality and reproduction consists of a loud propaganda campaign against young motherhood. Enormous sums of money are poured into contraception. 'Don't have more than two children', women are told. And many women don't, for the birth rate is declining. But what are they to do with the two that they have? Very little is done by the society to facilitate the nurturing of Caribbean youth who will of course be the citizens of the future. Even less is done to make it possible for young mothers to continue their education or learn skills after their pregnancies. Materially, motherhood entrenches women's low status and justifies their dependence on men. Very recently, women's organisations have begun to explore solutions to some of the issues raised in *Lionheart Gal* which relate to sexuality and reproduction and to treat the area as one which is crucial to women's position in society.

The stories also reveal the extent of male violence in the household. Woman too are beaters, but on the whole beating is a man's responsibility – part of the misplaced concept of man as household head, patriarchial possessor of the bodies and labour of 'his' woman and children. It is his right to sanction disciplinary action against rebels in the home. Male violence then gives the man, however briefly, a sense of being in control of a 'lesser' being, of having power over the life of the other if not his own. Violence of a sexual nature is not passively accepted by women. In many of these stories they fight back. Being able to defend oneself is essential for working-class women. Nor are women always the losers. In many of these stories the myth of woman's physical weakness is blasted. Women like Mama in 'Rock Stone a River Bottom' and Foxy's mother in 'Foxy and di Macca Palace War' often win their battles with men and are proud of these fighting skills, although, as Veteran tells us, they are mockingly dubbed 'man-royal'.

All of the stories attest to the fact that when women select their own creative organisational forms, they begin to build a base from which they do transform their lives. But this transformation is only secure in so far as it is guaranteed by the power relations in the wider society. Making their own position secure means understanding the link between women's personal experience and the social, economic and political forces in the wider society. It involves searching out the link between the subjective experience and objective reality. The recognition of this connection unleashes in women the courage to challenge other forms of exploitation and to envision new forms of social relationships. This is the process which 'Foxy and di Macca Palace War' describes. Foxy makes the connection between her own experience and the power structures in society. Her story asserts the importance for women of political practice as well as political objective. In creating new alternatives, the end can be betrayed by the means. Those committed to making new structures, she insists, need to consider issues of ethics and honour and to develop an understanding of these in preparing themselves to build new material realities. In 'Rock Stone a River Bottom' we see glimpses of a woman (Mama) who is the absolute antithesis of every stereotype of woman. The humour in the account comes from the way in which Mama violates our expectations of women; as dependent on male income, as physically weak, eternally forgiving. Mama's story shows us we must beware of notions of 'naturalness' as far as womanhood is concerned. There is no such thing. That is Mama's great strength. But her way is not an alternative. It is only one step on the way, for ultimately Mama reproduces in her relationships with her daughter, the very behaviour she criticises in men. She imitates the behaviour of the oppressor in her search for a solution.

In other experiences, the women in the stories move beyond this stage and begin to find practical alternatives in their lives. In 'Criss Miss', Prudence courageously leaves behind the economic security of her sterile relationship with Ralston in recognition of the fact that if she is to be more than object, financial security is not enough. In 'Ole Massa and Me', Didi commits herself to work within her relationship with a man. She challenges old worn out notions which Ole Massa has about what women can and should do. She is able to draw on her own autonomous base within a women's organisation to guarantee her position in relation to Ole Massa and so she gets a bit further than women in other stories who try this without a strategic base.

In 'Red Ibo' the struggle to begin to change social structures is described. In this process the importance of continuing to question the full meaning of alternatives thrown up within our own institutions and organisations is examined. The struggle of women as a whole within radical movements for the recognition of their own autonomy, this account asserts, must be matched by a struggle against racism and class privilege in the women's movement itself. These contradictions are sometimes as fierce as the struggle against the entire exploitative system in which we live and are as much a part of the forward movement of history if that movement is to have any meaning for women.

The Sistren Collective

The stories here are told by the women of the Sistren Theatre Collective which was founded in 1977. The working-class women who make up most of the group were all drawn from the emergency employment programme (also called crash programme or impact programme), a special 'make work' project of the democratic socialist government of 1972–80 led by Michael Manley. Approximately 14,000 people were employed by the government to give temporary relief to the problems of unemployment. Of these about 10,000 were women. Although the work was low paid and temporary – a common feature of women's work – the fact remains that working together to earn a wage offered a space within which the women could begin to organise around their own concerns. This situation offered the women a chance to recognise that they wanted to explore their situation as women further and that they wanted to do it in a way which they would enjoy. In 1977 I was invited to direct a play for a Workers' Week concert. Thirteen women from the special employment programme came to our first meeting. I asked them what they wanted to do a play about. They said, 'We want to do plays about how we suffer as women. We want to do plays about how men treat us bad.'

'How do you suffer as women?' I asked and we began the long process of exchange of women's lived experience which has always characterised our work. Sistren began, thirteen black women and one Jamaica-white woman (apparently white woman with a partially black ancestry), to create artifacts on women's lives or, as we put it then, 'analyse and comment on the role of women in Jamaica society through theatre, to organise ourselves into a self-reliant co-operative enterprise, and to take drama to working-class communities'. Since then, Sistren has become an organisation which administers a professional theatre group, a popular education project using drama as its main tool, a research project, a screen-printing project and a quarterly magazine.

xxii

What we did not realise when we started was that we were drawing on a legacy of feminism in the Caribbean to begin our work as a collective. We knew that within the democratic opening created by the government of 1972–80 a women's movement had emerged and had begun to win major gains for women nationally. Working-class women had begun to pressure for a minimum wage and they had won, for, in spite of middle-class opposition, the government had passed minimum wage legislation, the major impact of which was given organisational form through groups like the Voluntary Organisation of Women (in existence since the 1960s), the Committee of Women for Progress and the Women's Movement of the governing People's National Party. These and other women continued to pressure both within the governing party and outside it for legislation in favour of women such as equal pay for equal work, the repeal of the old bastardy laws, new child maintenance legislation and maternity leave. None of this, however, was described as feminist at the time.

It was fashionable then in Jamaica to say 'I am not feminist but . . .' by way of prefacing one's comments about women's struggles. Our history books do not contain their story[4] and so we did not know of the struggles of women for education and political rights between 1898 and 1944. We did not know the names of the early black feminists like Mrs James McKenzie (whose own name is not yet known), secretary of the Kingston Branch of the Pan African Association in 1902, and activist for women's rights, or Amy Ashwood-Garvey, co-founder of the UNIA and organiser of women within it from the beginning, Amy Bailey and Mary Morris Knibb who with other black middle-strata women won political rights for black women and the right of middle-strata women to break into jobs previously open only to European men or women. We did not know of women like Satira Earle or Adina Spencer, who had been supporters of the organisation of working-class women in the early labour movement.

What we knew was that a spate of tongue-in-cheek newspaper and television reports had projected white feminists in Europe and North America as 'women's libbers', hysterical perverts who burned bras and, they implied, probably wanted to kill off the male sex. The spectre of an international movement of women which was linked up to the movement against anti-imperialist wars was not to be encouraged either by the press or by men who occupied positions of power in traditional political organisations. Feminism became a dirty word in progressive circles. To tell the truth, if the media was partly responsible for discrediting the early feminists by way of playing its part to make the world safe for capitalism, the white feminists of the 1960s and 1970s did not aquit themselves particularly favourably either. They spoke about women's oppression when what they meant was their own experience of it. They spoke about women's history when they really meant European women's history. Their approach was often narrowly chauvinistic, confusing demands evolving out of their specific short-term needs with panaceas for women internationally. There were, of course, exceptions to this, and it was in part due to their work and to the courage of the early black feminists that Sistren got the space to survive and to discover through research the depths of the Caribbean feminist tradition.

Nor did we recognise then, in any sense other than the vaguest, that the precedents for our cultural work went way back. In the 1930s, for example, Una Marson the Jamaican black nationalist and feminist writer[5] made several attempts to organise women into an active force in the nationalist movement through cultural expression. She also attempted to organise writers of both sexes as a means of winning greater recognition for the black artists' political potential. She based her poetry and plays on her own personal experience and tried to come to terms with the contradiction of being a black woman from the middle strata in colonial society. In using her own experience as the raw material for her poetry and drama, in criticising the ideal image of woman as the middle-strata housewife woman, and in emphasising the link between art and nationalist struggle, art and organisation, she set an important precedent.

Sistren, too, bases its work on the personal experience of women and emphasises the importance of the organisation of the artist. Along with many others all over the world the group has committed itself to the collective process of artistic production. This is not to deny the special skills of individuals or their need at times to work alone. Rather it aims to place that individual within a community which will lay bare the contribution of social processes to his or her way of thinking and to his or her final product. Placing the artist in a community also demystifies the process of artistic production. Working collectively involves the articulation of the stages of work so that the whole community can understand what is going on.

xxiv

Over the years the community of the Sistren Collective has provided the context for the artistic growth of the individuals within it, as well as offering opportunities for the growth of other women. We have produced many plays. *Bellywoman Bangarang* deals with sexuality and the relationship between mothering and society. *Bandoolu Version* looks at women involved with destructive relationships with men and their attempts to create an alternative way of life through working together. *Domesticks, Tribute to Gloria who overcame Death* and *The Case of Iris Armstrong* deal with themes of women and work. I scripted and directed these plays from improvisations by the actresses. *Nana Yah* examines the life of Nanny and was directed and scripted by Jean Small. *QPH*, which explores the lives of three women who were trapped in the fire at the Kingston's alms house in 1980, was scripted and directed by Hertencer Lindsay. *Muffet Inna All a We* explores women's constant struggle to control her own destiny and was directed by Eugene Williams. *Youth and Youth Know Yuh Truth* is a one-woman piece exploring one woman's attempt to come to terms with unemployment and single motherhood. It was created by Becky Knowles, known for her acting in the collective. In addition, there have been countless educational workshops on different themes. The drama-in-education methodology used in these has been deepened by the contribution of Joan French.

The response to our work and our organisation has been mixed. Working in the collective has involved considerable personal sacrifice. In the early days we had some violent confrontations with people who didn't understand what we were trying to do or who found it threatening. Often this kind of response came from individual men. Some members have been 'disciplined' violently by partners who find their activities interrupting their primary responsibility as housewives and mothers. One woman, locked into the bathroom of her house after a bad beating, made a dramatic escape through the window and down a drainpipe for a performance of *The Case of Iris Armstrong*. Another, beaten up before a major tour, spent the night locked out of her house sleeping on the dirt floor of the kitchen. 'Ava's Diary' describes Ava's attempts to protect group funds from her gambling man and the violence she suffered as a result of this. Some individual men have been supportive of our work, however, and we feel it is important to acknowledge their openness and their work in our support since without this we could not build the alliances that guarantee our survival.

Organisationally and in performance we have also faced a mixed response. On the street we have been labelled 'communist' (a word guaranteed to generate much hysteria though few are clear on exactly what it means), or 'lesbian' (the assumption being that to be so labelled is to be so damned that nobody would listen to your 'perverted' insights, let alone take them seriously, as social criticism). The middle strata accuse us of promoting 'raw chaw' and vulgarity. Finally and worst of all, we fail in our work to recognise the contribution of the middle class to our society. 'That's why I don't like the Sisterins,' said one woman. 'They always want to talk about the working class. What about the middle class? Nobody ever recognises the middle class.' For these things our work has been censored by local media and our performances sometimes attacked violently.

The fight for survival has also produced many allies at all levels of the society and all over the world. These people have defended us in their communities, their organisations and their families. One of the greatest forms of support is to *work* with us, for financial remuneration, if it exists at all, is small. Our hours of work are long and conditions are hardly glamorous. In the early days, the support given by the Cultural Training Centre, the school for the arts in Jamaica, was inestimable. Without this institution we could not have grown as we have.

From time to time we work with other groups or organisations on important issues about which we share a similar outlook. However, in principle, we have tried to develop and maintain our own independent philosophy and outlook on our society based on our commitment to women, their autonomy and our creative work. To this end we work with groups across the political spectrum to advance our goals, trying always to maintain our own position. The response to our work and our interest in succeeding with our audiences has resulted in the critical evaluation and development of our perspective, methodology and form of organisation.

How This Book Was Made

This book started life as a documentation of the work of the theatre collective. The first section was to put the work in the context of

Jamaican society and focus on the conditions of life of Jamaican women. It was to include testimonies from Sistren as illustrations of pre-determined themes and then discuss how we work on our plays. Soon it was clear that the testimonies would not sit neatly into an introductory section. They refused to become supporting evidence of predetermined factors. They threatened to take over the entire project and they would not behave.

So, in the end we gave up trying to trim them and silence them and we decided to change the nature of the entire project. This was to venture into new territory, but nobody said, 'You're a theatre collective. Why are you writing testimonies?' In fact the lessons from our theatre experience were invaluable.

Lionheart Gal followed basically the same methodological steps as the theatre process,[6] that is, of taking in from women through testimony and shaping into a final product. In the beginning, we divided the labour among us as follows: I was editor/interviewer. All Sistren gave me interviews and assisted, along with other secretarial help, with transcription and in discussing and shaping the material. We began meeting collectively at first. Starting with our childhood, we made drawings of images based on such themes as where we had grown up, symbols of oppression in our lives, our relationships with men, our experience with race and the kind of work we had done. We described and discussed these on tape. This allowed us to discover areas of experience we shared and a few 'juicy parts' were revealed, but the material was still too sketchy, rigidly confined by the area the drawing defined. Sometimes somebody speaking would get carried away and leave the parameters of the drawing, pursuing a conflict she had defined for herself. Then the material would spin out richly coloured and multi-textured. These early interviews were useful in deciding how the second phase of interviewing could be framed. I decided to base the rest of the interviews on this sense of conflict, but not to determine the themes. I constructed each interview around three questions: How did you first become aware of the fact that you were oppressed as a woman? How did that experience affect your life? How have you tried to change it? These questions were given out to everybody and they were asked to think about them before coming to the next interview. At this stage we abandoned group interviews and proceeded with detailed interviews either in very small groups (about two or three) or individually. These tapes were then transcribed by a member of Sistren or by me. From those transcriptions, I searched for a throughline for each story and then discussed it with each woman. If she agreed, we then talked some more to add detail and to conclude the problem we had focused on. Afterwards I reordered the material in a first draft, and then went over it again in a third phase of interviewing and discussion, questioning for more detail and for reflection. At this stage I wrote from dictation or notes because it was too expensive to use any more tapes. Some women wrote their answers to the questions. 'Ava's Diary', for example, began from a detailed statement she had written about her experience of domestic violence to give to the police. We decided to keep the diary she had created herself and to extend it back through the other interviews. With the two middle-strata members of the group, the oral interviews did not work well. Accustomed to standard English and the conventions of academic expression, their stories sounded stilted when spoken, full of jargon, and hollow. Both 'Red Ibo' and 'Grandma's Estate' were written responses to the interview questions. The fact that we have worked together for many years and are ourselves an organisation meant that the interviews could go quite deep. We could often help each other to recall incidents and to sort out details, to pick out falsifications and to encourage openness.

The whole collection reflects the gamut of language used in Jamaican society and its relationship to class. In the main we hope *Lionheart Gal* makes a case for prose writing in Patwah or creole as the academics call it. Patwah/creole/dialect – the very confusion about what to call it reflects the national insecurity about the language issue. In spite of the work of poets like Louise Bennett,[7] Patwah is *still* regarded as 'not respectable' or at best 'inappropriate in certain circles'. Those who do not speak standard English are *still* sometimes laughed at for the way they speak in certain situations and they *still* sometimes resort to silence because of this. The grammar of Patwah is *still* not taught in schools. Its vocabulary is *still* not taught there either and the result is that many Patwah speakers *still* cannot read Patwah. Many prefer to read in English though it feels unfamiliar and foreign. Those who speak standard English easily are usually middle class. They usually write in English, but a few also write in Patwah (usually poetry or drama only). Those who are working-class and speak Patwah, write English too – or at least very few write Patwah (usually poetry or drama). This means that Patwah is written for performance, which is excellent, but what is not excellent is that it is not written for silent reflection or for purposes other than entertainment. Yet we all know that Jamaican people reflect all the time in their heads or in conversations in Patwah, and we also know that reflection is part of the process of gaining control over one's own life. So, why are certain kinds of written language still dominated totally by English?

The answer to this question is that the language issue is a political issue because language is central to all power relations. It expresses the soul of a people. In our experience the development of Patwah expresses the refusal of a people to imitate a coloniser, their insistence on creation, their movement from obedience towards revolution. Not to nurture such a language is to retard the imagination and power of the people who created it. For Patwah to be treated with the respect it deserves, a conscious decision would have to be taken to treat it as a language, probably by a state body. Such a decision would mean that Patwah would then be able to evolve without being limited by arguments demanding its perpetual reduction to its relationship to English. It would be constructed day by day and would develop in a literary dimension as well as an oral one.

In *Lionheart Gal* I have tried to be as faithful as possible to each individual's use of language. However the stage of development of the written language constantly undercuts the richness of the oral version. There is, for example, as yet no accepted spelling of Patwah. Though phonetic spelling would clearly be the most logical alternative, the fact that the system of education has long treated creole as a bastard cousin to English, and the fact that people consequently find the phonetic version hard to read, means that a purely phonetic spelling was impractical at this stage. The result is a compromise between phonetic spelling, English spelling and spellings which have become commonly accepted through constant usage. The syntax has been retained as purely as possible. This, after all, is more important than spelling, since within the syntax is contained the definitive tone, rhythm and a whole way of thinking of a language. Such a solution is not satisfactory, but in itself it reflects the state of the language question.

After the final draft of each piece was finished each person was given hers to read. Then, in a long meeting together, we decided on the final modifications. The first draft of the whole thing was presented to the collective and read over. In long meetings we decided on the title of the collection from those proposed, how the authorship credits would go and how money from the book would be used in the collective. In addition, we decided to maintain anonymity so far as the identity of each person was concerned to protect her family and the individuals in the stories. Each finished testimony still remains to be discussed as fully as it deserves within the group. In a sense until this is done, the work process will not be complete.

The women who speak in these stories are not unique. The stories are representative experiences of ordinary women speaking about the effort of making something of their lives and reflecting concerns which are common to many women in their society. Their lives here show that women are actively creating solutions, that they are not passively awaiting outside agitators to 'stir them up' into action. Their struggles take place at different levels of experience depending on the context of the time and the organisational base. The development of each person's consciousness depends on the possibility for reflection on failure or celebration of our small or large successes. We hope *Lionheart Gal* will provide such a chance for reflection.

1.   Lucille Mathurin, *The Rebel Woman in the British West Indies during Slavery*, (booklet) p. 37, Institute of Jamaica for the Afro-Caribbean Institute of Jamaica, 1975.
2.   Filomena Chioma Steady and Kenneth Bilby 'Black Woman & Survival: A Maroon Case', in *The Black Woman Cross-Culturally*, ed Filomena Steady, p.468, Schenkman Publishing Company Inc, Cambridge, Mass, 1981.
3.   Joan French 'Colonial Policy Toward Women after the 1938 Uprising: The Case of Jamaica', p.2, unpublished paper presented to Conference of the Caribbean Studies Association, Caracas, Venezuela, 1986.
4.   Very little published information exists on women's struggles in the Caribbean. Some unpublished references are:
   'Women's Work & Organization in Jamaica 1900–1944', Joan French & Honor Ford-Smith, unpublished research study for the Institute of Social Studies, The Hague, Netherlands.
   'A Historical Study of Women in Jamaica from 1655 to 1844', Lucille Mathurin, unpublished PhD thesis, University of the West Indies, Mona, 1974.
   'Women, Labour, & Struggle in Twentieth Century Trinidad and Tobago', Rhoda Reddock, unpublished PhD thesis, University of Amsterdam, 1984.

5.   Una Marson, 1905–1965, wrote several collections of poetry, the best known of which is *The Moth and the Stars*, which appeared in 1937. She also wrote several plays which remain unpublished. *Pocomania*, performed in 1938, was regarded at the time as a breakthrough in Jamaican theatre, because it brought Patwah to the stage in drama, not in comedy and because it showed the effect of African religious ritual forms on the black middle-class identity. Marson also worked as a journalist and broadcaster.

6.   For a fuller description of the process see 'Sistren: Exploring Women's problems through Drama', in *Jamaica Journal*, Vol. 19 No.1, February–April, 1986, Institute of Jamaica.

7.   Louise Bennett, the nationalist poetess who popularised verse in Patwah, was at the start of her career involved in the activities of the Jamaica Federation of Women an important women's organisation in the late 1940s and after. She wrote at least two poems about the activities of the JFW, 'Bans o' Woman' and 'Mass Wedden', which she performed at the organisation's functions. Since then she has produced several volumes of poetry and has been a major influence in the Jamaican theatre.

Rebel Pickney

All my life me live in fear. So, when my faada send me straight through di night, wid my sister, to buy tobacco fi him – is punishment. Him know we fraid fi duppy and fraid fi walk pon dat deh dark road a night time. In spite of dat, him deliberately wait till we done sweep up di yard, wash di plate, go to shop fi buy kerosene oil, carry four pan of water. After we finish walk and pick up di breadfruit fi cook di hog feeding, me siddung and settle down and me say 'It done now.' Darkness come down and me fraid as pickney. Then hear him! 'Bet Bet, go a Sawyers Square go buy tobacco fi me.' Dat time him siddung a di backstep wid him two foot inna one a dem board washtub wid di iron round it, claim seh him a soak corn, while we haffi walk pon dis ole lickle rocky-rocky road in di dark night.

Our district name Cottage, but Sawyers is di lickle town. Di square have a upstairs shop and a big ole parish church. Me never like di church. In deh too quiet. Outside di shop our grand-madda always used to keep meeting. She was me faada madda and me did name after her. Him gimme di whole a her name. Tru dat me know him must have lickle love fi me. She live far and we hardly get fi see her. So, after we done buy di tobacco, it draw our attraction fi stop fi watch our Granny.

We stand up deh and watch dem a jump and clap hands and shake tambourine till hours tek we. When tings get slow we member seh Papa a wait pon we and we haffi go back.

Di lickle ole road only asphalt part way. Yuh cyaan run on it because di stones dem very sharp. Yuh haffi pick and choose to walk.

'Hyacinth,' me say, 'yuh smell di potato a boil?'

'A duppy a boil him pot.'

'How we going pass?'

We stop right at a corner pon a lickle hill, rocky-rocky and bush.

3

Very dark. It come in like me stuck.

'Mek we stop and wait if anybody a turn Cottage Road,' me say. We cotch off pon one big stone and wait. Me start consider pon di duppy dem and di darkness. We spend a good few minutes waiting and den Hyacinth say,

'Betty, it a get later and later and nobody nah pass.'

'Wait lickle more.'

'Papa going beat we.'

'Me no fraid a man like how me fraid a duppy.'

'It a get late.'

Me still stuck. Plenty duppy deh bout inna fi we district and me live in fear a dem – yuh have Whipping Boy, Rolling Calf, Coolie Duppy and Ole Hige. Pon top a dat, dem have a set a white duppy down a di big great house Uncle Eustace tek over as caretaker.

'Betty, yuh nah come?' Hyacinth say. Den, we hear a lickle sound. Someting a come down di road, 'Screeky-screeky-screek.' We cyaan see nobody inna di dark. 'Wah dat?' Hyacinth say. Me heng on pon Hyacinth. She heng on pon me. Di screeky-screek a get closer and closer. Me and Hyacinth like we turn inna rockstone. Hold on pon we one anodder cyaan move.

Someting slap a lick. Di first lick ketch me sister.

'Damn wutliss pickney.'

As me realise seh a me faada inna him waterboots, me figat seh di road rocky-rocky and di stone can cut yuh. Me figat bout di marl hole and di duppy dat a boil him pot. By di second lick fi ketch me, me switch pon di next side a di gully. Me no know how me reach over deh. Me pass me faada like jet plane running through di darkness to reach home and hide from di licks.

My people house is wattle and daub. It have flooring inside of it. Mama sleep on a wood bed wid mattress mek up out a banana trash stuff inna crocus bag. Me no bodder enter in my department. Me go under Mama bed and hide into a blue seam crocus bag. Dem big one dem used to put corn into when dem a sell it. Mama is a woman who in sympathy. She nah go tell Papa seh me under di bed.

Papa come in and start cuss. 'Dat damn gal . . . if ah ever ketch her.' Me hear everyting for me under di bed. Hyacinth get her full house to house a beating but me cyaan mek she know me under di bed. Whole night Papa a keep watch outside a look fi me but me no outside, me underneath di bed! When him ready fi sleep (for him haffi come pon di bed) me mek certain me no breathe or cough. Me

4

determined fi get way from beating and me know, like how me get way tonight, in di morning him will figat it.

My faada no believe inna no discipline at all, but murderation. Just pure beating. When him beat, him beat deadly. Since me come big me realise is direct ignorancy mek him beat so. He was one a dem man weh directly ignorant to di fact of certain tings.

He was a hard working man. When dem have crop at Vale Estate or Long Pond Estate, him used to drive di tractor and draw di cane out a di field to di factory. One time him turn over di tractor and him shoulder lick out, so him stop work pon di estate. After dat, him used to feel himself important, for him mostly work fi himself. Him used to have plenty cows to milk. Him sell him milk to di milk truck. What leave over him sell to di people in di district who don't have cow. Him also buy animals and butcher dem. Although him raise cow, him hardly kill him cow. Inna dem time deh, him used to go round and buy animal. Him may leave today to go out to all di countryside, far district, and don't come back tomorrow. Sometime him come home wid a whole herd of goat, pig or cow. Him butcher dem early in di morning. Mama cut up di meat, den him sweep di yard clean and peg out di goat skin and di cow skin in di yard.

Him used to have a field – a big field inna a different place. When him cultivate, di women in di district who do higglering come in and buy food from him to carry to market.

Di big field and di animal dem tek up plenty time. During crop time we no know notten bout schooling for Papa waan we fi cook in di field or fi carry di mulch. We never go a school more dan so anyway, but during crop time it was worse. Me used to fraid a di cow. Him have some bad cow weh kick over di bucket and look like dem would a all buck yuh down. More time, tru me fraid fi help him milk dem, me and him get inna clash and hours beat me get beating a bush.

In country dem time deh, dem used to have a ting dem call Saturday morning crop. A set a people come over and help wid di planting or carrying of di mulch. Miss Jane, Miss Doris and Miss Rachel come over. Mass Joe, Mr Easton and Mr Black come over come put a hand in di field. We haffi drop di corn inna di hole. Dem have lickle ground singing. During dem time deh, dem eat corn pork and dem giant bread dem call grotto bread. Me used to love when dem keep it.

Dat was di only time Mama used to come field. She used to come serve tea fi di man dem who a work. She used to be different from most of di odder women in di district. Maybe she don't do field work because of proudness. Still, ah never hear her talk gainst field work. But she was a boasty type of person, a mulatto, very light skinned and her hair tall.

Maybe di odder reason she never come field is because she was very sickly and couldn't manage it. She used to go doctor every minute. She used to complain for gas. She had pressure and pain in her foot and womb problem. Her belly used to pain her and she used to cry for pain. Sometime she boil Jack-o-bush, Leaf-o-life or Cerosee. She used to use I-nut leaf on her head and pick di Sussumba leaf and tie it on her head wid some Broadleaf. Sometime she tie Cow-foot leaf on her head and wet it wid Kananga Water and Bay Rum.

One day, Papa decide fi stop we from school and it hurt di three a we. It was Sports Day at school and we well wanted was to go. Him decide seh we fi go follow him go a bush fi go carry tings fi mulch di yam. We had was to go up pon dis high hill and wait till him chop down all dem bush. Him tie dem wid wiss and put dis big bundle pon we head. Dat mean seh when we underneath di bush nobody cyaan see we when we a come off di hill. Only di bush dem see a come off di hill. We of weself could barely see through di grang-grang a di bush. We tek we time and come off a di hill. We could only find we way, tru we used to di place. At first we run race off a di hill wid we one anodder, but after a few a di load dem we couldn't tek it.

'Whole day we haffi a load off bush off a di hill, come down a level fi mulch di yam,' we say for we get vex.

When we deh a level Dins say, 'Mek we go tief out Papa rum.' We faada did have a strong box under di house weh him have a big padlock pon. Him used to keep di estate rum and di wet sugar and molasses inna it.

'No! Oonoo better no do it. Yuh know how him love beat.' Hyacinth was always a lickle coward. In school di odder rest of pickney always beat her and a me haffi fight fi her.

'Me love me faada, but when him beat, me no love him.'

'Cho! After him beat we fi notten sometime. Might as well we do someting bad mek him beat we.'

'A true!'

Dins was directly a lickle bad boy from beginning. We cyaan put

6

notten inna dat deh back yard and him no gone wid it. Notten! Him is a man no sleep. Hours beat, him no sleep inna house neither. Him sleep all inna tree. A him dat. Me and him was di baddest ones in di yard. Him pop a fight fast. If yuh say 'who dat' him fight. If me faada want him fi move di goat next morning and him no feel like do it, him missing from di night and nobody no see him fi all two, three days. Him was dat type a person.

Dins did have a master lock. Where him get it? Me don't know. Him was a genius where lock and key was concerned. Dem couldn't lock notten from him. Him was di most puss. Di morning him tek out di key and say 'Mek we go drink rum. Big people do as dem like and have we like slave,' him say.

'Yes!' me say. 'Big people have dem rum and drink it as dem like and dem nah give we none.'

'We haffi taste fi weself fi see what is di outcome a it.'

Di only way fi we get fi go home is to turn over di kerosene pan of water dat we drink from a field. So when we come off di hill wid di bush, we just dash way di whole pan a water, come up back and start bawl fi thirst.

'What happen to di water?' Papa ask.

We start tell lie pon we one anodder. Dins say, 'A Hyacinth turn it over.'

'Is not me. Is Betty,' she say.

'Is Dins,' me say, but is a stunt, for we did plan fi turn it over long time.

'All right,' him say. 'Dins go fi di water.'

'No sir. We cyaan wait pon him till him come back.'

'We thirsty sir!'

'We cyaan wait.'

'Mek we go wid him, no Papa?'

So, all three a we go a yard now. We pull di box. We tek out di real raw estate rum. Di 'John Crow batty' rum. A so dem call it.

'Pass a tumbler deh gimme pickney,' Dins say to me. Like him a me faada. Inna dem time deh, when we parents ask yuh to pass a glass, dem style it as a tumbler. Hyacinth bring three tumbler.

'Mind Mama come ketch we. Hurry up,' Hyacinth say.

'She nah come now. She a sell inna di shop.' Inna dem time deh Mama did have a lickle shop.

When di rum throw out inna di glass, all steam come out a it.

'Mind it a go drunk yuh. It no good fi we as pickney,' Hyacinth say.

7

'What do yuh gal? If we tek it di more rapid way dan how di big people tek it, notten nah go do we,' Dins say.

'A true?'

'True. True.'

'Come den.'

Di three a we gulp down di rum quick-quick. When it reach we throat it come in like di throat a cut out. Is di raw rum. Di three a we drunk. Lick over. Stone blind drunk. Cyaan go back a field. . . .

When we get di first three lick, me never realise seh a beating me a get. Is one hot-hot lick me know me feel, mek me come to and ask, 'We fi go a school sir?'

'Yuh fi go a school? Yuh tarra-tarra claat!' (Is dem word deh dem a tell yuh.) 'What oonoo gwan wid in yah so?' We drunk so-till not even di box lock back.

Him strip we naked and tie we up pon a big breadfruit tree in front a we gate. Di three a we inna we drunken state. We so drunk we hardly know what a tek place. Him start beat we wid a piece a truck tyre. Mama come home. She no like beating. She start beg fi we. It come in like everyting Mama say wrong. Mama cyaan part we. When she come try part we, him all want to lick her and cuss her and push her way.

'A yuh mek dem bad,' him a say. Meantime him a flash di piece a rubber. 'Move yuh tarra-tarra claat.'

In di evening me get conscious and feel di result a di beating. Me siddung out a di corn-house and a consider. Me never sorry seh me drink di rum, for me did waan di experience. Me no feel seh me faada should a beat me and me bredda inna di manner a how him do. Him beat we to excess and it put a separation between me and him. Sometime we do cruel tings and him no beat we and sometime we do foolishness and him beat we. Me wonder why. Me say to meself, 'Me no waan nobody push me round. Me get a enjoyment out a going me own way. Dere's notten nobody can tell me and no amount of beating anyone can give me fi stop me.' From dat time deh me decide seh if me waan do a ting me just a go do it. Who no like it, a fi-dem business.

Sometime after dat, Mama lef we and go a Clark's Town go sell food. She leave we threepence fi we lunch. We tink and say, 'Some sugar and water and bulla? It nah go hold we till di evening.' It was a Saturday, so we decide seh we could cook some soup. Crop did over. Papa never have much food a field but him set some lickle yam

8

round di tree now to ketch back di right kind a crop fi plant in di field. Nobody supposed to trouble dem, but a some lovely yam foot dat can eat.

'Mek we go tief off piece a Papa yam, no!'

'No, oonoo better no do it,' Hyacinth as usual wid her coward argument. 'Member seh him beat we awful last time.'

'Cho!' say Dins, 'Mek we go tief it, for him nah go know seh a we.'

Him start warn and tell her what and what him a go do her if she talk. Me and him threaten her and tru she so fraid a we, more time she nah talk. We would form vomit and make she fling down all her food or jook her inna her side wid we fork and say, 'Talk no, mek ah do yuh someting today.'

We go a ground and tief di yam.

'But dat cyaan share fi all a we,' Dins say.

'Go buy quattie salt pork,' me say. We buy quattie salt pork and lickle butter fi put inna we soup.

On di way home, we decide seh we haffi have pumpkin too. We Godfaada, Uncle Lesley, live line-and-line wid we. He was a crummy mean ole man. No care what him have him nah give yuh. Him always have late crop and him have a two-apartment corn-house, but if yuh even a dead fi hungry and yuh go beg Uncle Lesley one egg or a piece of yam, him nah give yuh. Das why dat Saturday, we decide fi tief him pumpkin. Him have a pumpkin field down in di garden. Two lovely pumpkin deh pon di vine. Dins pick di pumpkin and we have a feast di day. Well feast. But we couldn't cook off di whole pumpkin. So we cook di amount of pumpkin we could eat and we sit and enjoy we dinner.

'What we going do wid di rest a di pumpkin?' Hyacinth ask we.

'Dash it down di pit toilet,' Dins say. And so we throw it down deh.

We foot did a hurt we. Me bredda did have a buck toe. A buck toe is a hard ting fi get better. Me did have a sore pon me ankle. It was an ole sore and sometimes it used to smell and torment me. Papa used to tek care a it. Every morning him used to get up and bathe me foot and dress it. Him use banana and coconut oil to better di cut. Dem tek out a sinting down in di trunk a di banana root and dem bake it and anoint di sore wid healing oil. Me couldn't tek di sore no more for dem used to tease me bout it at school. Tru me only go a school one and few times, me never bright and like how me have di sore foot, dem used to call me 'sore foot

9

gal' and 'gingy foot'. Dins and me mek a plan now fi better we sore.
We decide fi go down a Mass Joe go beg him some a him blue stone.
It good to better sore, but is someting yuh use on horse and mule.
Papa say it so dangerous dat him no waan fi use it pon we.

We go down a Mass Joe and beg dis blue stone. And him give we.

We come back home and parch di blue stone on di fire and crush
it up to drop it in we foot. Me and my bredda start sing some
dangerous songs inna di kitchen. We sing and we swear and cuss all
bad word. Den one dip and we throw in di blue stone. Keel we over
flat! Me never feel hell, but it come in like a hell. Is like di living fire.
It mix wid everyting dat is bad – everyting dat could a ever hurt
yuh. Is like if yuh rub salt inna fresh cut. It burn and it pain yuh and
dere's notten yuh can do, but beg God fi sleep. It nah wear off. Di
two a we bawl till we fall asleep on di mud floor a di kitchen.

A chicken just come by and pick we in di sore. Dat was a next
ting! It come in like accidentally di chicken pick di two a we in di
foot. Di place weh did chicken pick mek a different cut and di blue
stone run down back inna dat part deh fresh now. Me vex bad. A
dat time someting else happen.

Me and Dins get up and we start chase down di chicken fi kill
him. Through di garden, up and down di hill, round di house, up
and down di cellar. As we run, di chicken zig-zag we and gone
sideways. Dins go round beside di cellar and me deh a di side and
back him up. Hyacinth deh a one next side. And him slip we and
gone down di cho-cho walk inna di garden. And a down deh we
gallop gone. Next door under di barb wire fence. Over di next door
people house till him end up round a we Uncle Lesley corn-house.
Him tired now. We no tired, cause we waan fi kill him. Him fly up fi
go over one shed. Dins jump and ketch him. Him hold him by him
neck and flash it round so and kill him.

'We shouldn't did do it,' Hyacinth say.

'After di chicken never have no right fi come pick we inna we
foot,' me say.

'Him lucky we never nyam him too, for we did done cook
already.' Late did a come on pon we and Mama soon come. We no
know wah fi do wid di dead chicken cause Mama going miss it.

'We cyaan bury him.'

'We cyaan throw him inna di garden because Tarzan will draw
him out.' Tarzan was we faada dog. Anyting yuh bury or hide, him
go dig it out and draw it come put it in di middle, mek everybody
see. Him will rub up gainst Papa and 'Mmmmm Mmmmmm' till

10

Papa see it. Di only alternative is to throw di chicken down di pit toilet. So di chicken and di pumpkin end up in di toilet.

'If Mama miss di chicken what we a go tell her seh?' Hyacinth say.

'Tell her seh a mongoose tek way di chicken, yes. Anytime she ask say, "Mama, it look like mongoose gone wid yuh chicken."'

About three days after, Uncle Lesley start complain fi him pumpkin. Somebody pick him pumpkin. Mama ask everyone a we inna di yard, 'A oonoo pick Mass Lesley pumpkin?'

'No Mama.'

Uncle Lesley come a we yard and swear, 'Me going go swell di people dem belly who tief di pumpkin. Tomorrow morning ah going out fi find out who tief di pumpkin. When dem belly start swell, den me will know. Is three days ah giving di person fi talk or have di swell belly.' Is a next frustration dat!

Di first morning me and me sister and me bredda wake early and meet up behind di toilet accidentally. We always haffi check we belly every morning, in case a swelling.

'Yuh feel sick?'

'Yuh feel anyway?'

'Bwoy, yuh better mek we talk yaw.'

'Talk no! Talk! Hmmn! Yuh cyaan talk.'

Hyacinth used to say 'Me a go talk yaw man because we a go dead.'

Me say, 'No talk.'

Next morning, yuh find me will say me a go talk. Dins say me no fi talk and vice versa till it go round to him and him say him a go talk. So yuh find one say him a go talk and tomorrow morning him a tell yuh no fi talk.

We look droopy-droopy in di yard till Mama say 'How yuh look so?' Nobody talk.

Di morning come when di belly supposed to swell and we going to dead now. Everybody go to breakfast. Dem used to roast di dumpling on di fire coal and give yuh wid yuh lickle cow's milk. We used to love di dumpling when dem cook dat way. Dat morning none a we no eat none. No breakfast. Dat last morning di three a we sick because we going to die. We get up and do we work. Later when Mama come inna di house, she come find di three of we inna di bed one time.

'What happen?' she ask we. Me is di first one start cry.

'What happen to you Betty?' Tru me is di last one she love me and she kind a pet me up.

11

'Mama,' me say, 'Me a go talk.' But a no she, me a tell seh me a go talk. Is me bredda and sister me a tell.

'No! No talk!' dem a tell me.

'Me a go talk, cause we a go dead. We a go dead!'

'What happen?' Mama ask. 'A must someting. What oonoo a go dead for?'

'Mama,' me say, 'me cyaan keep it. Me haffi talk. Cause yuh know what happen? Di pumpkin dat Uncle Lesley miss down a gully, a we tief it and today is di last day fi we dead.'

She say 'What?'

Me say 'Yes Mama. Yuh a go beat we? We weak already, me cyaan tek no beating.'

'Yuh weak! When yuh faada come in here tonight, yuh going find out if yuh going dead.'

But me say, 'Mama me nah go live when Papa come. We a go dead.' Mama call Uncle Lesley and him say him hear long time seh a we tief di pumpkin. An ole woman from over di next yard, see we when we tief it and she tell him. Him did only waan fi scare we by threatening we wid di swell belly. Him did waan we fi talk. Him done know what o'clock strike already but Mama didn't know. She still never know di fullness a wah did a tek place. Many mornings after, Mama call up her fowl dem and a feed dem and say, 'How me no see dat lickle chicken weh have di peel-neck.'

'Mongoose mussy gone wid him, Mama,' Hyacinth say and stare straight inna Mama eye. Mama continue ask fi di chicken and we continue tell her bout di mongoose.

Two weeks after, dem start smell di stinkness in di toilet and dem cyaan find di chicken. Everyting haffi reveal. Me stop fret pon swelling a belly and start fret pon beating.

Me mek up me mind seh me nah tek no murderation. Me decide fi run way from di beating. Me climb up inna one lickle patch a bush pon a hill behind di house and hide. Me keep far. Up deh dem have pimento, sour sop and civil sweet and a dat me feed pon inna di bush. It have whole heap a bush fi pick mango fi eat and soldier crab fi ketch. Me sing to myself and dig hole wid piece a stick. Me use di water off di coco leaf wash me face. It come in like me love di fun a it. Dat was one a di few tings me did like bout country. Dat and to ride di coconut bunker. When di coconut leaf dry and drop out, it leave a dry part dat look like a boat. When evening time, all a we used to go out a di hillside. We use di ripe breadfruit fi grease di hillside and nasty-nasty it up. Den we sail off a di hill. Me love play 'Moonshine Darling' too. Is a game weh yuh use di broken plate fi mek a shape of a baby pon di ground inna di night. Yuh play a ring game round it and sing:

> Cry, cry baby
> Moonshine darling
> Pack up yuh books
> And go to school.

When me up a hill a meditate, me have a full view a di yard. Fi come up deh, dem would a haffi go tek di back mountain go miles upon miles and come over di back a di hill. Dem nah go through all dem process just fi ketch all like me. Me rest up deh fi two days den me come down when me tink dem cool off.

Me and di pickney from next door inna fuss, tru dolly house. She waan fight and me lick her. Her bredda Howard come buy it out. Him start call me tief a pumpkin and yam and whole heap a tings.

It hurt me, because inna dem days a country dem used to call di whole family 'War Knight'. We no lose no fight. In di whole of Trelawny, it was di biggest family. From Claus Town to Jackson Town nobody no trouble di Knight family for if yuh touch one yuh haffi bad. My faada was a original bad man inna fi-him own way and him feel fi-him pickney shouldn't lose no fight. If yuh pop a fight and him hear seh smaddy beat yuh, mek certain him a carry yuh out deh and say yuh fight again.

Me decide seh me nah tek wah Howard a tell me. Me a go kill him same time. Papa used to have him knife weh him use fi stick cow and him knife weh him use fi kill goat. All a dem clean and sharpen and in di kitchen. Me never really did a tink, but me feel to meself seh di only one me fi grab fi stab him is di one dem use to kill di cow. Me run over di fence, pull out di wattle and go inside di kitchen and tief out di knife and keep it wid me. Me go back over him yard and hold him di day. Me hold him inna di bush behind him house. When me done wid him, di head stab up! Stab up! Stab up! Stab up! Me never give him no chance.

Excitement start between family and family. Mama, Aunty, Cousin Elma, everybody come out. Dem start bawl 'Betty stab him!' Me run go up inna me regular hiding place. From weh me is me have di three yard in focus; our yard, we Godfaada and we aunty. Any move dem mek me see.

13

Some a say if dem ketch me, dem a go beat me. Some say dem fi mek Howard stab me back. Everybody did inna it. All Linette. She was one deaf ears one. Yuh haffi signal fi she know wah yuh a chat say. When she talk, it sound like croaking lizard.

Dem say me too bad and all di beating Papa give me, me still bad same way. 'Him haffi stab she back, mek she know how stab feel.'

Dat time me up bush a mek up a stone heap up deh and tink to meself 'If one a dem ever come up yah . . .' Even Mama's reaction was to beat me. Dat was di only time she ever recommend to me faada to beat me.

Dem rush di bwoy to Duncan's to a man name Dr Foot. Him no come home. Three days him gone. Me start say him going dead fi true. Me start fret and get weak cause a me cousin. Inna one time, me kind a feel sorry seh me do it. Den again me say 'Di bwoy could a stab me, could a beat me up, could a do me someting to.' Me siddung lonely by di Broadleaf tree. Bruck tree limb. Dig up di dirt. Claim sch me a mek field. Build yam banking and jam stick inna it. Plant bush, bruck stick and pretend seh me a build me house and dat one deh a fi-me room. Me siddung tormented.

Me feel hungry and thirsty. Me go pick civil sweet off di tree and bruck di leaf off di tamarind bush to chew it cause it taste sour. When me hear di plate dem a shuffle down a kitchen, me know seh me can time dem and go down go get me lickle food. Pull out di wattle and go in. Cyaan go in through di door. Di door and di house is facing. Mama always siddung a di back door a di house by di table in her rocking chair. Anyhow yuh approach from dat side she see yuh. Me tek di back and use me teeth pull out di wattle from deh so to come in. Me pull dem out one-one and tek me hand and shove dem up and tek out three a dem. Den me put dem back in when me eat and ready fi come out and gone.

When night come down me start get fraid. Me hear all different kind of sound sounding like duppy. Di least lickle ting me hear drop inna woodland, it sound to me like a duppy or a some robber man. Me tink pon Black Heart Man, who give sweety to children and den tek dem way and a piece a nervousness tek me, like when we a walk pon di rocky-rocky road a come from school and me hear a car rolling coming and me bolt inna canefield go hide. Is just di same way me feel up deh in di hill. Me member bout di white duppy dem weh tek set pon cousin Gloria up a di Great House. Every night people inna di district wid bottle torch go up deh fi read book and keep prayers fi get di duppy off a her.

14

Me mind start run pon di lickle bwoy Whipping Boy tek way. Him used to live wid him faada alone inna one lickle ole bruck down house pon di odder side a nowhere. Most of di time a people give him food because him no have no land fi cultivate. Him mostly work people field. Very poor; me not even tink dem did a sleep pon bed up deh. Whipping Boy tek di lickle bwoy out a him house and carry him way. Tek him way inna woodland. People haffi use bottle lamp fi weeks and weeks, night and day, fi search down di whole woodland. Dark thick woodland like what pon di Cottage Road. Fi weeks dem cyaan find him. When dem do find him, him look like duppy. Me never see duppy, but me would assume seh is so dem stay. Macca bore all through him flesh. When dem ask him who feed him, if a one man or a one woman, him no know a who. A duppy! And di quality tings dem feed him pon!

Me haffi bear di nervousness till dem go a dem bed. After, me go down a di lickle corn-house and dig out di wattle and go over di lathe and sleep.

Das how dem ketch me. Dem back me up inna di corn-house deh one night. Me big bredda Sidney, me faada, Dins and me cousin. Me was very swift, when me was a pickney, so when dem ketch me inna di corn-house, me get way and race round di yard. Dem block me and me run inna di house. Me hide under di bed and hold on pon di spring. Anyweh dem move di bed, me deh wid di spring and a slip di lick. Dem strip off di mattress and dem fling some fast lick pon dem finger yah fi mek me leggo di spring.

Till dem tek off di spring. From di spring come off, a dead me dead for me no have notten fi hide pon again. Dem strip me naked and gimme five different beating. My big bredda beat me, my aunty beat me, her son beat me, my grand-aunt beat me, my faada beat me. It never done deh so neither.

Before di same week end, me have a chop inna me head dat up to now me a carry spite for. Dem a dig a ole renta yam down gainst di ole toilet. Aston, bredda a Howard, di one me stab involve inna dis digging.

Aston and Dins say fi mi duty was to tek out di dirt from round di yam. Like a innocent, me bend down a grovel out di dirt. Me throw it up, for dem claim dem waan fi break di yam fi di yam grow straight. Is a hoe me feel inna me head. Dem chop me inna me head wid di hoe. Blood! Me only feel di burning but me know if dem did come down hard enough me head would a split inna two.

Some run. Aston run go over fi-him yard. Dins him waan start fight me and den me and him ketch up and start fight. Dins a say a no him. Aston over a fi-him yard a say a no him. Dins a say a Aston. Hyacinth say a Aston. She fraid a Dins. If she say a Dins now, Dins kill it. Me no know who do it. All now, me no know a who. But me feel more or less is Aston do it, since is him plan fi get revenge pon me because me stab Howard.

Me end up down a di same Dr Foot man wid a bandage head.

It start from di pickney up a Cottage, till Sawyers pickney dem get it and Hythe Hall pickney dem get it. It start from over weh me live. Dem go a school and tell di odder ones, 'She a murderer! No play wid her. She love fight and love stab people.' All di pickney around di district fraid a me. No lickle pickney in di district no play wid me. At first a set a pickney dat come from Hythe Hall mountain used to keep friend wid me. But later on dem get it too and start call me murderer.

Me no hold no one fi me friend. Nobody. Me was always a fighter but after di incident wid Aston it get worse. He was one a dem me used to fight everyday. If him just come to di fence, me tek sinting lick him. Everyday, road, school, back a yard, until today me carry feelings fi him. Is just tru me member di murderation me did get when me stab Howard mek me no chop Aston back. Di rest a dem, me no play wid dem. Today me and dem a friend, tomorrow dem do me someting bad. If dem mess wid me, a war. Me tump dem down.

At school a pure war and fight. Tru dem no like me, anytime me see dem a play dem game, me join di bwoy dem and mash it up. Me gwan like me no see and kick out dem hop scotch. If dem a play 'Ring a Ring a Roses' me just watch dem from up a top and tek dem in and one speed me mek and straight through it me gone. When dem hold dem one anodder hand me bust it up. Run up and down inna dem game and mash it up. Di toilet used to have a part like a terrace outside weh yuh can play Jacks. Even if dem go inna toilet go lock it, nail it up or batten it up and hide from me, me know dem in deh and me either climb over it silently or crawl pon me belly. If dem use someting and bar me out, me kick it off and go in deh. Fling way everyting.

Me couldn't beg no pickney fi help me out wid me work inna class. Up to now, me still no too strong pon di writing for me never have no leeches. Me haffi just siddung and cyaan ask dem. Me inna problem fi walk to a next class or over three, four benches fi go ask a pickney if dis is right. If me no carry needle a school on Thursday, me no have no needle fi use. No pickney going lend me, cause is di murderer dat. A clique a dem always siddung togedder, dem siddung same place, di one dem who bright, di one dem weh claim seh dem ristocratic, di one dem weh teacher adore. Dem just crowd dem one anodder. A lickle fart like me weh no know notten, cyaan get no break fi talk to teacher. If me go up to teacher a pure trouble. Either me no get notten right, or me do pure foolishness. When di rest a pickney do show me how fi do di work a pure wrong ting dem a tell me fi write inna me book. Den dem laugh after me when teacher a beat me or put me inna corner to stand up pon one foot and hold on pon me ears. Me get so much lick dat me lean. Di more me get di lick di more me lean down. All dat leave someting pon my life. It mark it.

Me was glad when Mama leave and carry we a town. Den to me, me feel my struggle did over inna country. To me leaving country was like going to anodder world. Is only me and Mama did come a town. Me gain everyting from Mama at dat time. Me start go a school more settled, but it was only two years in school me do.

My life inna country was very crucial. Me would a like mek a plea to parents dat dem no grow dem children as me grow. Me never haffi beg or tek notten from nobody. We never out a food. Yet still me fret pon some a di tings dat happen to me in my childhood. It disturb me when me tink bout it. It disturb me to see bad and out a order children. Me know it cause from di steering dat dem get. Dis beating ting is a tradition ting. Inna slavery dem use di murderation on di plantation and den our fore-parents, when dem lef out a slavery dem believe di only solution is beating. Me no beat my pickney. Me may give dem a one lick once in a while, but me no waan grow dem like me – wild.

'Exodus' A Run

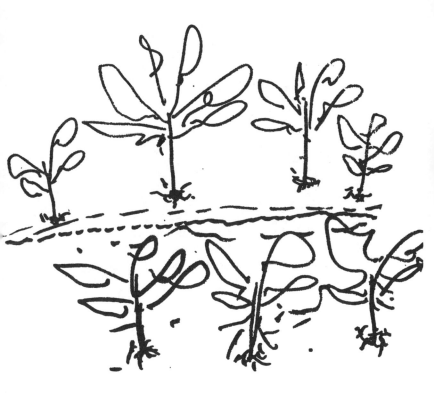

Di morning before day, Mum pack di iron bed. Grandpa John a sleep, Miss Mac a sleep. Only we Aunty get up and boil some tea fi we. Mum tie up di coir mattress inna one sheet and she tck up her big cloth bag. Me carry di big grip. Joanne, Madge, Gerald, Ev, Mum and me lef di yard and walk down a Flamstead pon di main road.

If it did inna di day, me could a look up and see di wattle and daub house way over pon one hill weh me cousins dem live inna. We pass Mass P shop – a board shop attach to his living quarters. It lock up tight. All peeny wally a come out dem time deh.

'All di same,' me say to meself, 'me'd glad if me no haffi carry water from down a di river again.'

Miss Ursie's house was dark too. Me could a just mek out di verandah rail. Is di biggest house in di community. Mum have more land dan she – land wid banana, coconut, cane, breadfruit, and apple, but Miss Ursie did inna everyting. Up to last month, is she organise di concert up a Claus house and di concert a church. Not di Poco church dat we used to walk pon back road go round every night and play seh we inna spirit. Di odder church . . . di one we go to on Sundays.

Miss Ursie is di one who always keep di community going. If she in anyting, it will come out good. But now her pickney dem a leave her. Last week, one a her daughter did catch 'Exodus' right here to go a England, like my faada. Some gone a America or Canada. When me going see Miss Ursie again? . . .

Flamstead Square is where four roads meet. Deh-so dem have di post office, and di variety store dat di Chinee man own. We stand inna di square fi wait pon 'Exodus'. Di whole a we excited. All who go a town come back come tell we how town pretty. Kathy go a town and come back wid ring pon her finger tell we seh she married. Me never go a town yet, but me sure me going like it. Is only Tobi. . . .

'Exodus' a come. Di driver draw him brakes and stop. In di dark, Mum put Tobi ole iron bed pon top a di bus.

'Yuh tag everyting?' di conductor ask we. We find we seat and di journey start: 'Exodus' a run. We drive past Vaughnsfield school, over di bridge and down a Cambridge weh me faada people dem live.

Di boot dat mek pure noise

I never know me faada, for reasons – all now me no know. All Mum a tell me is dat she no have notten fi do wid him. Him is wicked and blah blah blah. Mum a tell me bout pregnant. Me no know what pregnant mean. Dem always a tell yuh seh baby drop out a sky, and come inna plane and all dem someting deh. When she a say 'Get Tobi pregnant!' – (Tobi is me maada) – me a say to meself, 'Pregnant? What kind a pregnant?'

Dat time dem nah tell me di truth. When me have sense, me hear dem a call me Mr Gordon pickney. Di people in di district who did know him and know di whole family a dem, before dem move from German Town go a Cambridge, used to call me Mr Gordon pickney. Me say 'How come dem a call me Gordon and is Shannon me name?' Me confront Mum, me grandfaada and me step-aunty and ask dem bout it. Dem tell me seh me no register in me faada name. When ah keep on asking for me faada, dem say him deh a England. All dem can say is him deh a England.

All me know bout England is dat is one foreign country weh fight war. Every minute fi-we man haffi leave fi fight war, and dem cyaan come back. Mum say inna di war dem used to out di lamp for if di plane dem see di lamp, dem will drop bomb. Miss Ursie pon di hill used to bawl out, 'Essie, Essie out di lamp. Di plane a come!' Even if a market truck a pass wid market people, dem haffi out di light if plane a come.

Some say dem gone look life inna England and dem don't come back. Probably dem might dead inna di war. Everybody deh pon 'Me'd a like go England.' Every parents, as dem children leave school, a try fi send dem way fi go England 'go school' ascorden to dem. Me hear seh it cost bout seventy-five pound fi go a England.

Mum never tell me di root and di cause a di ructions wid me faada. A people tell me dem sinting deh. A so me go round and ask and a so me get fi find out. Mum was me great-grandmadda – but me call

22

her Mum or Granny because a she grow me. Me madda, her granddaughter, was going to school and she get pregnant. Dem say from me faada get her pregnant, him no give her notten. Mum tek me from her and try send her back a school. Instead she go back a school, she go look one next belly again. Dat one dead. Dem say when she did a sit her third year, one friend from round a back road come borrow her dictionary. From she get back di dictionary, is like she no interested inna school again. No care what dem do, she just no interested. She just no care. She just no tek up no book to study. Dem say when Mum do jump round to look bout it, it did late already, Mum couldn't do notten. It gone bad already. She go back go look one next belly again. Notten Mum could do bout it, so dem low her and she leave and go live wid di faada a di one dat dead. After dat she have two more, Madge and Gerald.

Mum did vex bout di way she gwan. Mum did vex in a way dat when dem carry me go register me, dem no register me inna me faada name. Dem register me inna me grandfaada name which is Shannon. A fi-dem pickney and dem did spend all dem money on her. When she get pregnant is like all dem dreams dash a ground. Dem vex wid fi-him family. A tru dat mek Mr Gordon haffi move go a Cambridge, because me grandfaada was a big nob in di community. Everybody a say how di boy wicked. Dem say dem should a talk to dem boy pickney. Dem say a so di rest a bredda dem go round and breed off woman and is not dem a feel it. Dem can go a school same way, but di gal dem haffi stop from school.

Di Monday morning, me get up fi go a school. Me scour up di plate dem, full di drum pan. Me Granny leave fi come out fi go down a di field down a back road. Me and her go through di gate togedder and me hear when she say: 'Ee hee! Hell a go pop yah dis morning! Me would a like know a weh yuh a go? Look how long yuh run way a go a England! A now yuh just come back?'

Me say to her, 'Who yuh a talk to?' When me look up di road, me see one man a come down like sweet boy. Him have on felt hat, and him a carry walking stick umbrella. Him say, 'Morning, Miss Essie.'

'Morning, sir. What yuh want, sir?' She turn to me and say, 'A di Poopa dis weh yuh hear dem a talk bout.'

Me say, 'Him?'

'Yes, a so me say.'

'Who him want now?' I was about six at di time.

'Me no know. Ask him,' she say.

Him hand me one paper bag. Me open di bag and look in deh. Me see a piece a plaid checker cloth and me hand it to me Granny. Me step off. 'Me a go a school.'

Him turn to me and say, 'Which school yuh a go?'

'Vaughnsfield.'

'Stand up and talk to me!' him say.

'Talk to yuh fi what sir?'

'Den yuh no me pickney?'

'Me no know of dat sir. Me hear me name Shannon. What yuh name?'

'Yuh name Gordon! How yuh Shannon?'

'See me Granny deh. Ask her. Me no know.'

Me and me cousins step way – Miss Mac, Bertie, Cho-Cho, Lilith – we go up on di hill near Top Road and look down and see Mum a wave her hand all bout. She fling way di paper bag. Di whole a we run go back. 'What happen?' Bertie ask.

'No dis big dutty stinking sour man (me no know weh him come from) a come fi trace me, me pickney.' Bertie go up and stand in front a him. 'If yuh lick me Granny dis morning, yuh haffi lick di whole a we.' Me start cry.

Mum say, 'No start cry. Yuh no see di piece a cloth deh, weh him carry fi yuh! From him breed yuh Mama and run way lef her, das all him carry back come give yuh? Piece a cloth! It not even look like half yard. What it can mek?' Me tek up di piece of cloth and say 'Ee hee! Me no want it, yaw.'

'A no only di cloth alone me carry. Me carry one shoe,' him say.

'Den carry di shoes too, no sir?' me say.

Him say, 'All right.'

When me come home back di evening, me come come see one white boot. It was leather. When yuh lift it up, di weight alone! Me say, 'All right!'

It was di first time me see him. Yuh know pickney all over. Me glad fi di white boot. Me dying fi Sunday morning come, fi wear di white boot go a church. Me carry di cloth go give me Cousin P fi mek one frock fi me. When me go, she say it cyaan mek frock, but it can mek skirt. Me did mawga, but when she cut di skirt, she had was to stitch it up inna hobble. It couldn't make no swing notten.

Di Sunday morning, Granny come to wake we. Sometime if we cyaan wake, she wet we up inna di bed wid water. But dis morning, me did wake long time. Granny put on di shoes on me and send me a church. Me boasty a go down German Town Road, and yuh only

24

hear 'CRUP! CRUP! CRUP!' Di boot a mek pure noise. Me cousin start laugh back a me. 'CRUP! CRUP! CRUP!' Bertie a say.

Me say to meself, 'Me a go home back go tek off di boot. Me no know what kind of boot dis man bring come gimme. It a mek pure noise!' But we did reach near to church already. When we peep in we see him dress up and siddung in di front bench. Lilith a jook me and say 'See yuh Poopa deh, gal! Yuh nah go call to him?'

'Gwan and leave me no man.' We go inna di church and me tek me seat.

'Go talk to him no!' and dem laugh. Dem still a jook me – 'Hey gal . . . yuh no see yuh Poopa?' All when di parson a preach, when me kneel down di boot give out a 'CREEP!'

Dem start laugh again; me siddung and start bawl. Miss Ursie come and ask me 'What happen to yuh?' Miss Mac tell her bout me faada and di boot dat mek pure noise.

'Church soon over and yuh can go home and tek it off.' When me go inna Sunday School and a come downstairs from up a di balcony, di Sunday School pickney dem a laugh after me and deh pon 'Shannon, yuh boot a mek noise.' Dem a tease me, tease me, till me just find meself a laugh wid dem and say 'Lawd God, den a so England boot tan!'

When me come down and church over, me see him a come out and him have on one nice pair a black boot and a di same way me hear di boot dem deh pon 'CRUP! CRUP! CRUP!' Me turn to dem and say, 'Yuh see it. A no fi-me boot one a mek noise. It look like a so di whole a di England boot mek noise.'

'Anybody bring any England boot come gimme, me no waan it,' one a dem pickney say.

'No,' one next one say, 'me no want no England boot.' Me step out a church and go way.

Him come one next morning and tell me grandfaada, 'She won't talk to me. Weh yuh tell her say?' Me grandfaada turn to him and say, 'A pickney, and as small as dem is, dem have sense. From yuh get her madda pregnant, yuh go way and no come back. She no see yuh. She only see me and her cousin dem as man. Probably dat is di reason why she no want to talk to yuh. Furdermore, yuh come and her Granny cuss yuh. Anyting dem see she do, dem follow her and tek her footsteps. Me cyaan do notten bout it.'

Di next week, me see him madda and me say, 'Miss Gordon, Mr Gordon gone back?'

'Who yuh a call Mr Gordon?' she say.

'Leslie' me say.

'A yuh Poopa gal.'

'Me no business. Me no know him as no faada. Leslie gone back a England?'

'Yes,' she say. 'Me no inna no argument wid yuh cause yuh a pickney and yuh no have no manners. Yuh want fi come talk to me like me and yuh a size.'

Me step off and lef her. From dat me no hear gunfire bout him. Me no know weh him deh. Me puddung di shoes and swear blind seh me nah wear it again.

Heaven and Earth

Claus house was a board house. If meeting a keep or anyting at all fi di community, it keep in deh. All now me ask me Granny, 'Wah mek dem call it Claus house?' All now me cyaan know.

One evening, me a go Claus house and Miss Ursie look pon me and say 'Tobi pickney, yuh a get big. A yuh me a give di poem dis year.' Is di first me realise she was so important. Di poem was for a church convention. Delegates a come from foreign. We haffi practise to sing. Dem did have one dancing group weh dance wid cross and use it fi mek different formations inna silver and white. Some whole heap a someting. Lilith did inna dat. One lickle gal suppose to come out before di dancing, come do one lickle poem. When Miss Ursie come call me fi do it, me start bawl and a shake and a shiver. Me lickle cousin Miss Mac get call fi say one next poem. She a say me and Miss Mac born di same year. Me born January and she born November. Anyting she know bout, me know bout. If anyting, a di two a we inna it.

'Gwan Essem, man. Gwan go do it.' Miss Ursie gimme a paper and ask me if me can read it. Me shake me head.

'Carry it home go give Mum,' she say.

Me start fret seh me nah go do it good. Miss Mac always easy to learn, but me cyaan learn notten. Miss Ursie give Miss Mac verse to Lilith and she learn it quick. Me now, if me learn someting at Claus house, by di time me reach home me figat it. Dem a say me fool-fool and stupid and talk bad. Dem mek me haffi fight dem.

Di next day Mum send me up a Miss Ursie yard. She did have a glass case wid grater cake and potato and cornmeal pudding dat she sell. She give me some and she start tell di verse to me. 'I saw a new heaven and a new earth. For the first heaven and the first earth were passed away.' Me stand up and hear her, but every time me start say it, me member dat dem say me talk bad and me fool-fool and me start cry.

'Yuh musn't cry,' she say and she open her eye pon me.

She was a dark person and she have full eyes. She tek me di whole night. She drill me, drill me, drill me! Di next week, she do di same ting and every night till di day before di convention.

Di night before di concert, we rehearse at Claus house. Di church bus pick we up and we go a church go rehearse again. At school di next day everybody dying fi di concert. All a we a chat bout we new felt and new dress and new shoes. Mum bring di cloth fi our dress from Sav-la-mar and cousin P sew dem. Miss Mac and my own mek out a di same material. Cho-Cho was di most boastiest one of all. Him alone get suit. Him deh pon . . . 'Lawd. Me get me suit! See me tonight inna me suit.' Him never too righted. Coconut did drop inna him head when him lickle-bit and di head go and come.

Di night we walk to church inna we white shoes and socks. Miss Mac and me never remember one ting bout di verse. We did so excited fi see how everybody dress up. Lickle later Miss Ursie come and call Lilith . . . Me a say 'But wait, den a only Lilith one dem call?'

After a time, me no see Lilith come back.

'But a wah dem a do wid Lilith so long?' Den di whole a dem come out inna dem white frock and di organ start play. Miss Mac look pon me and me look pon her.

'Lawd! A tonight me a go say me Bible verse!'

Me start twist up me frock tail and put it inna me mouth. As fast as Mum box it out a me mouth, me twist it up and put it in back. Di frock tail wet and crush up, but me never realise it did stay so.

Di Master of Ceremonies call me name, 'Esther Shannon.'

'Jesus God, Miss Mac! Me a di first one dem call out!'

If dem did call she out first, it wouldn't so bad. But a me get di first turn. Me decide seh me nah go up deh. Me siddung back in di bench. Dat time me heart just a go 'Boogoobum! Boogoobum! Boogoobum!' Me only feel when sinting gimme one shove from behind and me find meself inna di aisle. Me tek me time walk up. Dem a clap. When me look me see di whole heap a people stretch from in front a me right down to di church door. Me start tremble. Miss Ursie come and siddung right inna di middle a di front bench pon one hand and Mum deh pon di odder hand. Me look pon Miss

Ursie and she look pon me. Me bout fi start cry and she open her eye pon me. 'I . . . I . . . I . . .' Me just deh pon 'I . . . I . . . I' and she open her eye pon me again and me look pon di odder side and me see Mum a open her eye pon me too and me know dat mean beating. Me just talk. 'I saw a new heaven and a new earth for the first heaven and the first earth were passed away.' And, me bolt straight out a church run down di hill, past di Flamstead Cross Roads, along di main road, past Claus house, past Miss Ursie house. Me never stop running till me reach home. When me reach home, di house lock up. A pon verandah me haffi siddung.

'What mek yuh run so?' Miss Mac ask me when dem come. 'Dem clap me, yuh see! Dem did clap yuh too. Dat time yuh gone.'

'Look how yuh do yuh frock,' Mum say. 'A big pickney like yuh.'

'Only parson one talk in front of so much people.'

'Stop yuh noise,' Mum say. She go inside and start grumble to herself. 'All dem can do is nyam.'

'Wah mek yuh bolt?' Miss Ursie ask me, and she kneel down beside me.

'Me no know. Me did fraid.'

'But yuh no fi fraid. Yuh a get big. See how yuh do it good tonight. Yuh can do anyting yuh want if yuh put yuh mind to it.'

After di concert at Claus house me tek part inna everyting. Me was extra good when it come to sports. Me house used to depend pon me and me always win plenty prizes. When we come from school and pass Miss Ursie yard we always call to her. She was smaddy yuh could a talk to. She understand pickney. She always have time fi talk to yuh. She always have grater cake fi give we and ginger beer and drops. Miss Ursie was we friend.

'Talk Grandpa, Talk!'

Grandpa John land did have cane and banana. We used to clean di grass during di week. On Saturday, dem have digging or Saturday morning crop. Di odder district people dem come in to help. We buy bread and salt beef and mix wash and drink wid it. Di man dem dig di hole and di woman dem plant di corn or yam head or potato slip. Dem time deh, dem used to sing:

> Bring me half a hoe come gimme yah
> Busha want me fi go plant potato
> Bring me half a hoe come gimme yah.

Some a di woman dem is single woman. No have no man so dem cultivate too. Some of dem cyaan manage fi dig di bank or di hole and so dem give di man dem di most harder work dat dem have in di field.

From me have sense and know Mum, she always have PNP group meeting in her yard. Inna dem days Labour did inna power. When me have sense is Miss Ursie me used to see come a meeting and some a dem farmer from Back Road, who me hear did vote fi Labour first time.

Back Road is a long dirt road dat lead to Maroon Town. Plenty small farmers live up deh. Dem grow banana. Tru di road never pave dem haffi bring down di banana pon dem head. At di boxing plant, dem buy bananas from di big farmers first. Di small farmers haffi wait long and plenty a fi-dem bananas get reject for dem say dem bruise up. Dose bananas haffi sell inna market.

More a dem farmer start come out to group meeting as election time did near. Dem say dem couldn't get no fertiliser. Is only di big farmer get fertiliser, when is all a dem did vote Labour.

'No care how we vote in JLP, we no get no help.'

'Di road bad.'

'Dem no waan look after we. Anytime we vote dem in, dem figat bout we and no come back.'

'Me say we waan smaddy from we own district fi represent we pon parish council.'

'A true.'

'We want smaddy we can see fi talk to.'

Miss Mac, Bertie, Lilith and all a we stand up deh listen when one a dem say, 'Mass John should a represent we.' Miss Mac jook me in me side and say 'Dem a nominate Grandpa . . .'

'Mr Chairman, I decline.' Dat a Grandpa.

'For wah reason, sir?'

'Me no waan go inna politics mek nobody come come kill me or meet me a road and lick me down wid rock stone.'

'Yuh can do it, John. Yuh is di man we want.'

'Him friend dem a boots him up,' Miss Mac whisper to me.

'Yes.' A next one a say, 'For when yuh go a banana board meeting yuh chat good.'

'Everybody a look to yuh as leader, tru di meeting always a keep inna fi-yuh yard.' After dat, dem keep one next meeting and him decide fi run. We generally see we great-grandpa when we wake up in di morning. After him go a field and cultivate and come back, him never have notten much to do. Him always find one bar or find him ole friend dem fi go play dominoes or card pack. Him never tek no permanent role in di house. Him no beat nobody. Him no business wid nobody much – yuh do as yuh like. We was closer to Mum for a she tek di home pon her head. So it was fi-we pride and joy when meeting time come and him call we out and we go wid him. Mum always a cuss and say: 'Mind how yuh a bring dem up inna politics!'

'No yuh same one did first keep meeting up a yard?'

'Me no able fi nobody come beat up me pickney.' Mum say.

Mass P di shopkeeper did a run gainst him in di election. Me and Miss Mac always used to try tief salt fish from over fi-him shop. One time, we push we hand in di barrel and pick up someting and run out a street. We never look pon it. She bruck it gimme and me start to bite. Me start cough and me spit it out. 'Miss Mac, a brown soap!'

'A brown soap?' She tek it from out a her pocket and look pon it.

'Jesus God! Yuh know seh Mass P wicked!' Him did put brown soap inna di salt fish barrel. By di time we reach home me mouth burn up.

Two nights before di election, Grandpa carry we go a meeting. Him deh pon di platform a talk. Him say how di road to Maroon Town want to fix, how di small farmers need fertiliser and market fi dem banana. Every time him talk di whole a we down a di crowd deh pon 'Yay! Grandpa, yay!' 'Talk! Grandpa, talk!'

Some boy siddung behind we and deh pon, 'Talk, Grandpa, talk? We going beat oonoo and oonoo Grandpa tonight.' Bertie spin round and say 'Beat who? Oonoo tink oonoo can lick we and we grandfaada . . . Idiot boy!' And dem jump down pon we and dem heng on pon we. Dem start beat Bertie. We run down di hill and bolt home and start beat down di door.

'What happen to oonoo?' Mum ask we.

'Dem a beat Bertie and Grandpa up a meeting.'

'Oonoo run lef di poor ting dem up deh? Come.' She grab up her cutlass like dem ole warrior.

'Essem yuh a go?' Miss Mac ask me and two a we just a look pon Mum.

'Me nah go.'

'Come! Oonoo grab oonoo stick and come,' Mum bawl out. We grab we stick from round di kitchen and we follow her go back up deh. As she go, she call out everybody out a di community.

'Dem a beat Mass John up a meeting! Oonoo come! Dem a fight me grandson! Oonoo come!' Till we start call dem out too.

One heap a people did back a we, when we reach up di night and ketch dem a beat Bertie. When we look pon him, we start bawl. Everybody run go up and heng on. And we start fight. Cutlass and stick, stone and bottle a fly. One chop up di night! We fight di night.

One day pass. Di odder day now a election. We no know what a go happen. Notten much never do we more dan so. We only a wait pon di result. When we get fi find out Grandpa win dat election, pure jubilation di night! All a di pickney dem inna di district build coffin and put wreath pon it. We walk round from Flamstead come straight a German Town. We a sing,

> Mass P dead and gone
> We a go bury him
> For him doom fi life.

When we reach Mass P shop, di whole a we mek one big congregation in front a di shop at di square. We a sing. We a trump and we a dance. Yuh did have some house up pon one hill and a pure Labourite live up deh, but we only a penetrate Mass P. When we deh-deh a sing wid di coffin pon we head we hear, 'Bugguh dup! Bugguh dup! Bugguh dup!' When we look, a stone dem a roll down pon we! We drop di coffin. Who fi run a German Town, go a German Town. Who fi go a Vaughnsfield, gone a Vaughnsfield.

'Weh oonoo a come from?' Mum ask we when we go up. We tell her.

'March? Which part?' We tell her seh di boy dem from Clarke Town build di coffin and we and dem march from Flamstead come down a German Town and stop a Mass P shop.

'Jesus God! A beat oonoo waan dem come beat me, mek me cyaan walk pon street? A down a Mass P me buy all di while. Me nah look no war wid di man. Why oonoo gone trouble di man?'

'A no trouble, we a trouble him. A sing we a sing. Look how dem come up yah come sing and jeer Grandpa and we never say notten.'

She leave and go down and talk to Mass P and say him no fi mek it be no trouble to him because a pickney all over and she don't know why dem a tek up big people business pon dem head.

Grandpa was a councillor for only one term for him couldn't get through wid di road, di market or di fertiliser. When him put fi-him proposal to di council, dem only a look pon what party him come from. Him say dem never consider di small farmers. Him was di only PNP councillor at di time and dem was di odder party and dem block everything him propose. Him get frustrated and stop run.

A di first we ever leave German Town and drive down dis side inna 'Exodus'. Garland Town ... Mocho ... Magotty ... Santa Cruz ... Dem place deh we only hear bout. Mum a name out di place dem and show we dem. Tru she go a Black River Market go sell, she know bout dem.

Inna St Elizabeth, 'Exodus' turn off pon one side road. 'Short cut,' di conductor tell we. Brap! It no move again.

'What happen deh?' Mum ask di baggage man.

'Out a gas.'

Di people dem inna 'Exodus' start fuss. Some say dem waan reach town before night. Some a say di driver no know what him a do. Di driver him leave di bus and go way. We get fi find out seh a di driver district weh him come from.

'Him gone fi change-a-clothes' di conductor say.

'Change-a-clothes?' one big fat woman a say. 'Him carry we round here fi suit him purpose. And right now gas a kill me.' Di woman belch and lick her belly.

Di rest a dem start say dem hungry too. Di conductor and di baggage boy collect money from all a we. Dem walk cross di road and we see dem go inna one shop. Den dem come back and mek up fire across di road and cook. Dem squeeze civil orange and sugar and water and mek wash. Me push out me head through di window and watch dem. When dem finish cook dem never have no plate.

'We cyaan bodder go a no banana walk go look no plate,' di baggage boy start say, for inna country when dem no have plate dem used to use banana leaf.

'Cho! Just throw everyting inna di pudding pan and mix it up', di conductor say. Dem throw out di food. It was rice and bully beef. Dem tek out fi-dem own and put di driver own one side. Den dem send di rest in di bus fi we.

'We don't want none, thank you,' two mulatto type start say and dem fold dem arms. 'We not hungry.'

'Wait deh lickle, before anybody dip dem nasty hand inna it,' Mum say and she get up. Mum dig down inna di big cloth bag and come up wid plate and cup and knife and fork. Madge give out di plate and cup to we and we start eat wid knife and fork.

'Excuse me, maam,' one a di mulatto start say to Mum. 'You can lend me di plate when you finish eat?'

'Hmmm!' Mum give out. 'See di pudding pan deh. Everybody done tek out a it already wid dem nasty hand so oonoo no need no plate again.' Me and Madge start laugh. Later, when 'Exodus' start run again, one woman preacher come on di bus and start preach and sing. After we leave Westmoreland me drop asleep . . .

Mum wake me and show me di Bauxite Works in Manchester. We never know what is bauxite. She tell us it mek pot and pan.

Near to Porus, Joanne jook me and point her finger through di window.

'Look!' We pass plenty lickle booth wid people a sell di long bunches a orange and stangerine.

'A so di people string out di orange all di while?'

'Yes,' said Mum, 'because di people from town who have money will buy.'

'Dem pretty eh?'

It remind me of harvest festival when we gather we best orange and star apple and put it inna box wid crepe paper and tek it to church.

Lickle later we pass miles and miles a cane. As far as we could see, notten but cane and far in di distance some lickle hills. One lickle boy did a come down di road behind some cow. 'Exodus' haffi stop fi mek di cow cross di road.

'We soon reach,' Mum say. Dat is when me start fret bout Tobi . . .

Tobi

Mum did have cow and goat fi me. She always sell dem. One time she sell one cow fi twenty pound and she put di twenty pound inna one concrete savings box she did build.

One day, when she leave and gone a bush Tobi come in. 'Wch yuh a do yah?' me say to her.

'Shut yuh mouth gal.'

Mum did have one trunk and Tobi pull di trunk and go in it and tek out di concrete savings box. She get di hammer and di sledge and start lick out di mouth a it. It buss and she tek out di twenty pound. 'Anyhow Mum come yah dis evening and yuh tell her seh a me tek out di twenty pound, ah gwine kill yuh.'

33

Mum come back from ground twelve o'clock come eat her lunch. Dat time me just inna di kitchen a tremble. She say, 'What happen to yuh?'

Me deh pon 'Notten, notten maam.'

'Someting must do yuh.' She go a bush and come back di night.

'Mass Joe a marry Sunday and him waan come buy one a yuh goat. Me fi sell him?' she ask. Me start cry. 'What do yuh?'

'Yes maam, sell him di goat.' But when me say so, me member di twenty pound fi di cow gone and Tobi threaten me.

'Me say fi tell me wah do yuh.'

'Tobi come yah today,' me say.

'She beat yuh?'

'No.'

'Weh she do?'

'She bruck di savings box and tek out di twenty pound.'

'Wah?' She go inna di trunk and lift it up. She see seh di twenty pound really gone.

'Dat wicked tarra-tarra wutliss tarra-tarra.' She start cuss.

'Come,' she say, 'put on yuh boot.' She carry me round a Top Hill. She go to di gate and she say 'Dutty Tobi claat, yuh nasty warra it! Come out yah.'

'Mum!' me say, 'Come! Leave her, no! Come! She a go beat me cause she say me never did fi tell yuh.'

Mum say, 'Me and her today. Mek she come out yah today come lick yuh.' She start shout again. 'Yuh nasty warra it! St James whoring gal. Come out yah!'

Tobi come out and say 'Ah gwine kill yuh anytime ah ketch yuh. She must lef yuh go a bush.'

'Weh me a go do?' me say to meself.

'Watch me and yuh gal.'

She nah pay Mum no mind. A me she a penetrate.

'A gwine kill yuh.'

Me no know who tell Bertie, but me see him and Cho-Cho a come. Me run go heng on pon Bertie. 'Tobi tief me twenty pound out a me savings box. And Mum come a cuss. Tobi say she a go kill me.'

'Kill!' say Bertie, 'she haffi go kill di whole a we.'

Me say, 'Bertie, no go up deh!'

'Come on Cho-Cho,' him say. Me heng on pon him and say 'Weh yuh a go? Come back!'

'Let me go, no gal,' him say. 'Ah gwine chop off her neck, di no ambition warra-warra. Come! Di whole a we a go up deh.'

We go and we stand up deh. Di one Joe say, 'Yuh tink any a oonoo can do her notten?'

Mum say, 'Oh. So yuh get half a di twenty pound!' Dat time when yuh look pon me, it come in like me have aguc-fever, di way me a tremble. All me a fret bout a how she a go kill me.

Di next morning, when me go a school, me haffi pass her gate. When me reach a Miss Ursie me tek off di crepe. Dat mean, any way she down a di gate and she back me up, me know she cyaan run faster dan me. Me put di crepe inna di bag. As me buss di corner and look down a di gate, me see she stand up deh wid one big tamarind switch. Dat time me lef Lilith dem up di road. Me say, 'Jesus Christ God Almighty!' Dat time she no see me yet. Me a watch her. When ah reach di gate, ah pass like a bird a pass di gate.

'Yuh dutty Johncrow!' she say, 'Yuh Granny a di same ting.'

'Like yuh,' me say. Me run go down a di bottom a di road. Me say, 'A really me did answer her?' When me reach down lickle more, me see Mass P a come.

'Gal, wah happen to yuh?' him say.

'A me madda a run me down fi beat me.' She bruck di corner and meet him.

'Tobi,' him say, 'if yuh lick her dis morning, me a lick yuh back. Gwan a school, lickle gal.'

Me run and me run and me tink to meself: 'Me? No she cyaan ketch me.' When me reach a school, mc just drop down a di door way. When me open mc eye, a teacher me see.

'Where are your shoes?'

'It inna me bag, teacher.' Dem carry me in and dem gimme water and fan me. Dem put me fi siddung. When me look, me see Miss Mac a come. 'She ketch yuh?'

'No. If she did ketch me, me wouldn't deh yah so.'

'When yuh a go home, no lef me.' As school bell ring, me tek off di boot again and put it inna me bag and say 'E-e, she nah ketch me.' When me reach di corner a Flamstead Road, me see she siddung a di bottom a di road a wait. Dat mean she leave her gate way and a wait pon me. Dat mean, anyway me pass fi go a German Town she must ketch me. Me say 'Jesus God weh me a go do?' Me member me can go way a Flamstead and go up through Church Road. One Labourite man have one big plantation me can pass through, but when him leggo fi-him dog dem inna di plantation, yuh cyaan pass. 'Is either di dog bite yuh or yuh tek di lick from her, which yuh prefer gal?' me a say to meself. Dat time me friend dem stand up ready fi go wid me. Di whole a di pickney dem from German Town a plan fi put me inna di middle and dem crowd round me and we run past. Me say, 'Ee hee? Yuh lucky! Me nah go.' Me go back round and go through di man plantation. When me reach part way me hear di dog dem a 'Rurr! Rurr! Rurr! Rurr!' Me decide fi walk through Mass P canepiece instead and come up through Miss Hilda yard. When me inna di canepiece, me hear di dog dem a come. Di man did have one trench. When yuh look inna it di water black. Me say, 'Suppose di dog dem back me up deh so?' When me reach up to di trench, me hear someting. When me look, a one a di dog and him a say 'Rurr!' Me miss me step and spread out inna di water. Quicktime, me get up back and race go up di hill. When me reach down a Miss Hilda, she say, 'What happen to yuh pickney?' Me tell her.

'Yuh cyaan go home so. Me cyaan mek yuh really come through me yard and know say yuh a Miss Essie pickney and mek yuh go home so.' She carry me and put me in one pan and bathe me. She wash out me uniform and gimme one of her frock. 'Go home and tell Mum seh di uniform round here,' she say. Me reach home. Me say, 'Mum, Tobi run me down dis morning and she run me down dis evening again.'

'Yes. Dem pickney tell me. Go in go siddung.' Me go in go siddung. She lef go a Maroon Town to Tobi faada, Mass Caleb. Me see when him pass di evening. Me say, 'Mum, weh Grandpa a go?'

'Him going up a Tobi. It gone too far now. She a tief me and she a tief yuh and she beat everybody. A bad she bad dat nobody cyaan cool her down. Ah tell yuh grandfaada fi go up deh go warn her. Tell her sey yuh a fi-me, and she fi cool down.' Me pray to God say, 'Weh me a go do?' Me cyaan walk in peace. Me a cry and cry. Later on Grandpa come back and a step past. Mum go out and say, 'How it go?' Him kiss him teeth, 'Me kick down di gal. Me go up deh and a chat to di gal. She a gwan like seh a no me a her faada. Tru she have her man in deh, she a come gwan like she waan come beat me. Ah tell her seh, ole as me is, me can still beat her. Me kick her flat. Anyhow yuh see di constable a come, tell him seh me gone a Maroon Town and me deh a me yard a wait pon him. Tell dem she a fi-me pickney. A me bring her come yah. A me breed her madda though her madda dead.'

Me reason to meself seh, if di twenty pound gone and she a go beat me fi di twenty pound – when she go get kick pon top a it, dat mean seh dis yah trip yah a murder.

Di whole night me no sleep. 'Faada, me a beg yuh Jesus, me a beg yuh, no mek she do me notten.'

Di morning me get up fi go a school. Me Granny say me nah go a no school for me no have no energy fi go a school. Lilith look pon me and say, 'Mek up yuh mind and tek di one beating and done. Anyhow she lick yuh, we and her a go fight. As lickle as we is, we a go fight her, so come.'

Dat morning Miss Mac get up and fix up pepper and vinegar (and me figat wah else she put inna it) in two bottle. She give me half and she tek half. Me say 'A wah dis?'

'As yuh see her. No venture. Open it up and dash it in her eye.'

'Suppose we do her anyting and police come lock we up. Member seh constable deh bout yah and . . .'

She say 'Ee hee? Yuh tink she can just get up and tek set pon people so. After she no bad more dan nobody else. Look how our madda quiet. Everybody in di family quiet. What happen to she?'

We a pass di morning and see she and di boy Joe. Joe siddung pon piece a rock stone. Me look pon her and me start laugh.

'Yuh a laugh?'

She move and come towards me. Miss Mac open fi-her bottle. All now me cyaan touch fi-me bottle fi open it.

'Yuh a laugh?'

Me just a look pon her and cyaan stop laugh. When she reach up to me, she say, 'God! Galang! Galang cause yuh a worries, yuh a crosses, galang!' When me step pass her Miss Mac say, 'Yuh should a lick her dis morning and see if yuh no get crosses in yuh eye.'

Me spin round and look. 'Yuh did a go really dash it pon her?'

'Mek she did lick yuh dis morning and see.'

Tobi hold Miss Mac. She dash way di someting and smell di bottle. 'Gal, yuh did a go vinegar and pepper me, eh.'

She tek di switch and she give Miss Mac some licks di morning. All now me no look back. Me drop me bottle in me bag and me run gone lef Miss Mac. When me reach school, hear me, 'Lilith, Tobi hold Miss Mac.'

Everybody spin back out a school. When dem reach up a top road dem see Miss Mac siddung and a bawl and say 'Imagine, me and her a come. Is she fi get di beating and she run lef me – in di beating.'

Me start laugh.

'Das all yuh can do. Laugh after people. Ah going tek it out a yuh. Look how she do me. Look how she welt me up. Go call Mum.'

But we couldn't call Mum, cause Mum gone a ground.

Two dummy live up a top road, one name P. John and di odder name Son-Son. Dem deh pon 'Eh, eh, eh, eh'. Dem stand up and see how Tobi did a beat Miss Mac, and no say notten. Cho-Cho a say, 'Is all right tek di beating. Come down a school.'

Di evening, some pickney weh go home fi lunch come back a school and a whisper. We a say 'A wah dem a chat say?' We couldn't find out, so we say 'When school over, we suppose to hear.'

After school, we reach out a Flamstead Square. We see crowd out deh. 'Rahtid! Wah a gwan man?'

'Me no know,' Miss Mac say, 'but me a go find out.'

We go and stand up inna di crowd and hear dem a say, 'Di boy dem give her a piece of assing.'

'Assing? A who dem beat now?'

We walk and go down and everybody a talk and everybody a look pon we.

'A wah?' me a say.

'We a go find out. We a go find out.'

When we reach round di road, we hear Cho-Cho and Bertie tek her out a di house in front of Joe-Joe and dem give her a beating. Dem plait ten to twelve tamarind switch and di two a dem hold her and beat her. Dem tell her she is to stop bad because nobody in di family bad.

Di Saturday after, we down a yard a mek hase do weh we a do fi mek certain done we Saturday someting. We see Madge and Gerald a come wid two bundle. We say, 'Weh yuh a go? Go back a oonoo yard. Nobody inna dis yard no concern yuh.' Dem say, 'A Mama send we come, cause she gone a town.'

'Send oonoo come? Which part yuh tink anyweh deh yah fi hold yuh?' But me a say, 'She gone a town, gone turn town gal.'

'Wah a gwan deh now, me pickney?' Grandpa come.

'See Tobi send her two pickney come deh.'

'Den dem no yuh bredda and sister?'

'Bredda and sister, which part? Me no know dem,' me say.

'She gone Grandpa. She gone a town and lef we.'

'She gone a town just so?'

38

Dat time dem couldn't talk so good. 'Den a so she wicked? Just get up and gone a town and lef oonoo and no tell nobody notten?'

'Yes sir. She say Mum can tek care a we, cause we belongs to Mum.' When Mum come from market di Saturday night and hear, she start cuss, 'Me no tell oonoo! Di dutty nasty gal! Den weh di man did deh?'

'Him no come out gone bout him business.'

'No have no ambition. Gone tek more man a town. Yuh soon hear him breed again.'

Me no hear notten bout her. Mum have fi work and mind Madge and Gerald. One day somebody come from town and say 'Yuh know Tobi have one next baby?'

Me start count now and say, 'One, two, three, four. So much pickney one time.'

'Wah yuh know bout so much pickney? Gwan go siddung,' Mum say.

One day, we see a woman come wid one baby. She push di gate and come in. 'A who-for baby dat?' me say.

'Tobi send down say me fi carry dis go a Mum.' Me siddung pon di verandah. 'Out a dis blue sky, yuh a wah?' me say to di woman. 'Yuh a . . .'

Di woman open her hand and gimme one box and say, 'Yuh really get bright in yah. Pass yuh place. Yuh a lickle pickney, yuh know.'

Miss Mac get up and go in di room. 'Den every pickney she get a down yah she a go send dem come?'

'We nah go have enough food fi eat and we nah go have noweh fi sleep.'

'Me nah mind no baby.' Mum start cuss and a say she nah go put up wid it. Tobi did have one bed from she lickle bit. Mum tek down di bed and say, 'Come. Di whole a oonoo a go a town in di morning.' Me get up. 'Me nah go noweh! Me no grow wid her and she a go disadvantage me.' Me start bawl.

'Yuh going and das all. Pack yuh tings.'

When we reach Spanish Town we wake again. And Mum show we di prison. Out a Caymanas we straighten up. A heap a house so near togedder.

'It look different,' me start to say, 'me have a feeling it a go different.'

'We reach yet? We reach yet?' Ev a sing out every minute.

Mum no know a which part a town she a go. All she have is di address: 3½ Penwood Crescent. When we reach out Three Mile she ask di conductress where to come off to go in Tower Hill. Di conductress tell her and she come off and tek off di iron bed off a di bus and put it down 'Exodus' drive way. We see one handcart man and she stop him.

'Which part Penwood Crescent deh?'

'Go straight up dat road and turn right.'

'How much yuh charge fi drop me up deh wid dah bed yah?'

'Ten shilling.'

She say, 'Come.'

We did have one a dem first time old grip. Some a we put dem pon we head and some a we hold we paper bag. Everybody a march go up Penwood Road.

Ev still a chant, 'We reach yet? We reach yet?'

'Lickle boy,' di cartman said, 'cool yuh foot, no! Yuh just come from country? When we reach deh me will show yuh.'

When we reach Penwood Crescent, Ev start run. 'Weh yuh going?' di cartman shout.

'Yuh right fi ask him,' Mum say, 'after him no know.'

She knock pon di gate. We see one man come out.

'One Shannon in deh?'

'Yes, she round di back. Suppose to a wash.'

Mum say, 'Come handcart man, help me carry di bed go put round deh.' When we reach round a di back and she see we a come, di soap, di brush and di clothes drop out a her hand. She stand up and a look pon di whole a we. Mum turn to one woman and say, 'Which room dah woman deh live in?'

'Go right when yuh pass di kitchen and yuh see one room right deh so.' We go in and puddung everyting in deh and go back and say, 'What happen Mama?'

Ev a say, 'Mama, yuh no hear we a talk to yuh? Mama a yuh we a talk to.' Di baby did a say 'Eh, eh, eh.'

And we a say, 'Yuh remember him? Yuh send down a country come give Mum.'

'A fi-yuh dem,' Mum say. 'All me get a one pickney and she gimme one and di one weh she gimme is a johncrow wid two wings a fly all over Jamaica. A time fi yuh tek up yuh responsibility.'

'A yuh cause it,' she say to me, 'Yuh mek me no reach noweh.'

'Weh me do fi mek yuh no reach noweh?'

'Yuh stop and hinder me from set up meself. A yuh Mum spend di whole a di money pon weh she should a did spend pon me.'

Everyting from ancient day she start talk bout. Me stand up a look pon her and me couldn't even laugh.

'Yes,' say Mum, 'and das why me bring dem come. Mek yuh feel it. Mek yuh work and mind di whole a dem now. See how it go. A no nobody blight yuh future, a yuh blight yuhself, for people try wid yuh.'

'A no fi-me fault. A yuh keep me in ignorance mek me pregnant. A yuh mek she have no manners and facety to me and di whole a dem waan come beat me. A yuh mek me pickney no respect me.'

'Yuh no so wicked fi blight yuh own pickney future though.'

Dem continue a argue.

Me tink bout di baby weh Mum tell me a come from sky, di book weh she never study and di baby faada weh go way lef her. Me tink bout Miss Ursie and Grandpa John and everyting dat happen to me before.

'Me a catch back 'Exodus' fi go down a morning. If anyting, write me.' Mum say.

'Lawd! Den Mum yuh a go way leave we,' me say.

'Yuh will all right. Yuh is a big gal now.'

'A true,' me say, but me did fraid all di same.

In di morning Mum get up early and go way. Me new life in town start.

Rock Stone a River Bottom
No Know Sun Hot

Me cyaan figat dem lickle tings weh me madda used to tell me. 'Member seh man a green lizard,' she used to say. 'Man is a ting weh change. Di instant when dem see one next woman, dem no waan bodder deal wid yuh, especially when dem see yuh tight pon yuh money.'

Yuh see, she was disappointed by a man and dat cause her fi go tru a whole heap. While she was living wid me faada and pregnant wid me, him plan fi married to smaddy else and never tell her. When she find out, dem argue it out and den she tek time go back home a fi-her yard, as she never waan box him down or notten like dat. She always lick it inna me head seh man a one no good sinting.

It happen dat Mama meet dis lickle short man name Mr Jimmy and dem married. Me and him gree to a certain extent, but him and Mama couldn't gree at all for him wouldn't give her no money fi food. Dat a di first me see di direct oppression weh fi really mek yuh mawga down over life.

Mr Jimmy could a trace. Him used to siddung pon a chair pon one lickle bump where di kitchen deh and trace Mama. 'Gweh yuh warra-warra bitch! When yuh say yuh gone a church, yuh gone ketch man.' When Mama hear dem tings and know seh a no true, she would a use all a piece a mortar stick and come 'WOOFEN!' inna him side. Den yuh hear him, 'Lawd!' Him cyaan fight. Di ongle ting him have a him mouth. Him trace like a any batty man! Him talk and fling off him hand.

One day, when him a tell her some breed a someting, she just tek di chair wid him and him felt hat and bend-mouth walking stick, and throw him a gully. Him and di chair roll down deh and me madda not even look pon him. If yuh ever see him, him turn up him eye like when yuh fling way puss! When him come up him say, 'Yuh bitch yuh! Yuh waan me fi dead and lef me land, but if yuh kill me, ah gwine tear out yuh whats-it-nots-it!'

It happen dat Mr Jimmy ketch pneumonia and a Mama same one did haffi nurse him. Dem tell him no fi mek rain wet him. Him wouldn't hear. Him go a bush and rain wet him and him dead.

After dat, a just Mama and me live. She used to say we talk one language. When she cook di food she always dish it out inna one pudding-pan and me siddung deh so, and she siddung yah so, and we eat. She cook meat and throw it inna one dish and di two a we eat out a one dish.

So, she always show me seh, 'Be independent fi yuh pon fi yuh own. Depend upon yuh own income. If dem give yuh notten and yuh save sinting out deh, no mek him know. Save dat to yuhself. No go show him seh, "Me a save dis fi me and yuh," cause at times him will tek it way from yuh and run yuh way and yuh no have notten.' It just grow inna me seh me must have someting fi meself. She say to me seh, 'First ting in life, yuh must try and have a bed fi yuhself.' Dat mean when di man put yuh out, yuh have yuh bed. Yuh no haffi go beg anodder woman cotch. If yuh even pack up yuh clothes inna carton box, remember yuh fi have a bed fi lie down pon. Again, she used to say, 'If di man have a bed, di man can run yuh off a di bed and yuh haffi bounce it pon di floor. Wherein, if yuh have yuh bed, yuh can say, "Come off a me bed!" Wherever him waan go, dat a fi-him business. Mek sure seh him cyaan put yuh off a di bed, for a fi-yuh bed.

'A iron board is essential. A wash pan is essential. Yuh musn't borrow dem deh from woman. When clothes-iron time, mek sure yuh have, if a even ONE clothes-iron fi yuhself. Yuh no fi go next door go borrow dem tings deh.'

Me always have dem ting deh in me mind. From me have sense tek over meself, me always a throw me lickle pardner. Me waan know me have sinting fi meself and him have fi-him own too, so none a we cyaan show off pon we one anodder. Me have me bed too, dat if him put me out me have me bed fi move wid. Me no haffi inna no problem wid him. Me no haffi go wid so-so bundle. No! When me come out a me house, it haffi empty like smaddy move out.

Yes! Me madda show me what and what is essential fi a woman have. And me mek sure have dem. All di same is not all di time me and Mama used to gree . . .

It did kind a lonely which part me and Mama did live. It come in like seh we live inna a desert by we-self. House never deh nearby.

46

Yuh haffi walk far. Mama and me mussy live like when yuh have big yard and di people dem dead out and lef two lickle people inna di yard. Di yard lonely. When she gone a church and me come from school, a would a me alone stay deh. When me see pickney a pass, me wi find sinting fi give dem, fi play wid dem lickle bit and talk to dem lickle bit.

Me used to inna di yard a siddung pon one chair a di window. Me never used to do notten more dan look tru di glass, and di day run off. One day me see one guy a pass inna one car. Him stop and me and him start talk. Him ask who and me live deh and weh me faada deh and weh me madda deh. Den him say, 'Bwoy, from me pass and me see yuh me really love yuh. Yuh have any bwoyfriend?' Me did have one lickle bwoyfriend name Malton Edwards, but to how Mama grow me is like she never waan me fi chat to him. Di woman mek me couldn't did talk to him none at all. So me say, 'No.'

'Which school yuh go?' Me tell him.

'Yuh a go school Monday?' Me say, 'Yes.'

'All right. Me wi see yuh anodder time. Me wi come back come look fi yuh.'

Me did like him one sort a way when him say him love me.

One Monday lunchtime, him come a school. All dem time deh me did shy. Me never did too waan talk to bwoy. So me tell him seh school over two-thirty and me haffi wait till four o'clock inna di evening before di bus come. Me have a long waiting fi stand up pon di white road and so him can come den.

Him come and him carry me inna him car and we go eat lunch and laugh and chat. Me no tek bus dat deh evening. Him carry me home inna him car and him drop me near to di gate.

Me madda ask me, 'Di bus come already?'

Me say, 'Yes, Mama.'

Afterward, me madda did really hear di bus blow and she ask me, 'How di bus a blow if it pass?'

'It could a bruck down and it just a move off.' And me nice her up.

Di next day, him come back. Him carry me fi lunch and him wait fi me and we drive come home again. Him drop me near a me yard and me walk go up. She say 'Yuh come home good. Yuh a come home early a evening time.'

'Yes Mama. Me a come home early tru me know seh a yuh one deh yah.'

Him was bigger smaddy dan me. Him was working selling tings.

47

Me was round sixteen and him was round twenty-odd. When me come home inna night, it come in like me head a go blow off me body di way how me feel nice. Me just cyaan wait fi day light. Wooo! Me cyaan sleep. Me a pray fi day light fi me see him. Me a say, 'Yes. Me find one bwoyfriend. Me find one bwoyfriend now.'

Di next day, him come again. And den him come and him come and him come and him come and everyday him come.

After one time now, him say to me 'Yuh ever have sex yet?'

Me say 'No man. Yuh mad! Me madda wi beat me if she know.'

'Den yuh madda no haffi know.'

'She wi know cause me wi expect baby.' Me know seh people must have sex fi have baby, but me never know in terms a how. Me never start fi have me period yet and me never know notten bout me body.

'No man,' him say. 'Me won't mek yuh have no baby.'

'Me madda always say, anytime she find out seh me pregnant she a go run me out.' Me a tell him weh me madda say bout man and we laugh and we laugh. Him park him car and we siddung. A di first time me taste how beer taste.

One day, him bring one bathsuit fi me and him say, 'Yuh know weh me carry dis fah? Me carry it fi me and yuh go a beach when school over.' Lawd, me feel nice seh me a go a beach down a Port Maria! Me glad when school over and we go down a di beach and me put on me bathsuit. Nobody like me now. Me get way! Yeah! Man a no notten!

Him say me must tell me madda di evening seh me nah go come home di next evening. Me a go stop a Hampstead. Me tell her. She say, 'How yuh so hot fi go stop a Hampstead?'

'A no notten, but me just feel fi stop down deh tru me never stop down deh dis long time. Dem may say me used to down deh and me no come back.' Di evening, me no go a not a Hampstead at all. We deh a Port Maria whole evening a drive up and down pon di white road. Inna di night now, we go a one guest house.

Lawd! Him gimme one nightie out a di someting him use to a sell. Him say me must sleep inna dat. When him a park di car, me go upstairs fi go a bed. Me put on di nightie and go siddung a di bed foot. Him come and stretch out pon di bed and say, 'Yuh nah come lay down?'

'No man. Me no feel fi lay down. Me a talk first.' We talk and him say, 'Come lay down, man.'

'No man. Me no feel fi lay down,' me say. 'Yuh know, me feel

48

funny fi a go sleep wid man and me never do dat yet.'

'Just get used to me, man. Yuh no know seh yuh a me lickle girlfriend? Look how long me and yuh a talk. A time fi we go to bed now.'

Me go and lay down. Me cotch out a di bed foot and him hug me up. 'Come up man. Yuh fraid a me?' him say.

'Me no fraid a yuh.' Me lay down deh and we a talk. Him tell me bout him parents and him bredda. Him say if in case me get pregnant him wi married to me. Me a tell him seh me madda nah go accept dat 'cause yuh hair no pretty and yuh no brown'.

Me madda always a emphasise pon di blackness a me faada and a say, 'Di colour a yuh skin a di colour a yuh mind.' She feel seh all black man handle woman bad.

'Wah! She will like me man,' him say.

'Yuh tan deh tink me madda a go like yuh! She a go feel a way because she a go say how she spend her money and me let her down. Him a talk. And den we go to bed.

Lawd have mercy! Dat was a judgement inna me life. O God! It hot. It hot. O God! Me start to bawl. Him say, 'When yuh have sex di first time it always hot!' Jesus Christ! Jesus Christ! Ah cry! Ah cry! Ah cry! Ah cry! Till me never know me could a ever stop. Me tell him fi carry me home. Me tell him seh me waan go home. Him a say, 'No.'

'Lord God! A weh me a go tell me madda seh?' Di bed nasty up wid blood. Me start fret for me feel seh me madda a go find out. She never used to tell me bout period so me believe seh she a go see seh me a see me period and feel seh it cause from having sex. It stop now. Me promise him me nah go do it again under Judgement Land. Me stay down a Hampstead di next evening. Me tell di lady seh me a see lickle blood. She send me go buy a pack a Safex and she gimme. 'Yuh turn big woman now. Dis a yuh period. If yuh have anyting fi do wid a man, yuh wi get pregnant.'

'See deh now,' me say inna me mind, 'me a breed.' Me a fret. Me cyaan eat. It come in like me a get off a me head. Inna me head feel light. Everytime me member pon it me blood run cold. Me haffi all siddung and hold up me jaw.

Di blood go way inna di next day. Round two days after, him come back. Me no waan him chat to me. Me no waan hear notten from him. Him say, 'Yuh never feel like seh it would a happen one day? If it never happen wid me, it would a happen wid somebody else, so yuh no haffi feel no way.' Him say, 'A no notten fi shame bout.' Me swear seh me nah do notten again. Me never know bout no virgin nor notten. Me never tink bout sex yet. Me never know it a go be so much painful agony, else all now me wouldn't do it yet.

Anyway, it happen dat me go do it again. Dat was di time me get pregnant. Di first time me see it, was when a did agony inna me life. Di second time me do it again me see lickle bit a blood round two days after. Den notten nah come again. Me no know what a clock a strike. Me feel glad. Him ask me if me see it again. Me say, 'No. Don't me done tell yuh seh me nah go do notten again.' Him deh-deh and him still come look fi me and bring tings fi me.

Anytime me inna class now, it come in like when yuh eat stale food. Yuh feel logi-logi. One day, me eat a fish at school and me vomit up di fish and feel upset. Everyting me eat, me feel fi vomit. Me feel inna me breast tough-up. Me say, 'How dis never inna me breast yet?'

Couple days later inna di car, me a tell him how me feel and him say to me, 'Yuh know seh yuh a breed.'

'Yuh mussy mad. Weh me a go tell me madda seh?' Me start fret bad-bad because me know Mama a go run me out. Me no know weh fi do. Me no know weh fi say. Me no know notten. Me no know weh fi tell Mama seh. Me cyaan tell di lady up a Hampstead because she a go send call Mama and Judgement a go gwan inna me skin. Me no waan come home. Me no know when me madda a go know for me no know notten bout pregnant.

One day, me go school and me no bodder go home back. Me just come a town wid him. Him and him madda did live up a Waterhouse. Him tell him madda seh me pregnant.

'Yuh go breed di woman lickle gal!' she say and she come talk to me and ask me if me madda know. Me tell her no. And me go live wid dem. Dem handle me nice, but me feel inna one different world. Me a fret, but me haffi tan deh.

One evening, dem buy one *Star* and bring it come. When me open it and look, me see one school picture weh me did have, inna di *Star*. It say me missing and if anybody know me whereabouts, dem fi talk. When me see dat me say, 'Jesus Christ! Me waan go home!' And me start cry. Him madda say she a come wid we fi go a di yard, for me haffi go home.

50

Di day now, when we reach right which part him used to drop me a evening time, him park di car. Me siddung deh and him and him madda walk through di next yard and go down inna our yard. Me could a see Mama from up a di car and me see when dem reach down. Di woman ask her if she a me madda. She say she see di notice inna di *Star*, and she know some information she can tell her.

'Lawd, Lady,' Mama say, 'tell me. A di one lickle gal me have. Dem did kill one gal up a Guy's Hill Road weh used to come a Grantham College. Could a dat happen to she.' George madda say she know which part me deh.

'Yuh could a carry me go show me?' She say she waan me fi come back and di two a we live. 'Look from when me no eat food. Look how me mawga.'

'She up a di road.'

'Up di road?' Mama say. 'Den wah mek Bess fraid fi come a him yard?' She tell di lady fi come call me.

'No,' she say, 'me have someting fi clear wid yuh first.' Di lady gwan like she a one Welfare Officer from di Community Centre nearby weh walk di area and check out bout pickney, if dem a go school. She have a lickle book inna her hand. Mama a talk how me and she live and a say, 'Me no see wah mek him could a run way. A must some man carry him way.' Me decide fi come down a di yard.

When Mama see me a come she say, 'Bess! Wah mek yuh lef me yard? Weh mek yuh go way? Look how me and yuh live yah so long. Massy God! Lawd have mercy, man! Wah mek yuh wicked so? Yuh know from when me no nyam food and di two a we live yah and Woo! Murder! Woo! Judgement Woo! God a go charge yuh! Yuh wicked!'

Di lady a say, 'We want to sit down and talk, because this can't remedy the situation.'

Dem go inna di house and dem draw one chair and dem siddung. Me never did waan go in but di lady say, 'Come, Bess,' and so me go in and me siddung. 'It's no point hiding this from you,' di lady say, 'Bess is pregnant for my son.'

From Mama hear 'pregnant fi me son,' she get up and say, 'Lady! Lady! Come out a me house! Come out a me house! COME OUT A ME HOUSE! Lawd Jesus! Christ! Di whole a me money weh me spend gone down di drain. WOOOO! WOOEEEE!' and she start bawl and a galang. And she roll in di dirt in front a her house which part she used to fling Mr Jimmy over di lickle hill. She bawl and she bawl and she say, 'Oh Jesus! Can Jesus bear di cross alone?! MURDER! Woman, come out a me yard. Me no waan yuh inna me YAAARD!' And she start to gwan like Poco woman, which wherein she was not a Poco woman, but she jump and gwan and she, 'Alleluia! My GAWD! Jesus!'

And di lady a say, 'Well, I'm not leaving. I'm not leaving at all. We're big people and we can sit and talk.'

But Mama a bawl and a say, 'Me no waan no talking. Me have me pasture and me have me goat and me hog. Me no waan no charity.'

And di lady deh-deh a talk and talk. Me look pon George and a say, 'A yuh do it! A yuh do it!' Him just a look pon me.

One man name Mister Lenny, who did waan married to Mama, did pass. Him stop and say, 'But, Miss Mira, yuh haffi gwan so? Yuh must know seh it would a happen.'

'Look yah, Mass Lenny, yuh know weh me know? Galang! Go a yuh yard! Yuh wife cook yuh dinner and it deh-deh a cold. Gwan a yuh yard! Come out a me business! Me no waan yuh inna me business,' she say and Mass Lenny gone.

Di lady a talk and a talk till Mama say, 'Dat bwoy? Dat bwoy deh! Mmgh! Mmgh! Me God! Me tink seh di gal would a look up off a di ground. Instead di gal not even raise up him head, him hold it down. A black man! Wid rolly-polly black pepper head! Me no waan dat deh pickney. None at all. Me no waan him yah. Look pon di quality of yuh hair wid dat deh black pepper grain. Mmmmgh! MMMMHH! MMMMHH! Eeehh! Eeehh! Ummm! EEEmmgh! OH MY GAWD!' She definitely feel seh if yuh hair no straight, yuh nah gwan wid notten. But den, di joke is, fi-her breed a bongo breed too.

Di lady did gimme some nightie and every lickle ting. She never did haffi directly buy dem, tru she and di son sell dem. She gimme also duster, bed slipper and a pail wid a basin and soap dish and chimmy. She bring some cloth fi mek madda's frock fi me anytime me pregnancy get big. And me madda say, 'No. Tek dem up. Me no waan dem. Further, me no waan di pickney inna me yard. Me no waan it. Cause di faada not even have lickle colour.'

Di lady say, 'Yuh difficult fi deal wid.'

'Me difficult fi deal wid? Me difficult? Inna me owna yard? A fi-me yard!' and she start so-till George madda go way.

When me see she a galang me run up di road. Me go a di car. Me say me a go way back wid dem, but she say me fi stay. She say me

52

madda a go set police. Dat a di only reason wah mek she wouldn't waan me fi come back deh. Me never insist fi mek him tek me wid him. Me a say Mama wi waan me fi come back to her. But if she know seh me gone again is anodder coal dat pon me head. Me never waan fi go stay a no place weh George could a put me. Me waan fi stay deh. Me prefer fi deh round di yard mek she see seh me deh-deh. Me decide fi stay and face it. Me say if she lick me down a so; but me a stay. Di lady say George will come back di next day fi find out what happen. Me just feel seh she will talk till she stop. Me feel seh a me madda and she nah go do me notten too hard.

When di woman gone, she go inna di house and tek out a white sheet. She spread out di white sheet and put all me clothes dem in deh. All me clothes! She tie it up inna one big white bundle and she carry it come put pon one mango stump out a di gate. She put one fork, one knife, one spoon, one tinnin lamp, one plate and one ole chamber right a di road side fi everybody pass and see dem. And den she start complain to all di people passing weh she and dem talk.

Mass Lenny pass and she tell him and him try fi talk to her and say 'Miss Mira, a so and so and so . . .' But she nah listen. She nah pay him no mind.

Everytime me come near di gate she say, 'Gweh! Gweh!'

Night come down. Me siddung out a di mango bump ready fi spend di night wid me bundle. One a di time, me see she a walk fast a come. Me tink a me she a come fi come lick and me run. Den she say, 'Gweh! Slut dog! Gweh! Anyweh yuh ketch yuh cold go blow yuh nose deh.' Me nah pay her no mind. She come tek way di bundle and say, 'If anyting, people a go say a me put yuh out so mek me tek dem up.' She carry dem go put back inna di house. Lickle bit later she come out and den she go in. She come out. She go in. She come out and me just haffi keep running till me hear she slam di door. BOOM! Me tek me time and go push di door fi find out if it open. It lock and she gone a her bed. Me go inna di outside kitchen go sleep pon di bench.

Inna di morning me wake up early and run out a di kitchen go siddung out a di gateway. When time fi school pickney pass, me move and go round inna di bush part go siddung. Me no waan nobody fi see me. She come and she cuss and she cuss and she cuss and she cuss. When me see seh she gone a bush, me go inna di kitchen go boil me tea. Me hear a car come down and when me look a George. Him say him madda send him back come see what happen. Me tell him and him say, 'Me madda say me no fi carry yuh back cause she no waan notten go happen.' We drive go a Linstead and him buy up bully beef and sardine. We drive come back and we siddung up di road and we laugh and chat. Laugh, yes! And chat and drink di drinks. Him soon gone a him yard now and me one up deh. Me one. Me start to cry and him say, 'Bwoy, it really happen; but it could a go less dan so.'

'It couldn't go less dan so,' and me start bawl now cause him a go way and a me haffi go sleep inna di kitchen. And den him gone.

All right! Everyday him wi come anytime me madda gone a bush. When me fi go a clinic, him carry me. Each time him come, him carry food. Sometime him carry box food. Sometime him carry food from him yard come deh. If a me madda, me would a never get hot water. She mek sure out her fire when she a go bush and lock her kitchen. Me haffi pop out di wattle fi go inna di kitchen. Den when she come now is a different someting.

Bout two weeks after me come home, me tink seh she gone a church cause me see her when she come out and gone, not knowing she did over next door. Meanwhile George come bout eleven o'clock. Me see di car and me go up deh. Me feel glad. Me go meet him and we a chat. She see di car up di road and she feel seh me mussy deh someweh bout. She no bodder go a no church now. She go down back a fi-her house go puddung her Bible, tek off her boot, clothes and hat. Den she go up a di coconut tree and pick up some coconut husk. She come down back and watch. She see me and him stand up a talk. She start fling a whole heap a coconut husk and stone after me. She run after me and she cuss. Me run, for she a fling three and four pieces one time.

'No come back! Me no waan yuh fi di pickney Poopa! If di pickney born me nah go register him inna fi-yuh name. Me give him fi-me name. Me no waan yuh inna me breed!' George no say notten to her. Him just go way.

From dat, him never come back. Me leave lonely. Me no have nobody. A just me alone inna di kitchen and down di gully. If me mek up lickle fire, as she see di smoke a raise, she fling stick and say, 'Slut dog! Go find yuh bull weh breed yuh. Gweh dog! Gweh dog-dog!' She come down di gully and tek weh di breadfruit, go cook it fi her hog and me hungry. Me haffi feed pon ripe banana for me nah get no food fi eat.

One time, ah just wait so-till she have her pot a mutton soup pon di fire. She siddung right near to di door a sew. Ah go in and tek piece a cloth and lift off di pot off a di fire. As me mek to come out tru di door, who me buck up pon? No she?! Di pot drop from me and she start fling after me. Me run round di track and come up back. Dat time she run gone a fling after me. Me hungry. Me desperate. Ah tek me mouth and sup some a di soup off a di ground, 'Ssooop, ssshelep!'

One day, she have a big laying hen inna di yard and ah just use a mortar stick and lick him down and kill him. Me pick him and tek her coconut oil and cook him. When di last lickle piece a chicken wing inna di pot a fry, me hear di donkey a come in. Me haffi tek up di pudding-pan and run. Ah just lef all di feather dem inna di kitchen. When she come in, she never quarrel same time, cause she did tired. After dat she cuss me.

Me bathe a di tank inna di yard. It did have a pipe so me can bathe anytime. She have a pan out deh me can use. But di bathroom weh deh round a di side, me dare not go in deh-so. Me bathe out-a-door.

One day me tan up pon a one lickle hill and she tan up down a bottom and a wash and chat bout, 'Him have him man and di man breed him and gone lef him.'

Me say, 'Ah yuh mek him gone lef me! Yuh mussy did want him!' Den she bawl fi days and months.

Me say, 'Bwoy! Me a live hard life.' Me nah tink notten bout no baby, like seh someting would a happen. Me not even tink seh it would a hard fi me have di baby, dat me would a haffi go a hospital. She did tell me already seh she nah go send me back a school cause me waste di money already. She did really gimme money. Das why she feel me shouldn't did go get pregnant. A no because a wants mek me get pregnant. Me no know wah mek me go get pregnant. A no tru me did inna wants a notten.

One man name Zedekiah Mighty, who a some cousin to her, see me all bout wild. Me tell him wah a gwan and him say him a go talk to her. Dat time me did round six months pregnant. Me get big now. So Mass Zeddy talk to her and tell her how me belly get big and me can have baby a bush.

One day, me deh pon di tank a sleep, cause yuh know when yuh pregnant yuh lazy and yuh waan sun. No care how yuh hot, yuh stay inna di sun fi di whole day. Me deh pon di tank top a sleep inna di trash. Me just hear when smaddy come over me and say, 'A dem life yah yuh love, ee? Yuh enjoy it.' Me get up and see her and go fi run now. She say, 'No bodder run. Carry up dis.' A one basin wid some clothes in deh.

Me carry it up and me go put it down. Me say, 'Yuh no spread out di clothes dem, Mama?' Me spread out di clothes. Den she say, 'Look inna di house pon di table, yuh see some dinner. If yuh want it, yuh can tek it.' Me eat and me go inna me room go lie down and get a good sleep.

Me deh-deh now. Me feel like 'Alice in Wonderland' for she nah talk to me fi round a week. If she gone a bush, me sweep up di yard, wash up plate and clean (if a time fi clean). Dem ting deh weh me never use to do whentime me never pregnant. When me know seh she near fi come, me light di fire and put on di pot pon it. When she come, she wi put in her food.

Whentime me fi have di baby, me couldn't have di baby. Di ongle time me did go a clinic a whentime George did carry me. After me come home, me start go a clinic few time. When me in labour now, di baby did hitch inna me leg so him couldn't did born. Di midwife tell Mama fi carry me go a Linstead a hospital. She go call one car and dem carry me go hospital. Dem send go call di doctor and him come. Him push up him hand inna me belly. Dat was anodder terrible pain again. Di same evening bout two o'clock me have di baby.

Me deh a hospital fi round two weeks after me have di baby. George come a hospital come look fi me. Me no know how him did get fi know seh me did deh a Linstead, but him come. It was a Saturday. Him see seh a bwoy baby me have. Him bring some lickle tings fi di baby: some orange, whole heap a lickle grocery fi me fi put inna me locker.

Me madda come now and she ask me how me get dem.

'Miss Birdie bring it come give me,' me tell her. Miss Birdie did live inna di district.

'Lawd, a weh do Miss Birdie now!' she a say. 'A weh Miss Birdie a push-up, push-up himself fi a carry sinting fi come give yuh. She not even have notten fi herself, but she a carry tings come give yuh. Dem mussy tek it turn table talk. Ah could a have a mind dash it way.'

'No bodder dash it way, man. God will charge yuh. Member seh yuh a go a church.' And she lef it and never know seh a him bring it.

It happen den dat me leave and deh a me granny. Mama say me fi deh-deh cause she no know bout baby again and she cyaan bodder wid it. Me deh-deh long-long now, till she come tek set. She waan me fi come back cause a she one deh-deh and she fraid. She lonely so-till me come home and me and her live.

George come to di yard two time. He couldn't come a me granny but him come a Mama come see me and come look fi di baby and carry clothes fi di baby. Dem time deh di baby cyaan wear di clothes, for if me madda see di clothes dem, is a different story. She could a put me out dis time all togedder and me no come in back. Me haffi wait so-till she gone a bush and me go a clinic. Me wash di baby clothes. Me put dem on pon di baby. Him wear dem go a clinic. Me wash dem out when she gone a bush di next day, and me tek dem up off a di line before she come and hide dem.

One time, she ketch him come deh again. Dat was anodder long story again. 'Yuh come fi breed her again?'

Him turn round and say, 'A yuh mussy waan me fi breed yuh.'

And she start bawl. 'Ah pray God fi yuh,' she say to me. 'Yuh carry man fi come cuss me and di Judgement of di Lawd going come down pon yuh.' Dat time, a she put it inna him way dat him did haffi say someting. So she vex bout dat. Him couldn't come back deh. So George gone now. Me no see George again and again and again. Me lef just so.

George did only see Craig when him did lickle. To mek more of an effort to get in touch wid Craig, him would a haffi go fight Mama. E-E! Aeye! Massy me God!

To how she gwan is like seh she never waan me fi chat to no man at all. She no must expect seh me would a tek a man inna some way? She feel dat by telling me 'man a green lizard' she would a prevent a situation, but she mek it worse. Madda fi really siddung and talk to dem daughter inna certain ways of life. Yuh as a madda fi mek a daughter know weh she a go face inna life. No just mek she go out deh just go drop pon it so. Mama did really waan lickle teachment for she did backward. Inna Mama time if yuh no white, yuh couldn't go a high school and so all dem tings mussy mek her believe di colour of yuh skin haffi do wid yuh ability. Yuh know weh did happen to she? She did feel seh she would a live forever, so Craig wouldn't waan no faada. She could a never know seh she would a dead.

Me did licky-licky. Das why me did run go talk to George. Me did waan car drive and nice tings. But dat a no notten. Di ting weh me go wrong at was di pregnancy. Yuh can have a bwoyfriend, but yuh no must get pregnant before yuh ready. A fi yuh safeguard yuhself gainst pregnancy. No matter what nice tings a man a go tell yuh seh fi have sex, remember a YUH a go get pregnant. Me would a tell a one say, 'Aaah bwoy, mek sure yuh have some lickle education inna yuh head first before yuh get pregnant . . . for from yuh have pickney . . . Bwoy!'

Being a madda meself so young, me never enjoy it. Yuh haffi siddung deh wid dat pickney from him come out, from him face di earth and yuh haffi dedicate yuhself to dat child and notten more else. Yuh have no freedom fi go up and down unless yuh have smaddy fi keep dat pickney deh. Yuh just siddung wid yuh pickney and if anyting happen a yuh response. When time me have Craig me no have nobody fi stay wid him for me madda gone a bush. Me one haffi siddung deh. All if me hear one lickle dance up di road or one lickle picture up di road, she say me cyaan go because di pickney a go wake up and bawl in her ears. And at di same time me would a carry di pickney go a him bumpy-bumpy head faada, but she no waan me carry him go deh.

After me turn big woman, Mama dead. After she dead, me did feel like smaddy deserted, weh no have nobody, like when yuh have piece a land and yuh no pay di land no mind. It grow up alone. It and bush. She never waan me fi live me owna life. She never waan me fi grow up. Every gal pickney have a struggle fi meet from dem a young miss, but if dem even deh wid tiefing man, no care how di madda no like it, she haffi lef her. All she can do is mek sure she and di daughter can reason good. Me madda never tell me 'thanks' yet. She never tek notten from me. She always a gimme. All dem lickle tings rest pon me mind when me member how she used to say, 'Be independent, fi yuh pon yuh own.'

Country Madda Legacy

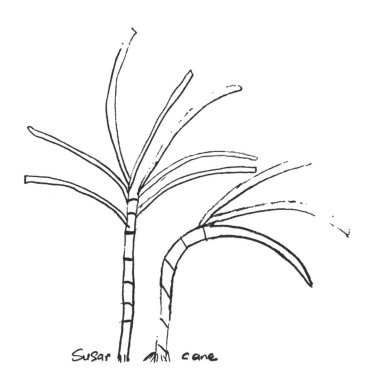

Susar cane

From me very young me decide seh me nah go do no farm wuk. Me say to meself me no waan no country man fi married to or live wid for me no waan fi wuk inna ground and me no waan fi live inna country. Is a hard life in country. People live inna backwardness dat pass from one gingeration to di next. Dem no know what happen in dem next district. Dem no get fi look beyond what happen to dem to what cause it, because dem so busy wid hard wuk.

Inna country yuh haffi do some breed a back breaking wuk. Me used to help my faada in di field and me know seh a back breaking wuk. Him grow yam and cassava on fi-him five acres of land and him plant plenty cane. A we haffi wuk it. Yuh haffi bush di land, bun di land, clean it, pack di stone fi buttress it, fork it, plough it, plant it and weed it. If drought come, di crop dead out for yuh cyaan carry water up a ground. If rain fall hard, it wash way and yuh no get notten. Yuh haffi carry load pon yuh head, wuk inna sun hot, mek macca jook up yuh hand and yuh foot. Everyday, all yuh do is tek up machete and basket and go a ground. When me faada no go a ground him go a di estate go stay down deh fi di whole crop and cut cane. Me no waan no part a dat deh life.

Di first ting dat really cause me fi mek me decision is di story a me madda life. It mek me vex and it mek me sad. It shame Mama so much dat she couldn't disclose notten to me. Is me faada tell me what happen. When me hear how it did go, me decide seh me no waan notten like dat happen to me.

My faada tell me dat him grow in di same yard as me madda. Mama's madda die when she was small and Benny, her grand-aunt, grow her up. Den, Benny went blind and her sister, Icilda tek over everyting.

Di family used to lease land from di estate and cultivate it. Our family used to plant food crops and Icilda used to sell at Sav-la-

Mar market. She always have Mama like a slave. She wuk her out in di field and use her to carry di excess load pon her head when she going to market. She send her children to school, but Mama always haffi work. Icilda children grow up and learn sewing, but Mama continue working in di field. All Icilda children can read and write, but up to now Mama can only sign her name.

One day, Icilda send her to buy carrot in a man field. Di man rape her in a hut in di field. She get pregnant. Icilda throw her out a di house, when is she same one cause it. Dat is how my madda have her first child, my bigger sister.

When ah haffi go to field, ah always remember what happen to Mama. Is not she alone face dose problem. Plenty more women in country go through dose experience and just tek it as part of life.

When Mama used to go to field she used to leave me and me bredda and sister dem wid Benny. Di three a we used to run up and down inna di yard wid di grand-aunt gingeration. Dem used to batter-batter we. Mek we wash out chamber and all dem tings. Dem did lazy. Although dem lick-lick we, we still used to run go follow dem. If we even cry, we wipe we eye. Benny never waan dem lick-lick we, so she call we inside inna her lickle wattle and daub house, so dem cyaan get fi disadvantage we. She did love we. She tek time knock her stick and pick up tings give we. When Mama come from field, she let we out.

Me faada tell me seh him stop look after me when me was a baby. Him say more time he is not working to put money in me madda's hand. Him go to di shop and credit tings and bring fi me. After, him work it out wid di shop man in his field. One day, me faada bring two lickle dresses fi me. His girlfriend sew it fi me wid her hand. Me grand-aunt tek dem and fling dem down. 'Yuh fi bring money!' she say. She cuss and gwan because she waan di money fi spend buy goods and sell. If Mama even get money, she tek it and spend it. Me faada get vex and him stop look after me.

When ah was four Papa come to di yard and talk to Mama and Icilda. Mama decide to give me up. Me member di day me stepmadda and me faada come fi me. Dem carry a donkey. Dem come inna di yard pon di hillside, wid di banana trees, di naseberry tree and di sweetsop tree. Me never hear what dem a talk say. All me can remember is dat me madda say, 'Is not yuh ah giving Cammy to. Is yuh girlfriend. Yuh cyaan tek care a gal pickney.' Dem deh-deh, till she cook and we nyam done. Den we lef.

When it start dust up, we reach me faada yard in Forest

Mountain. Me start feel funny. Dem gimme some big cornmeal dumpling fi eat. Me madda used to cut up me food. Me never know wah fi do wid di big dumpling. Me couldn't eat it. Me start fret because me no see me bredda and sister dem. Me used to di whole heap a company dem at me madda yard in Westmoreland. Me start cry. 'Hush me love,' me stepmadda say, but ah cry and cry.

After a time, ah get used to living deh but ah continue miss me bredda and me sister dem and me madda. Sometime ah used to go back to Beeston Spring and stay wid dem. Me always cry to leave dem. At Mama's it was too much of us. All a we did haffi sleep inna one bed. At Forest Mountain, ah get more food, more clothes and shoes. Me stepmadda and me faada do anyting to mek me feel at home, but ah was lonely. Me stepmadda tek khaki cloth and mek one lickle dolly gimme. One day, me cut off di neck. Me say me kill him and me bury it. Me did tired a it. Tired a dis khaki doll wid its two hand and two foot. A it me did haffi play wid all di time. Me miss di odder children.

Mama's situation cause me faada fi tek me from her. Me love me faada and me stepmadda and ah understand why ah had to go and live wid dem, but to dis day ah still resent di way Mama haffi live and di situation dat cause me to leave her and me bredda and sister dem.

Me always notice seh dem look down pon di country people dat cultivate in di society when is a important factor to di country. It pay di worst. Nobody no count cultivating as a skill and is worse when yuh is a woman cultivator. Dem hire man fi dig yam hill and fi dig di land, but di woman always haffi weed di grass and dem pay cheaper fi dat. Di big farmer dem dat mek money out a farming nah go work inna field. Dem nah go siddung and study fi how-much-how-much years and come back come wuk inna mud. Dem know how fi mek money off a di land widout dem go wuk in di field or till di soil demself.

My stepmadda used to wuk fi one a di bigger farmer. Sometime she used to carry me wid her when she go to di estate to do weeding or shelling a pimento. Dat was 'woman's work'. Di women used to leave home early in di morning. Di earlier yuh leave, di more yuh can shell, for di money small. Di 'man's work' was to break pimento. Dem would leave even earlier, before day, and go to wuk. Dem don't haffi get up and look after no children. Dem no haffi wash no children clothes. All dem do is get up and have dem tea. After di woman look after di children and di house, if she was living wid a man, she would carry his breakfast down to him.

63

Some a di women used to tek dem pickney wid dem when dem go to di estate. Dem carry crocus bag and spread it and di lickle pickney dem stay one place and sleep on it. Children who were older (say between four and seven), used to help dem parents.

At di estate, di men used to climb di trees and break off di pimento and drop it down. Di children gather up di pimento and carry it come to di women. Di women pick off di grain and full up di kerosene tin. Di estates used to pay one shilling and sixpence or two shilling and sixpence per tin. Dat mean, if yuh can shell fast and shell three tins fi di day yuh mek five shilling. Me stepmadda could shell fast. When yuh shelling, di estate don't response fi lunch. Yuh can go in anytime and do yuh wuk and when yuh have di amount yuh carry it uppa di big yard. Sometimes me stepmadda used to gimme a penny out a di five shilling a day dem used to pay.

Dem deh woman like me madda and stepmadda no have no time fi recreation. Church is di only place dem can go fi look lickle rescue. Das di only place weh dem can get a chance fi talk who-for gal pickney a breed and who nah breed. Dem deh woman must backward! Dem look down pon demself too much, for di society look down pon dem and dem no get no good teaching. Di only place dem get fi go change lickle thought a nighttime is in di church. Dat mussy why my stepmadda was such a strong Christian.

One night when everybody did gone to bed, she wake we. Out a di clear blue sky, she announce seh she get vision. She get in di spirit and say, 'An angel of di Lord appear to me and say me must get baptise and serve di Lord for di coming of di Lord is at hand.' She put on fi-her frock over her nightie and say to me, 'Dress and go fi di Bible.' Me put on me frock and she open di door and start trump, 'Hmm! Hmm! Hmm!'

People used to warn and get inna spirit so it never surprise me dat it happen to she. Odder people wake up and come. All Aunt Lou who used to warn too come wid we. We go way a di cross roads singing:

> Take a grip my brother
> Take another grip
> Hold fast and never let go
> No matter what the people
> Of the world may say
> Hold fast and never let go.

She testify seh she get saved and all a dem pray and read Psalm. Me faada come out behind we, but him no say notten, him only look. Den it finish and we go back home.

Di next week, she go to di Poco church weh we cousin used to go. She always used to belong to di Baptist church like me and she go deh one and few time, but she never like it. She say it too deady-deady. And when ah ask her bout it she say, 'A parson one preach and yuh siddung. When yuh done, yuh get up and come out. Yuh no get fi tek part. If yuh call out "Alleluia" dem laugh after yuh.' Dat was true.

Me faada and me go to her Baptism. Dem keep church whole night, siddung up, say dem a tarry. Me no know what dat mean. Me stepmadda siddung in di front bench wid all a dem who a go baptise. Dem haffi wear white, while di elders dem inna black gown and dem tie dem head wid white cloth. Some a dem wrap come way out inna long point. Some a dem wrap all round dem waist and put red cloth and pencil inna it. Me love fi see when dem get inna spirit. Dem say dem cut unknown tongue. Dem say if yuh no live good, dem see it inna spirit and talk it in tongues.

Inna di beforeday, bout four o'clock, di truck leave out wid we inna it fi go bout ten miles fi go baptise people inna river. Dem keep service at di river and dip di people dem inna di water. Dem sing:

> It soon be done
> It soon be done
> These trials and troubles
> When I get home on the other side.
> I'm gonna shake my hands with the elders
> I'm gonna tell all the people good morning
> I'm gonna siddung beside my Jesus
> I'm gonna siddung and rest a little while.

Me enjoy di singing and jumping. After dem come back a di church, dem change into a next white dress again. For dem say dem must look like di angels. Dem have service till bout two o'clock, when dem eat dem dinner. At bout six o'clock, dem start again till dem get some communion.

When we reach home me faada say, 'Foolishness! Pure foolishness! What cause dem fi wrap dem head wid all three different cloth? Me no see why dem haffi do dem tings fi praise God.' Me stepmadda no say notten. Dat time she deh 'filled', so she no answer him. He never forbid her from going weh she waan fi go, but me know him never like di church business from den.

After she baptise, she go a di church couple time well, but it did far and she haffi walk. She have a friend, Zipora, who was di madda fi di yard at Sammy Joker Poco Church. She encourage her fi follow her go deh. Inna dem time me used to go a Baptist Sunday school so me never go a Mass Sam, but me could a see seh she a get more involve inna di church. She start go up deh go pick him pimento and lickle by lickle, she begin to help Zipora wid her duties.

She continue warn in her sleep. Many a night she jump up out a her bed and bawl out, 'Sudden Death! Sudden Death!' or 'Police a come!' She say messenger come and tell her so. Me get up too, tek up di Bible and run go follow di excitement. Sometime she stay a di yard and blow it out. Odder times she go a di cross roads or di shop and 'deliver di message' as dem call it. She mek me read a chapter a di Bible dat di messenger tell her to read. She couldn't read it herself cause she couldn't read or write. Den she raise a Sankey and we go home. If a day light, we just put on we tea and go bout we morning duties.

'Foolishness,' me faada say one morning at breakfast. 'No man know weh God have in store fi him.' Me stepmadda no argue wid him. 'From time to time man gamble card pack and stab up dem one anodder. So, if yuh even warn bout fight, a no notten, for it consistently happen. A weh dem do everyday.' She still no answer him. Me did love di fun a di warning, but me never mek up me mind which one to believe – him or she.

Di first time me go a Mass Sam was when me faada gone to di estate. Me stepmadda haffi deh a di mission from di Friday for dem was having a special service. She couldn't leave me alone a yard, so she carry me. From yuh reach near to di mission yard, yuh could see bout four bamboo pole wid red and white flag pon dem. Di yard itself was very big. Him have a flowers garden – whole heap a roses. Him have some wooden stand wid quart bottle full a water pon it. 'Wah dat for?' me ask me stepmadda. 'Mass Sam use dat fi draw di message,' she say. Mass Sam himself was a brown man wid a bald head and a straight nose. Him siddung inna di house a smoke a chalk pipe. When me pick one a di lickle flowers, him bark after me. 'What a way him rough!' me say to meself.

Di mission hall itself was a long zinc shelter wid plenty bench and a rostrum where di deacon and di rest of di elders dem siddung.

66

Di service start wid di drum and everybody start jump and clap.

> Madda di great stone got to move
> Madda di great stone got to move
> Madda di great stone
> O di stone of Babylon
> Madda di great stone got to move.

Den Mass Sam start preach. When him deh near, me could smell di rum on him. When it start wear off, him raise a Sankey and him go way go tek a next lick a rum.

During di service, di spirit tek Zipora. She a grunt and a grunt. She couldn't say, 'Amen, Praise di Lord, Alleluia.' She a jump and a blow hard. Me only see when Mass Sam tek a sipple jack and give her one lick cross her back. She continue a grunt. Him lick her again and again. None a di member dem no do notten bout it. When me look pon her back me see di big welt dem in deh. Me feel sorry fi her. Me start tink bout it. 'How can a man keep church and beat di member dem?' me ask meself.

Afterwards, me ask me stepmadda bout it when we go home and she say, 'She cyaan manage di gift dat she get.'

'Yuk tink it right fi him lick her?' me ask her.

'Anyday him lick me, me a lick him back,' she say. Some time later, me hear people say Zipora deh wid him and das why him tek it out pon her inna church. Me never tink it fair, me no care what reason him do it for. Dat first mek me no like go up deh.

Sammy Joker used to beat Zipora so much dat she stop go church. After dat me madda get di job to bathe di people dat come to Mass Sam wid problem or sickness. She was di madda fi di yard. She pick di bush and boil dem in kerosene pan wid whatever come from doctor shop fi bathe dem. When dem come Mass Sam read dem up and recommend dem fi a bath. Sometime dem get better. Sometime dem don't. One woman name Miss Sylvie used to come to him regular. Her husband did drown in di sea and she have dis big belly before her. Him say her husband get her pregnant after him dead. Him did always a tell people seh smaddy set duppy pon dem or duppy breed dem. A dat him always deh pon. Den him charge dem a certain amount. Miss Sylvie go deh fi seven years and she never get better till she dead.

People inna di district start mek fun of Mass Sam. 'A him a di Obeah. Him directly a practise.' 'Him a ginnal.' 'If di people dem get better, a di bush weh help clear up di illness. No him.' A so some a dem used to say.

After a time me say me no feel dem church people can really heal people or look inna di future. Dem deh parson just a tek advantage of dem member. Me say me no waan nobody downgrade me say me a Poco. Me decide seh me nah go back a Sammy Joker. If me stepmadda a warn, me nah go a no cross roads go read Bible or sing fi mek nobody see me. Me nah look no rescue inna church.

Me faada-faada used to tell story bout slavery when we have shelling match. After di corn plant and dry dem used to come togedder sing and tell story while dem grater off di dry corn. Ah used to love it because dat was di only time yuh as pickney could get fi go mongst di older heads. Di rest a di time, if yuh deh near to dem and hear dem talking, dem ask yuh if puss bruck coconut inna yuh eye . . . and all dem someting deh. When dem have shelling match, dem used to talk how di slaves dem wuk in di middle sun hot and white man stand up round dem wid whip. Dem used to talk how dem beat di slaves when dem don't wuk and how di slaves rebel and run way.

One time di man dem in our district have a rebellion. Di government or a company decide fi build a parish tank. Me no know which one, for me never know di difference between di two. Di tank was to supply water to di district. Di people in charge of di site say dat di man from our district not capable of doing di mason work. Only di woman dem from di district get wuk. Dem carry di stone dem and di water from far. Me stepmadda get one a di wuk. Dem pay dem five shilling per tin. Das all. Di wuk go on bout three-four weeks. Every morning di man dem from di district go down and ask fi wuk. Every morning di supervisor at di site a say, 'Come back tomorrow. Come back tomorrow.'

Di man dem get frustrated. Dem say dem nah tek di disadvantage. Dem a do someting bout it. Dem siddung and mek a plan. Dem meet at di shop and talk togedder. 'Dis cyaan happen. We living in di district and we no have no wuk. Di only ting we haffi do is go to ground and plant.'

'We no have enough fi sell and mek money from.'

'When crop time we haffi go all di way to Moneymusk or Frome and cut cane fi get money.' Dem sharpen dem cutlass.

68

One afternoon when me a come from school me hear dat trouble bruck at di site. Me see police a drive past inna jeep. Me hear dat as dem start fi wuk, di man dem from di district go down a di site and start fling stone. Dem carry dem cutlass fi fight off di outside man dat dem bring deh fi wuk. 'If we cyaan get di wuk no odder man can come yah come get it.'

Di supervisor on di site run to di post office. Him phone di police in Black River. Di police come and bruck up di fight. Dem did fraid seh more tings might happen so dem bring in man fi keep guard. It was mostly straight hair man who come wid gun to shoot di people if dem mek any more trouble – just like slavery days. Di man dem in my district is not easy. Dem never mek it rest dere. Dem go to di councillor and get di dispute settled. Most of dem did get wuk dem could a do. Everybody in di district was very proud of dem. Dem show we seh it no mek no sense yuh be licky-licky.

Ah always used to wonder why Mama just accept her life; why she never rebel or if she couldn't rebel why she never run way. She just stay deh and tek it. Ah used to wonder why she never go to Kingston and leave out a di situation. Me see me cousin madda when she came from town. She used to look nice. She red up her lips and cutex her finger and press her hair. Me say, 'Lawd! Town nice, ee?' Me say to meself, me would a waan go.

Me could hardly imagine town. Two time me go a town pon school outing. Me go a Hope Gardens and me go a JBC inna festival. But me never go noweh else. When me go a church and dem preach and say, 'Yuh need to be Christian because when yuh go to heaven yuh a go drink milk and honey,' me feel seh town must be like dat. Yuh siddung and yuh get everyting. Me tink town a pure pretty building. Me decide seh, if anyting and me get di chance, me a go a town.

Only one and few people would a press dem hair in di country if dem a go town or so. Me decide seh me a go tief and press me hair. One Saturday, ah go to market to one lady name Miss Birdie who used to press hair. Me go to her and do it fi four shilling. When me go home and dem see seh it press already, dem get out on me. 'Yuh bun up yuh head! Yuh a go a hell!' dem say. But dem couldn't stop me. Every Saturday, me go a Miss Birdie and spend me four shilling.

Me faada get a ticket fi go a America and do farm work. After dat him start get lickle money. Me know cause me used to bank it.

Me was finishing Senior School and me did waan go a High School. Me tell him. Him say, 'Cho! Me nah spend no money pon gal pickney, because dem a go look man.'

'Send her,' me stepmadda used to say.

Tings weh me and she used to talk me couldn't tell him. Him was very strict. Him never believe pickney should have free speech. Him used to hinder me from go mongst people.

'Mek she go do sewing,' him say.

'All dem tink yuh must do is sewing and me nah go do it! Me no like hold needle and thread and me nah do it,' me say. Me a grow breast and have hair under me arm and him waan treat me like me a lickle pickney. Him waan me stay inna di yard till man come ask fi married to me. Das all him waan me fi do. Yet still him a say,

'Me no waan spend no money pon gal pickney for all dem do is look man.' Di argument drag out, till eventually him mek up him mind to send me go a one Commercial school in Black River. Me start learn shorthand and typing and me did a do subject too. Me did waan turn teacher.

One day me a come home from school. One man name Daley gimme a drive inna him car. A woman who live near to me was coming from Black River. Now Daley, him a go straight up di road and me a turn to one side. A lickle below di cross road, di woman see Daley. She beg him a drive. Daley say him going turn straight up, so it no mek no sense him pick her up, for is only five chains to di cross road. Him drive off. At di cross road me come out and turn up.

Di woman go up and tell me faada seh she see me in Daley car. Dat was what cause di bombshell. Me faada say, 'Yuh a look man! Me nah send yuh back a school! Yuh bun up me money!' Him nag me morning, noon and night. Me get fed up. Me tell di woman seh she mash up me school life for me did only go a di school bout two term and me never reach noweh yet.

A few weeks after me deh home, me go a shop and me see some a me friend from di Baptist church. Me and dem go up di road and chat. Me stay long. Me faada come look fi me. Him come inna di crowd wid a piece a ackee switch and start beat me. 'Yuh gwine mek boy trouble yuh?' him say and him cut me up.

Me did vex. It put me in mind of Zipora for me skin swell up. Me did waan go a town long time, so me tek out me grip and me pack some a me clothes in deh and put it near di fowl roost. Me get up bout five o'clock and go outside like me was going look after di fowl, but me no catch no fowl. Me tek up me lickle suitcase and me go down inna di bush. Me put on me boot and me clothes and me walk through Granvale bush go a me madda yard. Me go deh and me start cry.

Me stay deh fi two weeks. Me write me sister and tell her seh me a come a town. Me cousin give me two pounds and me tek di bus and run way come a town.

When me reach me couldn't recognise noweh in town but me never fraid. When dem say, 'West Street,' everybody come off di bus and so me come off too. Me tek one taxi go a me sister in Harbour View. She glad to see me. 'A time fi dem stop treat yuh like pickney!' she say.

Town never nice at all. Me feel some breed a hungry for sometime me sister never have no dinner at all. Dem send me fi go do domestic work. Me never like dat and me lef it. Me do waitress work, bar work and factory. All kind a work. Me live all kind a place till after a time me settle down wid Sistren. Me start life over plenty time. Dat a no notten to me, for me did determine no fi go back a country go live. Me determine no fi live how me madda live.

A Working Woman

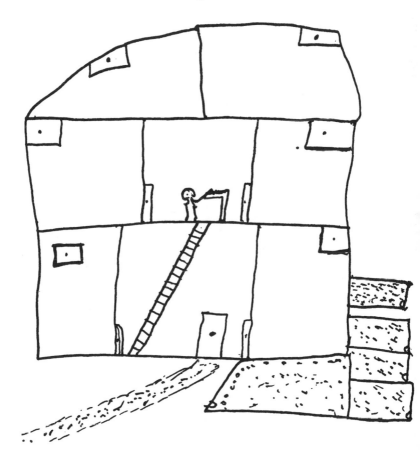

Di first ting ah going tell yuh is what really mek me conscious of how dis life do me. Ah been working from ah was seventeen years old until now and all di lickle money dat ah work only go fi food and rent. Ah don't have none save. Di lickle money is too small to save.

Di first job ah ever do was a domestic servant. Ah do it fi three years. Ah was living in Alexandria in di country wid me family. A Big Man in di district had a big property. His son grow up and come to town and was working at Hanna's shops as one of Hanna's big supervisor. After him get married, him wanted a helper, so him come down and ask me faada if him can let me come and me faada say 'Yes.' Dat was how ah come to Kingston.

Ah was di washer and do di cleaning and tidying of di house. Dem have anodder lady who cook. It was stop pon premises. Three of us, di cook, di gardener and me, stop pon premises. Di gardener deh one side by himself inna one room wid only a lickle bed and one table in deh. Me and di cook share a room. Inna it we have two lickle single bed fi me and she and one lickle table inna di middle, to put anyting we had. We suitcase was put down at di odder side pon di floor or pon one box. Di table was di place weh we eat.

A bell connect from fi-dem room to fi-we room. Every morning at five o'clock dat lady ring dat bell. Breakfast have to ready, for Mr Iris have to be on di road by six thirty to reach work by seven. Him a di manager so him carry home most of di key dem and him open di shop in di morning. Ah had to get up and go in di kitchen and get di breakfast. Dem had a big breakfast. Green banana and mackerel or egg and bacon and tea and toast and cornflakes different. As di breakfast finish and him go tru di gate, me start tidy di house and mek up di bed. It was him and him wife and him madda in a two bedroom house. Me mek up di bed and sweep out di house. Di cook start look after whatsoever she cooking for lunch or she do lickle ironing.

By eight o'clock, ah finish tidy out di house. Ah had to wash and iron every day for di man change a white shirt every morning and every evening. Every week yuh have fourteen shirt fi wash fi him, fourteen underpant, fourteen marina, fourteen pair a socks. When him come in from work in di evening, him tidy and put on one. When him go a him bed, him tek off dat and put on him pyjama. In di morning, him wake up and put on one clean suit fi go a work, so ah have dat amount of clothes to look after fi di man plus her clothes and de madda's. By twelve o'clock yuh have to put di clothes on di line. When him come for lunch, it was a small lunch. We have to find our own lunch. She never give we lunch. She only give us breakfast and dinner. We buy banana and mackerel or saltfish and we cook dumpling. Sometimes we used to buy bread or biscuit and dat last we fi di week.

At two, yuh start pick up di clothes to iron dem. She never allow di clothes dem to dry on di line. She just make dem half quail up and den yuh pick dem up, fold dem, damp dem and start press dem.

Yuh iron till four thirty. At dat time she say, 'Yuh can stop iron now and go tidy yuhself.' Yuh put way di clothes and by five yuh go to bathe and change yuh clothes.

Six o'clock is dem dinner time – table set and dey have a big dinner – steak or chicken, vegetable. Dey don't eat much starchy food. Di cook finish dinner and dish it out. My duty was to go round di table wid it in di waiter. Yuh serve di meat first, den di rice, den di vegetable. Dem only tek out a small amount each time. Yuh put di rest pon a side table and stand up beside it. If somebody want anodder piece of someting dem say 'Can you bring whatever-it-is?' and yuh tek it up and yuh serve and yuh go back go stand up side a di food again. If a next somebody want a piece a meat, dem say 'Can you bring the meat?' And yuh bring it. It go on like dat until everybody's stomach is filled. When yuh see everybody close dem knife and fork yuh know dem finish eat and yuh can clear di table. If dey want coffee, dey ask. Den when dey finish and everybody get up from di table yuh go in go tidy di kitchen.

It end up dat is a whole lot of dishes since everyting dat cook have to go into a separate dish. All dose dishes have to wash and pack up and all di pots. Yuh sweep di kitchen. At eight thirty yuh finish work fi di night – dat is if dey don't have visitors. Sometimes dey have visitors dat come before dinner and mek dinner an hour late. So instead dey have dinner at six, it might not be until seven thirty. Den yuh finish work nine or nine thirty. Di pay was twenty five shillings per week. Yuh got one evening off a week and one Sunday a month.

After ah worked deh for a long time, Jill, same country gal like me, came to work next door. Both of us never know anywhere in town, but since me and she get di same evening off we used to go out togedder. Di evening off start twelve o'clock. After yuh finish yuh lickle washing, yuh go Cross Roads to a matinee. Yuh come home by eight because dem don't want people coming in dem yard late.

Me and dem get on all right. Di lickle wife did kind a miserable. She push yuh round and sometimes when she see di tings dem done and notten no deh fi we do, she find work give we. We must come wipe down di wall or come dust out some ole big cupboard dem have all bout inna di housetop.

Dem did have a dog name Champ. Dat poor dog could a get some licks when dem no deh-deh. She no want see no dog mess pon di lawn. It never matter to her where di dog do-do. She just no want see it pon di lawn. Dat mean di gardener must clean it up. Every morning yuh see dis poor gardener man round di yard wid him hose a scrape up dog shit. Di gardener, him swear seh him no supposed to clean up dog shit, so when dem go way him collar and beat di dog. Him couldn't argue wid dem bout it. A work him a work wid dem and dem give di order.

To tell di truth di job was very boring, but in dose days we just accept di fact. We, di young people, wasn't so crazy like di young ones now. Everyting was quieter. Yuh stay in dat job for months before yuh find a friend yuh could change thoughts wid. After serving dinner some a di helpers dem in our area don't stop pon premises, dem go home and have their domestic work to do. Dey have to come out by seven di next morning. It change a little now, because during di seventies di government pass di minimum wage law. It say yuh must only do eight hours a day and it fix di wage; but some a dem who stop pon premises still have it hard.

After ah was working deh three years, ah find out seh me pregnant. As ah reach five months pregnant, me lef di work. Dem never even know seh me pregnant. Ah stay in town wid Amy, di helper from next door who never stop pon premises. Di baby faada never did a help me. When me lef di work, me leave deh wid nine pound save out a di twenty-five shilling a week and das what me use and live till me go back a work. Me never tell me faada seh me

77

pregnant for him would a quarrel. And him did quarrel when him hear, after di baby born.

One day, when me lickle boy was a baby, me was outside washing him clothes and me hear him inside crying. When me go inside and look pon him, di navel was bleeding. Di blood was spurting up to di sky. Me carry him down to Jubilee and dem give him an injection. After him get di injection di whole a di hip was tough-tough-tough. Me had was to carry him back down deh. Dem give him some more injection to clear it up.

Around dat time di nine pound finish and ah had was to look for anodder job. Ah wrote to me faada and ask him if him could tek di baby. (Is him give all di orders, so asking yuh madda wouldn't make no sense, even though is she going look after it.) Him write and trace me and den me madda come fi di baby. Me feel sad sending him away to country, but ah had to work and ah couldn't tek him work wid me. Ah believe me madda would tek better care of him dan if ah leave him wid odder people in di tenant yard.

Ah went to stay wid me bredda who was working as a fireman. Ah pay five shillings to register wid a private employment bureau. Dey seek job fi yuh. When yuh get a job yuh have to give dem half of di first week's pay.

One morning somebody from Milk Products Restaurant phone and say dem want some girls fi work as waitresses. Di lady send me and four more girls. Ah was nervous dat ah might not get di job, but di lady pick three of us out a di five and say we is to buy our uniforms. Dat time dem was wearing white blouse, red skirt and apron. She say ah was to come out to work Monday morning.

Ah work deh fi seventeen years. It was a chain of restaurants all over Kingston. Di owner did name Mr Bent. He was an Englishman. At least, if he wasn't even English, his wife was English. He was a white man. Di business had a milk department and an ice cream and patty factory. Di men work in di factory and did di delivery. Di women only work in di restaurant as waitress, cashier and supervisor. Di men get more wages dan we. Di waitresses get three pounds a week and di cashiers get five. Cheap pay, but it was a lickle better dan domestic work.

Dem no have no union. When ah went dere first time, if yuh say yuh going join a union, Mr Bent fire yuh. Of course, yuh couldn't prove di reason why him fire yuh; dem only fire yuh and yuh and di odder workers suspect di reason.

For twelve years ah did night shifts most of di time. Three in di evening till eleven at night (one week); den eleven at night till seven in di morning (di next week). We never got no extra for night shift.

Ah got a room in Jones Town. Ah was paying just three pound a month for rent. Dat time, it was a quiet area. It was me and one more single woman, Miss Grey, living in di yard. We became good friends.

Inna dem days, tings was more peaceful. Ah was working on East Queen Street. Dat time bus put up by nine o'clock and ah had to go to work at eleven in di night. So ah generally just walk it. Nobody trouble yuh; yuh just walk go on bout yuh business. But later on when di violence start in di sixties yuh couldn't do dose tings anymore. Yuh get timid and start say, 'Lawd, ah wonder if dem going hold me up tonight.'

When he was almost two years old, my lickle boy took sick in di country. Me madda say abscess come out pon him bottom. When yuh down a country and yuh feel sick, dem just have di idea seh a mussy boil and dem putting what dem know good fi boil on it. Is when dem really see him gone bad and get weak dem tek him to doctor. He couldn't survive. After him dead and buried, dem send and call me.

Me go down and me cry and me ask dem how dem could a mek him sick and never send and tell me. She say is within a week him dead. Ah just ask. Ah couldn't quarrel. If yuh quarrel dem box yuh down. Dem time di grandparents feel dem have all di authority over di child. Di grandchildren a fi-dem. Unless yuh married and live wid yuh husband, yuh have no talk over yuh own child inna di house. Dem time deh ah never know where di baby faada deh. Ah just few years ago me see him fi tell him di child dead.

Ah feel sad bout it. Like a spite ah never have anodder one. Dat time ah was young so ah didn't feel it so much because ah feel ah would have anodder one. Like bad luck ah never have anymore. Is now, at dis age, ah really feel it more.

Ah went back to work, so ah didn't have much time to even tink about it cause ah go to work in di nights and in di days ah so tired ah just sleep. Me never have time for notten more.

After several years dem promote me and ah start do cashier work. One morning ah was inna di cage and a man come in di restaurant. Him say to me 'Lady, ah sleep out and ah just going home. Ah want a quart of grapenut cream to carry fi me wife fi mek up back wid her. If me no carry grapenut she nah go tek it.' Me laugh and get up and search fi di ice cream box meself. On one side it have di name of di flavour written. Dat was how we know what cream was in di box. Me tek up one of di box weh mark 'grapenut' and give it to di man. Him tek it and go on.

Lickle later me deh-deh a mind me own business when me only hear, 'Ay! Yuh woman!' As me spin round, someting just go so, 'Whap!' Ah deh so frighten di first ting me catch was me glasses. Me no know who it be nor notten.

'After me deliberately ask di woman fi a grapenut ice cream, she gimme chocolate.' As him say dat now, me member him. Him mussy did go way and open di box and see chocolate cream inna di box. Me no know what him do wid it; mussy throw water inna it dat it soft. Den him come in di restaurant and me and him ketch up.

'Gimme a quart of grapenut,' him say.

'Me not giving yuh notten for yuh don't have no right to throw di ice cream pon me.' Me pick up di cover and show him.

'Don't is "grapenut" write cross di cover here so? All yuh did haffi do is bring it back to me and me would a haffi tek it back and give yuh a grapenut. At dat time, ah would open it and look and mek sure seh yuh get grapenut. But yuh cyaan come gwan like dat.'

Me and him now! One contention di morning. Di man trace! Him trace! Him trace! We fuss and we fuss and we fuss. Him decide seh him a come round di counter and come lick me. Quick time, me close di counter down. One strange customer a siddung deh a try fi drink him tea. But di man strain and swear so-till di stranger haffi intervene. Him and di man start to struggle now, so-till di man haffi drive up some licks pon him fi get fi push him outside. Him come out.

Lickle after, di phone ring. When me answer is Mr Bent. Di man phone him and tell him fi-me man just done beat him up because him ask me fi exchange di cream. Him never tell Mr Bent seh him throw di cream over me. Mr Bent say me fi report a di office. Anytime yuh hear dat now, yuh know seh is not someting good. Is either yuh going get fire or dem going suspend yuh. Sometime dem suspend yuh for two weeks, or three months if customers complain seh yuh rude to dem. Hear dem odder child now. 'Lord, G, me sorry fi yuh. Dem going fire yuh.' Di ting did hurt me till me cry. When di stranger was going away, him write a note wid him name and phone number pon it and say when ah go down ah must give it to di manager and tell him to phone him.

80

Me go down deh wid brave heart. Me no change nor notten; me go deh cover wid ice cream same way.

Mr Bent must be tell di man what time fi reach dere for when me go in di first office, is him me see siddung deh. Di secretary say, 'Miss G, what yuh and dis gentleman have?'

'We don't have anyting.'

'Well yuh and Mr Bent is going to have it out.' She was trying to pump me before me reach inside.

'A yuh man! A yuh man beat me up!' Mr Bent did have somebody inside, but when him hear di man a cause commotion in di front office, him phone di secretary and say we is to come in right away.

Di man go in wid di idea of telling Mr Bent seh is my man beat him up, but lickle did he know seh me have di man phone number. Me hand Mr Bent di envelope.

'Dis is di man him say is my man. Him just stop, for curiosity's sake, to have a cup of tea and saw di accident.'

Me carry up di cream box wid me and me show him and say, 'Him did deliberately ask for di grapenut cream, but is di box we go by. We not allowed to open di box before we sell di cream, and see di box here.' Ay! Bambah! Ah say di man get off inna di office. Him start swear. Mr Bent say, 'I'm going to charge you.'

'Yuh better no mek di woman dare come back up deh,' him say and him start talk what and what him going to do me.

Mr Bent say, 'She is coming back up there and if ever you put your foot through the door she is to call the police. For she was perfectly right.'

Ay! To deal wid di public is a terrible ting. Dem treat all workers bad, but dem more tek advantage when yuh is a woman. When a di man, dem fraid seh dem will lick dem down back. Tek for instance di bus conductress. Yuh always used to hear dem fussing wid di conductress more dan di conductor. Yuh always hear dem a get under di woman and tell dem weh dem know bout dem and weh dem see dem last night. Dem kind a disgraceful ting which dem don't do wid di man.

Di customer dat did fling di ice cream was a working class man himself, but yet him still treat me like dat. I tink di working class people born wid a weight and dem grow wid a weight. Dem have a pressure carrying for dem claim seh dem better off dan di unemployed, but dem not rich. Dem trying to live above dem means and dat mek dem ignorant.

81

All me life ah live as a single woman. When yuh really working it don't even occur to yuh whether yuh single or double. Yuh working for yuhself so yuh hardly have time to bodder wid man. Me did have one man friend dat was me good good friend till him go a England wid me eighty pounds.

When me was working at Milk Products, me manage fi save eighty pound. Him say him want eighty pound because him get a contract to work on di sidewalk and him need di money fi buy di cement. Me lend him di money. Him say him buy di cement.

A few weeks later him come to me and tell me seh him going to St Mary. Him ask me to wash some shirt fi him. Me wash di shirt dem and when me see him didn't come fi dem, ah decide to carry dem go a him yard one morning when ah finish work. Him did live a Allman Town and me live a Jones Town. Me believe him must be at home since me know him wasn't working dat week. As me reach to Race Course, me meet him sister. She say to me, 'Weh Clerk? Yuh no see Clerk?'

Me say, 'Me no know. Him tell me seh him gone a country.'

She say, 'Den a how him a go a England today and him gone a country from Monday and no come back yet?' Ah never say a word to her. Ah just pass her. Never say a word, but ah never know a ting bout England.

Dem always leave di key dat if me come deh me know where fi find it. So ah tek it, open di door and put in di shirt dem. Ah notice everyting. Ah read him passport. Ah read all di love letters weh di woman him a go to in England write him. She tell him seh him fi go a St Mary go look pon di children dem before him come up. Ah realise seh she must be his girlfriend for is she him going up to. Ah never do a ting more dan lock back di door quietly. Me go back round a me yard and go straight to me friend Miss Grey room and me say, 'Miss Grey, ah bet yuh no tell me who deh go a England today.' She say 'No sah!'

'Clerk.'

'How yuh just deh tell me dat now?'

'Because me just deh know.'

'A lie yuh a tell. Yuh never just deh know.'

Me say, 'A Kathleen me meet inna Race Course little while a go a work. A she tell me seh him a go way today.'

She say, 'Cho! Me no believe her. Mind she no have it right.'

So, me bathe, change me clothes and go back round a Allman Town. Me open di room and go in. It was him and Kathleen live deh and him have two cousins in di next room. Me lie down pon di bed and me sleep. Me did tired for me come off work seven o'clock di morning. Me fast asleep when me hear somebody say, 'Weh yuh a do yah?' Me open me eye and same time me just jump up and collar him. 'Gimme me money! Gimme me eighty pounds!' And me and him! Me and him in deh! Him a deh make explain fi dis, explain fi dat. Me say, 'Me no waan hear no explanation. Just gimme me eighty pounds.' And him deh-deh a explain. Dat time me heng on pon di passport and me say, 'If me no get di eighty pounds, me deh go tear it up.' Him fraid fi grab it, for him fraid me tear it. If him want it few more hours fi go way, him couldn't just careless wid it.

Di two cousins come in come hear di commotion and one say, 'What happen Cleik? What happen?' Dat a one big tenant yard. Di landmissis and everybody gather outside a look and a listen. When me tell di two cousins what happen dem say, 'No, a lie yuh a tell. Him must did tell yuh one a di times.'

Me say, 'A Kathleen tell me dis morning.' Him start tell di cousins all sort a someting. Him all swear seh him was going to tell me. Di cousin say, 'Don't say so. If yuh is coming from St Mary now and dis is twelve o'clock and yuh going away five o'clock, what time yuh was going go weh she is fi go tell her?' Dat time a di evening flight dem usually go pon fi go a England. Dem start from Stadium five o'clock and fly inna di night. Whole heap a people was going to England inna dem time deh.

Him find seh dem corner him. Dem deh-deh a trace wid him so-till Kathleen come in. She only do half day work fi come fi follow him go a airport. When she come in and hear, she cry. 'Yuh would a ever like dat to happen me? Yuh wicked; for me would a never want such a ting happen to me.'

One someting in di yard! Till me just get fed up and trace off di whole a dem and fling di passport give dem. Me never tear up di passport for me no feel fi destroy people. If me tear up di passport, it would prevent him from go and since him so wicked normally me wouldn't waan fi have no encounter wid him. If me prevent him from go, him would a haffi go stay till him get anodder passport. Dat mean him deh go tek set pon me. Me no waan have all dat problem. Mek him galang.

Him write di most love letters, but him never send back di eighty pound. Him write and him tell me bout every single ting dat me a do a Jamaica, but him never send back di eighty pound.

Every letter dat ah answer him, me say, 'Send back di eighty pound!' but him never send it back.

One day me say to Miss Grey, 'Me cyaan even bodder write him no more.' Dem day a ben mussy thirty cents yuh pay fi write go a England. 'Me just a waste me money.' And me puddung di letter dem until today me still have dem. Wah day yah, me see one a di cousin on di bus. 'What happen to Clerk?' me ask him. 'Yuh ever hear anyting from Clerk?'

Him say, 'Weh yuh a say G? Clerk almost dead a England fi di woman weh him run way go up deh to. It was a married woman weh have fi her outside children left out yah and she go up deh and married and a she encourage him to come. Me say, G, me hear di husband did have him tru London one whole time deh run him down wid cutlass fi kill him.'

Me say to di cousin, 'Is only a pity him never kill him.'

Him say, 'Ahh G. No so hard. No so hard.'

Me say, 'Den no di same way him did hard to me? So yuh see it work out. Time longer dan rope.'

Ah was working at di Torrington Bridge branch a Milk Products Restaurant for twelve years. Gunman hold me up fi di people dem money and me survive and life just a gwan. Everybody get used to me and everybody on di road know me. One day me reach to work and meet Jenny Brown to change over. She say to me,

'G, yuh no have no job. Mr Brent send letter today say di place a go close down in three months' time.'

'Say wah! Wah reason dem give?'

'No reason at all me child. See di notice yah. It only say fi di company's reasons it is closing down.'

'See yah!'

'Dem say Mrs Bent waan go back a England.' What a someting! Everybody a run up and down. Everybody mad.

'Missis! Yuh should a deh yah today fi hear all di supervisor she. She mussy feel seh she a big official and Mr Bent mussy a go carry her go back a England wid him! When di notice come and we start mek noise, she say she a complain to Mr Bent. 'Who don't want to accept what Mr Bent has to say can go, for all dem have is dem years of service.'

'What a someting! Some a di workers have all twenty and thirty years of service.'

'Yuh should a hear di one Robotham a cuss and a trace and gwan bout how much years she a work yah and how she sorry she never go look work for she could a get how-much-how-much job. And me trust furniture and fridge. How me going pay it, G?'

Thank God me never trust more dan one ting at a time. For all me did have was me bed and me dresser. Me start to tink now what me going to do.

Di end a di week Jenny meet me and say, 'G, Miss Bell asking us if we can stay till she come inna di morning. She want to talk to we.' Miss Bell was di manageress at East Queen Street.

'Bout what?'

'Bout union.'

'At dis stage?'

'Dem say might be dem can negotiate fi we.'

We wait and Miss Bell and Mr P, one next worker, come up and talk to we. Dem never keep no big meeting nor notten for we was a small staff. Dem show we all di reasons why we should join di union. Dem say if we pay dues fi di three months dat gone and dues fi di three months ahead, it will come in like di union dah represent we all dat time and dem can fight for we.

Ah never mind paying di five dollars, but ah never really believe it would work. Me wanted was to get whatever compensation we could a get, but me never see how di union could work when we already get di notice and we only have three months to go.

We never used to tek union nor politics serious. We just working and collecting our few shillings. We never understand bout politics. Radio and newspaper never so plentiful dat time and we never understand what cause we problem. Me always used to say di only good ting me see politics do is when Father Manley fight and mek black pickney go a St Hilda's school, where no black pickney couldn't ben go first time. Still ah never listen Busta or Manley and ah never vote. Ah never have no time and when dem tek up census fi election me always deh a work. Dem should a talk bout union in di years before. Dem should a show we all dose reason why it good fi we join in di years before.

Me never go a none a di meeting for me always a work pon night shift and me just feel since Bent dah close down dere was notten we could do bout it. About two months later we get a letter from him. Di letter say who do x years of service getting so many weeks pay. Dat time ah was doing fifteen years wid Mr Bent so me get five weeks pay fi dat. After dat Mr Bent had a meeting wid di senior workers. Him tell dem dat dem can get di restaurant to rent and di business can gradually be theirs. Dey had was to buy di tings in di dairy and di factories. Different workers took over di branches. One of di restaurant manager Mr Phelps ask me if ah want to work wid him. Dat time him was going to tek over Slipe Penn Road. Me was planning seh me going open one restaurant fi meself but since me get di offer of di job, me cut out dat and decide fi go work wid Phelps.

Di Friday was Mr Bent close down day. Ah stay home di Saturday and Sunday. Di Monday morning me go out to Slipe Road go work wid Phelps. Ah work up deh fi two years and gunman hold me up again up deh. Him only a rent di place and after a time di landlord did give him notice and him haffi give up di restaurant.

Me faada tek sick and dead lickle after dat. Di land dat me faada used to farm still deh a country. Me no know if me uncle work it. It just left so. Yuh see, is seven a we. Him left some fi get half acre, some fi get three quarter acre and horse dead, cow fat and jackass mawga. Him did borrow money from bank and di title deh a bank. Anyhow we waan di title fi go share up di land, we haffi go pay di bank di money. All di odder sisters and breddas dem waan me fi do it. Me no have no children so me nah do it for me feel who have children will want it more dan me. So it just abandon.

So yuh see, all me life ah been working and ah don't have a house or a piece of land to show for it. Ah wanted a house of me own because yuh have to have someting to bribe di family to tek care of yuh when yuh get old. When yuh don't have anyting dem don't look after yuh and yuh can end up over alms-house. As it is now ah have to be living in me sister's house teking care of it fi her while she is in England.

Ah don't save no money, but ah tink ah get more enlighten and ah learn and understand more as di years go by. Ah get fi find out lickle more bout history and government and di rest of di world. It open me eye and what ah realise is dat di working class people change a lot even though we still have plenty leave to achieve. In our lickle country Jamaica, history move forward from slavery when we deh-deh a work fi notten and dem usually beat we grandparents.

Dem have maternity leave for women now, which never exist when ah was working first time. On a whole ah tink dis generation tek tings more serious dan we. So a tink dem will achieve more dan we achieve because we achieve more dan our parents. If dem come togedder and keep on demand what dem want to see change and work hard to get it change, dem will get someweh.

The Emancipation
of a Household Slave

As January step in me mek up me mind to run way. Me say me a go look work. Every afternoon me faada always carry in a *Star*. Me start look in deh fi find work. Dem time deh *Star* full up wid 'Girl seeks work as dis and dat'. 'Help wanted.' 'Come to so and so.' Not like now. Me look in di paper and see an ad weh say 'Girl seeks Job'.

'Me a go look dat work,' me say. Me decide fi go wid dis story say me madda dead. Me dress and leave Tony, me step bredda down a Miss Olga and me go way.

From di day me go a Waterhouse go live, me never like deh. We come from country wid we Dulcimina grip inna di night cause Cousin Icie say she no waan nobody see we till di next morning. Me never use to come town fi spend holiday so it was di first time me see Kingston. It was completely different to what me did expect. Me did feel seh Town pretty. Big house like weh inna library book. Garden . . . everybody have stove . . . everybody have slippers . . . whole heap a different colour light . . . big and beautiful gardens wid whole heap a jump-up-and-kiss-me flowers in a row go straight down di lane. Me did tink Town was someweh yuh put on yuh nice lickle clothes and yuh have toys to play wid, but Waterhouse was worse dan even country.

It was a area weh people mek dem house on di gully bank, on land weh dem capture. When yuh go up di street, yuh just turn off into a land of itself. Yuh could a find shops and lickle one rooms. On di gully bank yuh get free water and yuh don't pay no rent. Everybody fence off dem house wid tall rusty zinc. Yuh haffi knock at dem gate before yuh go in because tings dat dem do in di front a dem yard, dem no waan nobody see. It was security. Most of di houses were board house wid zinc mek up here so and dere so and pitchy patchy board-board and dem call di lane Dog Shit Lane.

Di morning after me come, one girl see me as a new person in di community. She laugh. Hear her, 'Dat lickle tough pickney come from country . . . him black ee? Jeesam! Him black sah.' Me no say notten because she a di big girl. Den di bwoy dem start call me Miss Piggy. Dat time me hair did short – me black and fat and no have no hair pon me head. When sun ketch me, me shine. Di bwoy dem always inna di lane a talk foolishness, a smoke and trouble di girl-dem. Morning right back till night dem up deh. Only dem noise yuh hear. Miss Stoner and Miss Bibi usually stand up out a dem gate fold dem hands and a chat people business. Dem keep house and have some lickle ticky-ticky pickney. All di lickle pickney dem a run up and down bare foot and bare bottom and dirty. When me see Junior and Yardie walk naked inna di lane, me ask my stepmadda 'How come dem a walk wid dem teapot out a door so?' and she say 'Dem Mooma no have no clothes fi put pon dem.' Dat surprise me.

From me come a town, me stepmadda never look bout sending me to a day school. She send me to a evening school. Day time, me tek care a Tony, her handicapped son. Dat time me a eleven. Me never finish primary school yet. Pure big girls was dere a tek dem Jamaica School Certificate exam. All eighteen, nineteen-year-old girl a talk bout dem bwoyfriend and period and all kind a ting in front a me.

Me did waan learn, for me did waan be a nurse, or a teacher, but me couldn't grasp notten. Me know definitely seh if me no pass di exam, me nah go get di job me did want. As di months pass by and me see seh me couldn't manage di work in di evening school, me know dere and den seh me nah go noweh in life. After school, ah used to walk past di residential areas and wish it was in deh me live. Sometime, me used to pretend seh me live deh and dat me get fi go a school like dem pickney.

Dat was how me get to know right through town. Not even my friend dem who born and grow a town know town like me. Me go a Duhaney Park, Papine, Constant Spring. Me drive all bout pon bus. Dem use to say me bad, but me know places long before all a dem.

Di morning me go look di work me go up Waltham Park Road. Before me reach, me even imagine how di woman look and how her house stay. Me come off di bus and start look fi di place. Me ask one big foot lady to show me di way.

'What yuh going dere for lickle girl?' she ask me.

'Me a go look one work.'

'Lickle girl yuh cyaan work. Dem will kill yuh,' she laugh.

She show me where to go. When me reach, di girl say 'Me not looking nobody to work lickle girl. When yuh see "Girl seeks" or "Woman seeks" is di woman or di girl looking di work. When yuh see "Help Wanted" dat time yuh must go apply for di job.'

Me go back a di bus stop, feeling depress and downhearted to know me no get di work. Me see one lady coming down di road. She have some shoes in a bag and she dress up and look nice.

'Lickle girl, you know if a bus pass here a while ago?'

'Me just come, maam.'

'It look like the number four hard to get.' Me and her start to talk. We deh-deh long time a wait so-till she ask me, 'What you doing out here?'

'A work me go look, maam, but me no get any.'

'Where's your mother?'

'She sick, maam.' Me figat fi say me madda dead.

'You know something? I'm looking for a little girl just like you to come and live with us. I don't have any children. My husband works late and I need company. I get lonely in the house by myself. You know what? You follow me home.'

Dat time me leave Tony from in di morning. Miss Olga no have notten to give fi-her pickney much less him. But me never know seh me would a stay so long. It did get late and me know hell a go pop when me reach a Waterhouse, but me still follow di lady up a her house. It was in di heights of residential area. Di house did have a patio wid some lickle wrought iron chairs. Di kitchen had sink and stove and fridge and pretty formica counters and shelves. Not like our ole board table outside. When me look pon all di TV, me feel me was in di heights a luxury. She did have one fish, slice up. She say me must tek off me clothes and put on hers. She was small bodied and it fit me. Me help her scale di fish and me and her cook. When we done she say, 'You must come back to stay with me weekend. Bring your mother and we can have a talk.'

Me go home di evening feeling excited. It did late. Me stepmadda nearly come. Me start do around ten someting one time. Me start mek up di bed, me start sweep up di yard, me start cook. When she come, me couldn't hide it. She know seh me go out.

'Where yuh go?'

'Me go look work.'

'Ah going kill yuh dis evening. Yuh leave Tony fi starve.' All when yuh look pon him big eye it a pulp, di way how him hungry.'

Di woman give me ten shilling when me a come down. Me tek it and buy one light cake and one drinks fi him. Di way how him hungry, him couldn't eat it. She beat me till it come in like me no feel no lick. When me faada come in di evening, him did a go beat me again. When him hear seh me go look work, him say 'Yuh hungry?'

'No, Sir.'

'Yuh no have clothes?'

'Yes, Sir.'

'What kind a work yuh a go look. Me nah provide fi yuh already?'

It was true dat Papa provide fi we, but him was too meek and mild. Me stepmadda dominate him. She buy him clothes. She pay di bills. She have her own money, but believe it or not my faada is one a dem man who come in and give her him pay. Him no drink. All him keep is him lickle cigarette money. Monday morning time a she give him di lickle bus fare and him lickle lunch money. Him work a construction site and she work a one factory. Him just live simple. Him come in and him get him food, den him light a spliff, and notten no trouble him. Him never keep no man company inna fi-him age group. Inna di lane, di only ting me see my faada do actively is play marble wid di lickle bwoy. Till dem used to say, 'If every man inna dis lane did stay like Mr Ricketts.'

Me stepmadda was miserable. Miserable. Ah couldn't call her Mama. It was easy for me to say Papa though me never grow wid him, but wid she, me just couldn't get into it. Her name is Icilda so me just say Cousin Icie. When me used to live wid me Granny, she used to come visit pon Sunday. She used to carry sweety and new panty and buy ice cream. Me never have to talk to her more dan so. When me come a town is like everyting me do annoy her.

Me no see weh me did a do fi mek she so miserable. A so she stay. Me do everyting fi mek she happy and still she no satisfy. For instance, when me done tidy di place, cook and look after Tony, me no go back in deh, but as she come in she start pon me.

'Look yah! Look pon di dutty cup fly a follow.' She no look pon di forty tings weh yuh do. She only look pon di one lickle slip weh yuh mek.

'Yuh know, ah mek a mistake and leave me bank book pon di bed head dis morning. Ah bet yuh Doreen search and know every cent in di book. Next ting me a go hear me name in di street and

94

how much money me have inna bank.' Being she hard-a-hearing, she talk up in her nose and dat mek di fussing have more impact.

'Ricketts,' she used to say, 'Two bull cyaan rule inna one pen. Doreen gwan like she waan put me out. Anytime me talk to her she push up her mouth and back answer me. Di two a we nah stay in yah.'

'Yes,' him say. Anyting she say, him just tek it.

Me couldn't understand why she never like me. Everyting she say me fi do, me do. House tidy and clean. Plate wash up, clothes wash, dinner cook. Yet still not a day weh pass and she no beat me. If me siddung bad, she beat me. If me brush me teeth twice, she say me use out toothpaste and she lick me. Sometime me wouldn't mind di licks to dat, but she have to stand up deh all half hour and she gone back inna history gone dig up some tings weh me figat long time. Everytime she fire a lick she say someting. 'What yuh swell up bout?' (A lick.) 'Me cyaan just talk to yuh?' (Another lick.) 'Look pon di panty yuh wash! A just wah day yah me buy di draws deh and watch yah! Di elastic come off di waist.' (A lick.)

One day she beat me and me was going heng meself, but me never understand how fi do it. She force me fi drink off some porridge when me never waan none. After, me go round di house corner and push me two finger down me throat and vomit back up di porridge. Me no know if she did a peep through di lickle hole or what. Me go back inside and me siddung. As me siddung, me know seh someting wrong. She carry me round to where me vomit up di porridge and say me force vomit up di porridge like me tink me big. She beat me. She beat me. Ah vex. Ah vex. When me look into it – if me no waan it she fi low me. Notten no wrong if me no eat di porridge.

One lickle piece a cord did in di lickle toilet. Me put it round me neck and me draw it. Me start to feel pain. If me did understand how fi heng meself me would a do it di way me vex. Me would a just jump and do it. But when me draw di cord and me feel di pain, me couldn't carry it out. Me tek off di rope and come out. Me wouldn't feel much pain if me did do it good. Me would a heng meself.

After dat me start notice how she dress me and me say to meself, 'Me a big young miss and look how she dress me inna long frock and some way out cheap shoes.' When everybody look nice me haffi draw inna me shell for me feel meself to look ugly. All when me should press me hair, she no waan me press me hair. Me haffi look ugly. She waan me favour ole woman. Me say me nah tek dis!

Me did waan get way from di petty injustice. Me did waan go weh nobody never cuss me and me could enjoy meself. From me come a town, me join di library and borrow book. Me buy book wid one-one cent and me read everyting – novels, fairy tale, love story. No care how di book boring, me read it and me learn plenty. All down to di wooden horse a Troy me read bout. Life lead me someweh me never waan to go. Me see seh me never free none at all. Me know me never have no education and me couldn't earn no whole heap a money, but me did waan experiment. Di only alternative was to run way, find work and earn me own money. Anytime me mek up my mind, me sure of myself.

Di Monday me pack me nightie, me earring and some handwork me did mek inna one bag. Dem tings deh did mean someting to me. Me leave di rest. At eleven o'clock, me write one lickle note saying 'If you want to find me come to 9 Woodroe Street.' Dat time a one different address from di one me going to. Me carry Tony down a Miss Olga. Di boy dem pon di corner never know seh me a run way. If dem did know, dem would a hold me or carry me go a police station, but me do it so neat dem believe seh a up a me stepmaada friend me a go wid some tings. Dat night dem search street and lane and couldn't find me. Same time, me just a watch TV at di lady house.

'What happen to your mother, Doreen?' Miss White ask me when me reach a her house.

'She never able fi carry me, but she will come weekend.'

Me start to settle into di house. Me did love it deh. Me did young. Not even thirteen yet and me was living out me fantasy. Me start imagine seh Miss White is me madda and Mr White is me faada. Me imagine all di nice clothes she going buy for me and di school she was going send me go. Di facilities were so good. Ah used to sleep on a lounge chair in di living room. In di morning, di only ting me had was to do was wash up the lickle plate dem, weh left over from breakfast. After dat, I used to read on di patio until she call me fi help her cook. She say me must learn to cook because me a woman and woman haffi cook. She put me fi stand up near to her and me help her.

Weekend. No madda come. 'You sure your mother will come next weekend?'

'Yes maam.' Next weekend. No madda come again.

'I going send you for your mother, Doreen, because you can't be living here and I don't make no arrangement with her.' She buy one nice lickle frock and slippers and dress me in dem and send me fi me madda.

Di Sunday evening me just a tremble so, because me know seh me no have no madda to go for. Anyway, me leave di yard and say me a go fi me madda. Weh me a go do now? Me go a di bottom of King Street and stand up deh a fling some coconut husk in di sea like dem lickle bad pickney. Meantime me a tink.

Comparing me new life to di one at Waterhouse, ah knew ah I had been living in slavery. Ah was enjoying meself. Me accept dem as me family. Me no miss home. When she and her husband go a show, dem carry me wid dem. If dem go look fi relatives, dem carry me. After dark, we always drive in taxi. Me all tink seh if me see one big woman, me could a tell her fi come say she a me madda, but me did fraid it wouldn't work.

'Doreen,' di lady ask me, 'how I don't hear you talking about your mother?'

'Me no miss her, maam.'

Me never feel worried seh me run way and me could a get inna trouble. From di first night pass and me know seh my stepmadda and Papa couldn't find which part me deh, me feel all right. Me stay a di bottom of King Street till it get late. When it start to get dark, ah go back up. Ah tell her say me madda wasn't dere. Ah go to bed fretting. 'How dis a go end dat me no haffi go fi me madda?'

Me faada tell me seh me madda was a bad woman. When me lickle she used to go a bar and drink and lef me deh a bawl. A disadvantage mek him tek me from her and give me to me stepmadda. She send me to her madda in Benbow at St Catherine. Her name was Ruth but me call her Granny.

Granny could be rough, but she always try to protect me. Our yard was near to school so di children used to complain to her for every lickle ting me do. Sometime dem waan fight me. Me run and reach down at di yard gate. As we reach down, Granny come out.

'Wait! Wait! Is gang oonoo waan gang her and kill her?'

'Miss Ruth! Miss Ruth! Doreen tek way me book.'

'Oonoo move way from me gate. Not Doreen! Not Doreen!'

When dem gone, she call me. 'Yuh lickle wretch yuh! Ah know yuh do it. But ah cyaan say yuh do it in front a dem. Dem will kill yuh. And yuh a me hand and me foot.'

She teach me plenty bout herbs and medicines – what bush to boil fi different-different sickness. Jack-inna-bush, King-a-di-forest, Orilla, were good for a cold; English Plantain leaf good fi yuh eye . . . anyting in deh it dry it out. Breadfruit leaf and Trumpet leaf good fi headache and when yuh pressure raise. See-me-contract good fi worm. Pepper-hilda good fi gas. Very few pickney have all dat knowledge. But me Granny tek time and teach me dem so me know di love was dere.

She was a higgler. She always deh pon di road from Tuesday night back to Saturday. When she gone a market me and me grandfadda gone a bush. Him used to have three ground. Him grow all weh we eat and sell whole heap to higgler. Anytime me go a bush, me no go school but me never care. Me did love Mass Luther Mac and me'd a follow him to di devil batty. Him used to have a hamper mek out a crocus bag. On a Tuesday morning on di way to bush, him always stop at Mass Ernel shop. Him buy three-quarter pound a flour, quarter pound a cornmeal, big gill coconut oil and half pound corn pork and him push it inna him crocus bag. When we reach him field, him tek him hoe or him machete and him weed di grass. Him used to have one lickle song:

Toady, Toady, mind yuhself, mind yuhself,
Mek me weed di grass.

Me grandfaada sing wid me, dance wid me and treat me like me and him is friend. If him a tink bout anyting, him always ask, 'Gal, what yuh haffi say bout dat?' Him tell Ananse story and whole heap a odder story. Him even mek a lickle swing under di house bottom fi me.

Anytime we deh a ground me used to mek me lickle field sideways. Plant me yam and me coco. As yuh see it draw to eleven o'clock, him come round and say, 'Gal, we a go cook now.' Me member it used to sweet me. We used to go inna di lickle hut, wid coconut bough mek di roof and bamboo mek di walls and a big crocus bag at di door. Him put on di pot. We cook, and him share out my own and me siddung pon di tree stump and eat. Him pick civil orange and mix lemonade and we drink. No care how rain fall, if we inna hut we cyaan wet up.

'All right, we a go back go work now.' Sometime him will rub me in me head when we a go back go work a ground. Him always have dat style.

98

Me did love dem two ole people. All di same, all dem lickle nice tings like outing to Hope Gardens, piano lessons up a church, concert and entering festival, me cyaan do. If a no working and dirtyness, a no Doreen. When Saturday come, me haffi strain wid di load a grocery come from Benbow. Sometime me used to see Maureen Small at di post office. Me hide and pass her. She was teacher pickney. Slim and brown wid tall hair. Me couldn't talk to her because me barefoot and me clothes stain up and tear. Me always have a lickle jippy-jappa hat pon me head. It no fit me, but Granny insist seh me fi wear it.

Me did waan fi have teacher pickney fi me friend at school for a dem did have di status. Me always notice dat Miss Dogherty and Miss Brown used to call on di tall hair fair skin pickney dem most a di time to clean di board and hand out di library books. Me did waan be like dem. Di whole heap a cussing bout how me black and ugly, only boots me now to say me a no notten.

'Miss Doroty,' Granny used to say for she couldn't call di word Dogherty, 'don't fraid to beat Doreen. Only spare di eye!'

Maureen Small and di odder fair skin pickney mussy used to laugh after me. Deep down, she mussy know me used to tek di one sixpence me have and buy snowcone and give her because me want her fi me friend. Sometime me used to ignore me black friend dem and smile up wid her. Di next day when me no have no money, if me, wid me barefoot self, go smile pon her she gwan like she no know me.

Even though dem pickney never like me as meself – black and barefoot – dem had to respect di way me could tell story and joke. Me was always looking for an escape from di overwork. Stories and jokes were one way. Fantasies and dreams were anodder. Me used to imagine dat me go pon outing a Hope Gardens. Me used to imagine di merry-go-round as a lickle house. Yuh go inna it and go round while di music go 'Ching a ling! Ching a ling! Ting ting!' Me never know it have horse. Ah used to put on me Granny long nightie and sing on top a di bed so ah could see meself in di mirror. Ah would invent scenes and imagine ah was all di people in di scene. One day, ah was pretending to be a lady – 'What happen to you?' she ask me. Me a tell her how me haffi carry load and all dem someting deh and how me a go run way.

Me only hear me Granny say 'Yuh lazy lickle pickney. Gwan! Gwan now no?'

Me did cry fi leave me grandparents to come a town. But Granny did tek up asthma and she couldn't manage me again.

One evening, di lady call me in her room and she say, 'Doreen, I want you to tell me the truth. You can get us in trouble. Did you run away from home?' To how she talk now, she give me di feeling dat if me tell her and get it over wid, everyting going be all right. She ask me so calm and nice until me start cry. She say me must tell her di truth and me tell her.

'Your mother is a bad woman?' she ask me.

'Ma madda don't want me, maam.'

'If she find you here what she will do to me?'

'Notten maam. Me madda don't want me, she too sick to care for me.' Me never tell her di real reason why me run away. Me never tell her seh dem used to beat me. Me tell her me madda nah go feel no way even if she know seh me run way – which after all was true.

'You sure if you stay here with us, your mother won't come to look for you?'

'Me sure, maam.'

'Is true. Because all this time she no make no move to come and look for you, or even put it over the radio or anyting.'

Dat night she tell Mr White.

'You was a bad little girl. I never know you was so bad. You could get us in serious trouble. You know what this could mean for me and my wife? Tomorrow pack up, Doreen!' Every night when him come in him drunk.

Di next day, him give her fifty dollars. She did buy one lovely suitcase for me. Me did have me lickle-lickle clothes and me pocket money. She give me some a her clothes because she did small body and me did fat. She pack me up and say,

'You must go straight home now and tell your mother you're sorry.'

Me leave dere wid me suitcase di day bounding for Waterhouse. Guess what? Me was going home, but somehow after dat enjoyment when it hit me dat me going back to Waterhouse, me say 'But me cyaan go home.' It hit me seh if me no see seh me a go back a Waterhouse and me stepmadda and Tony. When me look at it, me see seh me couldn't go home.

Me buy a *Star* and me look in it. Me see an ad for somebody to look bout a lickle girl in Duhaney Park. Me say 'Me know Duhaney Park.' On di way to di work me pass through town. Me go inna every restaurant you can tink of. Me puddung me suitcase

100

and me eat. Den me go inna every store and buy up lickle-lickle-fool-fool cloth. Me buy up ribbon and me buy up belt and me buy shoes. Me tek off di shoes pon me foot and put it inna me suitcase and put on di one weh me buy. Me go all bout, up an down, a look pon town.

Me nah tink bout what going happen if di woman no tek me. Me nah tink bout notten else more dan seh me a go look work. Me no know if a so pickney tink, but me just feel seh me a go get di work. Me just feel seh yuh tek up a *Star* and choose one a di work and go fi di work and yuh get it. Me never know seh woman can interview yuh and turn yuh down.

When me go, bout four girl stand up out deh a look di work. More did come on after, but me did have suitcase and every damn ting ready to work and me a di licklest one. It look like when di woman see me now she say 'Lawd, all is clear, cause see dis lickle one come here wid him suitcase, look like him run way.'

Dat woman must did know seh me run way. She no ask me me name, she no tell me her name. She only say, 'Puddung yuh suitcase inside. This is the lickle girl you will have to look after.' In di morning, she tell me how fi make di lickle pickney porridge and send her off to school. She go a one Basic School. Me come in back and me tidy di house. Me haffi wash lickle and cook lickle.

Friday top a Friday pass, and me no get no pay. After three weeks pass me say to meself, 'Dis look funny.' Me not even chat bout money nor know seh me fi talk bout pay before me start work. When me see me nah get notten, me decide fi talk to her bout it.

'Please maam, yuh decide to pay me monthly or weekly?'

'After you are here eating and have shelter. You are not doing anyting more than looking after the child. What pay do you want? I don't make no arrangement to pay you.'

To how she talk is like she save me. Me react by getting neglectful. Me kiss-kiss me teeth every minute. She notice it. 'Doreen you not going to bathe Angela?' Me no say notten more dan me get up and do it, but me face swell up.

At di end of di month, me get more courage because me couldn't believe seh she really not going to pay me. Ah go back to her and tell her more frank dat ah would like some pay to buy some lickle tings if is even lotion and deodorant.

'Ah don't have no money. Ah would like to buy lotion and deodorant myself.'

'I tell you already. I'm giving you food and shelter and I don't have no money to pay you. As a matter of fact, I'm going to send Angela to the country for the holidays, so I really don't need you any more.' Me start fret now seh me shouldn't bring up di money argument. At least me did have someweh fi live and food fi eat.

'I am going to leave this week,' she say, 'so, pack up yuh tings and get ready to go, eh!'

Di morning she going leave, she call me. 'Doreen, I hope you finish pack up your tings because I'm going to lock the grill.' She tek off di mattress off di bed and lean it up. 'Come on! Come! Come! I don't have much time.'

Dat is di time me start pack. All along me was hoping she would change her mind. Me come out wid me suitcase and siddung pon di lickle wall on di walkway. She lock di grill and walk out wid di pickney. Lickle more, a piece a rain come down. One sudden rain. One fat lady a run past and see me wid me suitcase a wet up. She stop. 'What happen Mum? Dem put yuh out?' Me go to her at di gate and tell her di story. 'Yuh better come down a me yard, lickle gal, for me cyaan tek di rain.' She carry me down and look after sardine and milk and me eat.

Dat lady keep me fi a week or so and den she get a work fi me wid one a her friends. It was a job wid a whole heap a pickney. Yuh couldn't throw water in di sink. Yuh haffi tek out di big wash pan and throw di water outside, and God bless what she pay yuh.

Later on me get sick. Me did have fever and me used to vomit. Me start feel weak and cyaan do notten. Me cyaan look bout di lickle pickney. Me tink a dead me a go dead. Me tink to meself, 'Dem say when pickney bad, dem dead and go a hell. A me badness a ketch up wid me.' Me start pray and ask for forgiveness.

'Yuh fi start send me a church,' me tell di lady. For me tink say Jesus a go tek me because me bad. Me used to go Sunday School every Sunday down a country, but when me go a Waterhouse, me never go church.

She tell me fi write a letter to me madda and mek dem come for me. Me write me Granny and apologise and ask her if she will tek me back. Is me Granny me did waan go back to although ah know she was sick. Me tell her Jesus a tek me and she fi pray fi me and come fi me and me nah go bad again.

Me granny send di letter to me madda and faada and dem come fi me one Sunday evening. Me never expect dem. Me frighten when me see dem come di Sunday. Me frighten. Dem just come like two giant inna me life again.

'Ee hee! A dis yuh did want?' my stepmadda say. Dat time me never so sick, but me still weak.

'A dis yuh run way come to? Doreen a weh yuh did really deh di night? If we did ever see yuh dat deh night, we would a mek police beat yuh. A dis yah kind a life yuh want? Look pon yuh! Look how yuh get mawga.'

Me no answer for a no dem me did want. A me Granny me did want. 'If only di woman just hold off lickle ah would a all right, but she ketch her fraid,' I say to meself.

'Weh yuh money deh?'

Me tell dem seh me no have no money and dem carry me home.

Between Miss White and di last lady almost two years did elapse. Me end up right back which part me did start from. Me was lickle and me brains was narrow, but me could see seh running way was just a continuation of di same situation me grow in at Waterhouse. Me never know a so it would a go. Going back to Waterhouse me decide seh me would haffi talk out and stand up fi meself if ah waan me life fi improve. When yuh succumb to certain tings in silence yuh build up di power of di oppressor to exploit a next person. Me start boots meself fi talk up.

Life in Waterhouse was exactly di same as before. It was a hustle. As morning break, everybody haffi deh pon di hustle. Di main focus was weh and weh fi do fi get money. Me stepmadda was still working in di factory, and still deh pon di hustle same way. She used to hustle fi get overtime and she do lickle selling in di yard. At least, me did a do it fi her. She mek one hole in di fence wid a mesh over di hole and she mek a lickle table. In di day me deh-deh a sell star apple, orange, sweetie and cigarette.

Everybody in di lane haffi get cash fi buy luxury item. Dem haffi throw all ten and fifteen pardner fi have di latest furniture and clothes and cook big pot. All when dem no live noweh dem have whole heap a furniture pack up in deh. Yuh haffi squeeze yuh bottom and yuh belly fi pass. Dem tings deh haffi compensate for di frustration. My stepmadda used to work so hard but wid all di overtime she still nah mek no headway more dan to buy one lickle table or one bed.

Soon after me go back a Waterhouse, Crashie come in. Dat was a great ting. Work for women who couldn't get no work before. Tru she deh pon di hustle me stepmadda haffi go register. She get di work, but she never waan lose her factory work, so she send me fi

103

go do di Crashie. Di job was in her name and di pay cheque was in her name, but is me do di work. Ah used to put on any old someting, draw on any old slippers and go out pon di street. All morning, me sweep di trash and di dog mess, wid di dust a blow inna me face. When me ready, me just lap me frock and siddung on di roadside.

Plenty big woman puddung dem name fi do di work and send out dem pickney fi go do it. Miss Stoner, when she get it, she send clear a country fi her nephew fi come do it. It could go di odder way too, where nobody don't do di work at all and every Friday somebody collect di pay and give di supervisor a smalls.

Plenty a di supervisors were corrupt demself. One day one a dem say to me, 'Doreen, ah hear yuh can do nice crochet?'

'Yes, maam.'

'Den yuh cyaan sweep street again. Yuh haffi come pon my verandah come start do crochet since is me a pay yuh.' So me siddung pon her verandah a crochet.

Every week di workers used to give fifty cents out a dem cheque. Me never even know what we used to give di fifty cents for. Me not even tink di rest of dem did know either. Later on, ah find out it was supposed to go to di women's arm of di party in power. She used to tek dat money and use it to buy crochet thread. 'Is better me tek it, more dan dem damn tief it. If dem even get it, dem only a keep di money, for me no see what di woman's movement a do.' So she used to sell di crochet and keep di money herself.

When one crochet could a tek me two week, all one month me deh pon di crochet. Sometime me no go noweh, for if she can tek me off di road and have me a crochet, me can tek a free day here and dere. One day, me just see she get up mad and start clean down di place. Hear her 'Come Doreen. Put down di crochet, ah want you to serve at di bar.' So ah became di bar maid in her private bar.

And so it went on, till she say me a mix up di money and me no understand how fi run di business, and she put me back pon di street again.

'Is one ting me get from PNP government and is Crashie,' my stepmadda used to say. 'Look how much night me deh a group meeting! Look how much night me bleach fi hear Michael Manley talk!'

Dat was what people tek buy pass for all manner of corruption. If a man get a building contract and him tek di money and spend pon himself, him a go say, 'Look how much night me a go a

104

meeting go hear Michael talk!' Dem no business if di work no done. Dem no business bout di country. Dem a hustle fi demself. Dem tek politics as a bacra massa business, wherein certain people set up demself and give di rest a handout. Whoever chant di party song loud and chat all kind of fart wid di councillor get di best handout. Di party and di government structure encourage dem fi continue wid dem backward attitude. Di leaders demself enjoy di status and dem no tek strong enough steps to deal wid di indiscipline.

Every Friday evening my stepmadda used to find her cheque puddung on di bedhead. She never even allow me to change di cheque. She get di pay and me no get one cent out a it. Now and den she buy me one new frock or one new shoes. Me realise me no supposed to a work and no get no pay, but it tek a while before me realise me should a talk up bout it. Juliet used to do it fi her madda and Sandra too. Dem used to laugh after me and say 'Gal, change di name from fi-her name to fi-yuh.' Me never sure how fi go bout it. Me was under parents' control. So me never sure if me could a talk to di supervisor. Him just tek it fi granted seh Miss Ricketts is my madda and she cannot do di work so she send me. Him no know me nah get notten from my cheque.

One day she say to me, 'Doreen yuh no fi go out tomorrow. Dem say dem no need nobody pon di bean machine at di factory so dem lay me off for a few weeks.' Me no say notten. She go out pon di road go do di work and me stay a yard. She work for three weeks. Den she go back a di factory and me same one go out deh go work pon di road again. Dat mek me realise seh she can put me out a di work when she feel like. Me see seh me nah go pick up a work so easy again, for inna dem time di Big Man dem did a run way leave Jamaica. Me start fret now and say 'Suppose she put me out and me no have no work, what me going do?' Me did waan go further in life and it did seem to me dat di job come in like a lickle stepping stone forward. Not to control di money me a get from di job dat me doing, was like a next form of slavery again. Me did mek up me mind fi talk out fi meself after me run way, but up to now me no do it. Me realise dat all di while me did a carry tings halfway and stop. Me decide me going haffi fight fi di work. Di first ting was to get di rest of di workers pon my side. Me tell dem what a gwan.

'Dat a wickedness!' dem start say.

'Yuh cyaan a work fi so long and yuh nah get notten out a it.'

'If yuh a do di work yuh suppose to get di pay.' Everybody come pon me side. Di people dem gimme whole heap a encouragement.

Me decide fi miss couple day work. When she see me no go out di morning she say, 'Is pay yuh waan fi do di work?'

'Yes, maam.'

'Me will give yuh four dollars a week. Yuh no need no more dan dat for yuh a eat and sleep free.' Me tek di four dollars and throw a lickle four dollar pardner wid she same one. After dat, me no have no money.

Around dat time she start to mek me change di cheque. Is not in my name, but it change just di same and me collect it. No security never deh pon dem deh cheque. Yuh could a name Mary Brown and John Strokes deh pon di cheque; if yuh work, yuh get yuh cheque and yuh change it. To change di cheque, ah used to carry it down to a lady who have a supermarket. If yuh spend a two dollar deh yuh can change anybody cheque. After dat me carry down di money, tek out my lickle dividends and put di rest pon di bedhead. Sometime, me used to tell her say, 'Di cheque loss inna cane trash.' Dat time, a me tek di whole of it. Sometime me tek six dollars and sometime ten dollar. Still ah know ah was just using ginnalship to deal wid di problem. Dere were rumours of more lay-offs to come at di factory. Di people dem pon di work start say 'Go to di supervisor, Doreen. If yuh a do someting, just do it man.' Ah went to him. Dere was no problem to change di name. He agreed.

After me change di name fi a good while she never know. She a get her money and me tek out me ten dollars same way. Den one day, me stop put money pon di bedhead all togedder. Friday – no money. Next Friday – no money. Di third Friday, she come in and she no see no money.

'What happen?' she ask me.

'How yuh mean what happen, maam?' Dat time me have more strength fi talk to her.

'Den, weh mi money?'

'Me don't know notten bout yuh money, maam. Ah know dat ah work and ah get me pay. Ah don't know notten about yuh money.'

'But by di way, is whose work?' Me no say notten. Den me say, 'My work, maam.'

'So what happen to my work?'

'I don't know what happen to your work, but ah know that I am working and I am collecting a cheque.'

'How yuh mean?' she said. 'Den no fi-me work me put yuh inna?'

'Maybe so, but is my work now.'

'Who-fah name a come pon di cheque?'

'My name, maam.' Dat time me did give one lady name Miss Bailey me money fi put up.

Di Monday morning she go out to Mr Drummond, di supervisor.

'Mr Drummond, ah hearing someting and ah don't understand how it go.'

'If is di cheque yuh come bout, maam, Doreen Ricketts is di name pon di cheque now, maam.'

'But is my work.'

Di people dem a encourage me and a say, 'Stay pon di work man. If she tek up a broom tek up a shovel.' She did tek up a broom so me tek up a shovel and both us start to work.

'Mr Drummond, if both of us work who a go get paid?'

'Me not in any family argument, yuh know, maam. Me going pay who do di work. If yuh even work dis week di paybill is one week behind so yuh couldn't get paid. From di work start is yuh daughter ah see doing di work so yuh couldn't expect to come out now, after so much time elapse.'

'Stay pon de work, Doreen. Yuh no see she nah reach noweh wid di argument,' di workers dem a say.

'Di woman wicked.'

When she see now seh she nah get no support, she just go a her yard like a little shamey dog.

When di Friday come and me get me pay and she see seh me nah give her none, she start cuss. Dat time now me did let loose and we start fight. She fling down me grip and me clothes and start throw tings all bout.

'Come out! Come out a me house!'

Dat time Papa a siddung deh and a smoke a spliff.

'Come, come! Me a see to it dat yuh come out yah tonight.'

'Papa, yuh a go siddung deh and mek she put me out?'

'Den if yuh no have no manners to di woman weh yuh expect me fi do?' She put out me tings in di lane. She lean dem up gainst di zinc fence and call to di boys pon di corner. 'Oonoo go call taxi for Doreen.' She lock me out a di house.

It was night and ah was fraid of di boys. Dem could a rape me. Still, me hold up me head. Me walk down di lane and knock pon a neighbour zinc gate. She say me can stay deh.

Me feel like me get me freedom. Me feel proud in meself seh me really carry out tings till dem work out. Is di first me did ever fight fi

107

someting weh me want and is di first me win a fight. Me did done know seh me right. Das what gimme di impetus to fight fi me work.

To dis very day, my stepmadda s.., me tek way her work. Even though we understand each odder better now, we still have conflict. Me see her as a victim of di kind a society we live inna. She no have no freedom in her life. Is just going to work and coming home. Although me faada was meek and mild, she still haffi look after him and tek up di greater responsibility in di home. She never know how fi deal wid di exploitation she face. She still waste out her money buying foolishness dat she feel give her prestige. She don't know seh is dat search for prestige dat enslave her. Her generation never get fi meet up and reason wid odder women like demself dat face di same problems. I get di chance fi do dat.

Up to now I have a fear a di kind of life she live. Dere is so much dat I waan fi do in my life. I want to be free to have di relaxation I missed as a child and I want odder children to have it too. To get dat, dere is going to have to be a big fight in our society. I don't want to have anodder struggle again fi get dat freedom at home. Das why I stay a single woman.

After I left home, I began to act, tru di same Crash Programme. We create our own material and so I get fi use up all di ideas Mass Luther Mac give me and to act out some of my dreams. All me do is just look back in me life, focus on a lickle situation and just paint di picture natural and pretty in words and movement. All my life, me did haffi act in order to survive. Di fantasies and ginnalship were ways of coping wid di frustration. Now me can put dat pain on stage and mek fun a di people who cause it.

As a child, me never know yuh have grass roots actresses. Me did tink di only actresses yuh have a dem glamorous woman weh come pon di screen. I like to put grass roots reality on stage because it can help young working class people become aware of their potential. Before me know bout people like Marcus Garvey, I used to look up to black entertainers. Dey were among di first to teach me dat black people are not born to be poor and exploited. I hope my work can do di same.

Criss Miss

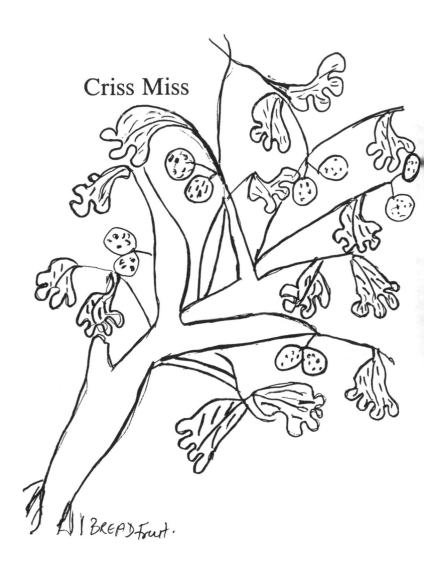

1 BREADFruit.

I remember my mother. She was dark. She had maroon in her. She came from Manchester near Accompong. When I was about five she died so I went to Goddy and Papa T and grew up in a very strict home.

My father was Luke Kennedy, so I was really Prudence Kennedy, but my mother didn't live with my father. So when she died I took Goddy's name. He never used to take care of me. Around three times dem show me, 'See yuh father passing deh!' Him never come to look for me but as he passed dem say, 'See yuh father deh!' We never talk. Nothing like, 'Come here, gal. I am your father.' Nothing like that. No relationship. He was a drunkard. All him do is go a rum bar, so me no pay him no mind.

(I don't know where this thing is coming from. Is mostly on the black race. I feel is from slavery when they separated the mothers, the fathers and the children. They took the father and carry him to another plantation and then they carried the children somewhere else. I feel is coming from that.)

Goddy raised a lot of children. I grew with my sister Norma, Pearl and Cherry that is gone to England now. In the same yard, there were other children belonging to Goddy's tenants who lived in the other building or the board houses at the back. Goddy had no children of her own. She herself was from Brandon Hill, St Andrew, but she no longer lived there. She lived with her husband, Papa T, in the five-apartment wooden building at Golden Crescent.

Papa T used to drive a mule cart. In those days it was a big thing to drive a mule cart. If somebody might be building a house, Papa T would go and draw it in the mule cart. Might be him have a contract with a firm and he have to draw a certain amount of sand or gravel for the week.

Me feel seh Goddy and Papa T did have little something. Me feel seh Goddy did rich in those days. They used to dress us up and in our community we were the people that used to have it. We were well off. We used to look on the little children them and say them poor. If you don't have a mule cart, you is nobody. You are not saying anything. Though my skin black, me never really say white people better than me or think every white person rich. Me never look at it that way, for me say Goddy did have it. We go to school looking good. We get our decent lunch money. We get we pocket money. I used to hear them curse people and say 'Yuh black like tar!' 'Yuh hair grainy-grainy!' 'Yuh black and stupid!' They never cursed me. (Tell yuh the truth, when I was growing up I wasn't so dark as I am now. Goddy used to say, 'I don't know how yuh get black so.')

Goddy was very stern. She was big and fat. She always wore skirt and blouse. She was so strict that when she turned her eyes to look out at me, I trembled like a leaf. We were all afraid of her. She used to make us get up at five thirty to do our home duties: sweep up the yard and tidy the house. We had to reach school at eight thirty. I never played much at school because I didn't want anybody to touch my uniform. Is 'Criss Miss' they used to call me. I didn't play and sweat-up like how some children used to. During the recess I used to sit until the bell rang, or read my book. I loved music. One music teacher used to take us in country dance and folk songs. Anywhere there were songs and dancing you could find me. I remember we used to do the Tyrolean waltz step. They call it three-step.

When school was over we had to find ourselves home, take off our uniform and do our work. Sometimes when I came in I would see young smoke. In those days we used log wood to make the fire or cooked on a coal stove. In another pot we washed dishes and turned them down on the outside dresser. We used coal irons, for although we had electricity we used to catch up the coal pot and when the coal looked red and pretty we put in our irons. When the iron was hot, we wiped them and started ironing. They ironed lovely.

Goddy used to keep a lot of fowls and she used to raise pigs at the back of the yard. Sometimes we had to feed the chicken, or the pigs. Goddy had a field in Brown's Hill, St Andrew. There she planted yam, cassava, coconut and breadfruit trees. Sometimes she would bring down peas and put them in the sun to dry. In the evening, we beat the peas pods to get out the peas.

112

Every day the grass man came to supply grass for Papa T's mule. We had to clean the stable and carry grass for the mule. We put corn in the trough and went for water to give the mule. Me did fraid di mule would kick me, but me tek brave heart and clean out di stable.

We played but we played to the limit in the yard. When we heard, 'Stop playing now,' we had to hear, for Goddy beat with three pieces of tamarind switch tied together. Sometimes she get out on us, because we forgot to do as she asked. Then Papa T would say, 'Agatha, leave di children alone. Ah don't see what dem doing. Yuh just a talk-talk every minute.' Tru that, we loved both of them but we favoured Papa T. All the same I couldn't chat up to either of them as I had a mind, for Goddy would run me and Papa T himself would say, 'Yuh are a child. Yuh must not get into big people's business.'

When I finished do the yard work and playing, I get inside and study my lessons. If anybody like Gloria or Joyce come to the yard gate she would say, 'Who is that? Prudence can't come there now. Why don't yuh stay at yuh yard?' I had to stay inside and take up the book. If we wanted to look out, I had to stay on the verandah for we couldn't go to the gate.

Papa T was sickly. He used to have a foot that gave him trouble. He never really used to be in bed tru the foot; but you used to see him hopping around and buying things to rub it. I was around thirteen when he got very ill. It came on gradually. The foot used to look black and heavy like a crust was on it. He became very ill and was bedridden. 'Prudence,' he would say, 'come read the Bible for me.' Sister never like it when him call her. She vex and pout up her mouth. Him foot scaley-scaley and she scorn the foot because she was afraid of it. Me did sorry for him because he used to be so quiet and gentle. I always sing Sankey for him.

> When He cometh
> When He cometh
> to make up His jewels
> All the bright ones
> all the pure ones
> all the bright ones
> are blessed by His love.

Him always praise me and pray for me. 'Have manners, yaw, me love. God will bless yuh.'

I loved nursing him. I wanted to become a nurse. I used to be jealous when I saw the nurses passing in their white uniforms. The starched cap looked so stoosh and nice. I imagined myself in the uniform and how I would react to the patients as I nursed Papa T.

One day him get low. Me start to cry. Him say, 'Never mind. Don't cry cause Ah get blessing. See the light there . . . It shining . . . and see . . . the angels them around.'

When me hear him say so me start fi cry again cause me say, 'Lord God! Him a go dead!' Him did a travel. Him call me fi come read for him and me read and sing. I never forget it. Lord Jesus, I will never forget it! As I opened the hymn book, he prayed for me that God may keep me and bless me. Him passed off the same evening. When we were dressing him, Sister wash one side and me wash the other. I put on one foot of socks and Sister put on the other. He was such a quiet and gentle man and he prayed for me on his dying bed.

After that, Goddy start having it hard. I was still a child, but getting sensible and I had to help her. I used to sell eggs to the neighbours on a more regular basis. One of the next door neighbours, Miss Pope, used to complain and say the hog pen smell. 'Miss Rose, yuh have to do someting to dat pig sty! It stinking up the place and we not going put up wid it!' In those days, they could call in the Sanitary Inspector and they could serve you a paper and bring you to court. Goddy got fed up and sold out the goats and the pigs and that was that.

Then she started to fret because there was no money to support us. She began taking in washing and ironing for the English soldiers at Camp. Often, when she washed, she called me to look at what she was doing. If me just turn away me eye, she lick me on me shoulder wid di wet clothes. 'Yuh must look or when yuh turn big woman man will beat yuh, if yuh can't wash and iron good.'

I had my heart set on becoming a nurse. My teacher said I was capable of passing the entrance exams to go to Kingston Technical High School. She knew I would pass it and I did. I started going to high school and taking domestic science which would give me the chance of getting into Kingston Public Hospital to train.

Boys used to fool round me a lot, but I really couldn't yield to them, because Goddy was so strict and I was afraid. I didn't know anything about men. Joyce, my friend who lived next door, used to tell me about her boyfriends. She showed me gifts from them. I felt jealous; I felt I was missing an important part of life. I wasn't privileged to have that type of happiness. Girls who dressed up and went to Hope Gardens and straightened their hair passed Goddy's gate. I wanted to be like them. I felt that life was unfair to me. I thought having boyfriends must be the best thing in life.

One Saturday Goddy allowed me to go to a fair with Joyce. I was so glad to go. I met Colin there and I loved him at first sight. He was older than I and he was learning to be a locksmith. He tried to visit me. He used to ride his bicycle and come to the gate and peep. If him see me, him used to tek his hand and call me. One Miss Freeman lived in the yard as a tenant. The first time he came, she saw him. From then on, she used to hide and watch me and when I went to the gate to talk to him, she whispered to Goddy, 'See her out deh chatting to di boy,' and Goddy would call me. We couldn't get any peace.

One day Colin came to the gate and Miss Freeman called Goddy and told her we were out at the gate. We had taken some photographs at the fair where we met and he had brought them to show me. We were there looking at the photos and Goddy tek time and creep up behind me. 'Oh, yuh a Prudence boyfriend, no sir?' He laughed and held down his head. She laughed too and went back inside.

When I saw that I said, 'All right Colin. Me going back in now.' I wasn't so bright to see her come out and still stand up and talk to him. Me just mek hase tek out what photos him giving me and tell him, 'Me will see yuh.' The manner in which she looked at him and smiled made me feel a little better. She didn't say anything, but she started watching me more closely.

Joyce knew about Colin and me. When he came, he would ask her to call me. Goddy used to go to bed early, so I would tief out and go away with Colin. Sometime when we gone, Goddy used to call me. There would be no answer. When I came back I told her, 'I just run go next door to Joyce, go ask her how to do sums.'

Colin and me used to go up the road to his friend's house and make love. Her mother used to do night work so we could have the chance to be alone. I didn't know anything about sex and what could really happen. Colin taught me many things about men and he opened my eyes to the world outside, but when it came to having babies I was really blank. I didn't know that sex caused pregnancy. I just can't tell you where I thought babies came from. I was dumb and ignorant. Not even Joyce seemed to know much about sex and pregnancy for we never discussed that. I never asked questions because I grew up thinking it was wrong to ask questions.

115

A few months after meeting Colin, I started to feel bad. I couldn't eat when I came home in the evening. Goddy gave me my dinner and not a food eat. Sometimes, I looked at the food I used to love and all of a sudden, I didn't want it. Goddy watched me all the time. Sometimes she would catch me sleeping when she wanted me to do something. 'I dream bout yuh last night,' she said to me one day, 'pray to God no make it really happen to yuh.' I wondered what she was talking about. All her grumbling meant nothing to me.

One day, a big boy in the community called me. He was respected by everyone because he didn't go around and harass the girls. 'How yuh bust look big so? And yuh tummy? Yuh getting fat?'

'Yes,' I said and held down my head.

'Anybody trouble yuh?' he asked.

'What yuh mean?' I asked for I didn't know what he was talking about.

'Yuh have a boyfriend?'

I laughed and told him about Colin. He asked me if Colin had anything to do with me. I felt I could trust him and I wanted somebody to talk to about Colin so I told him about going up the road with him.

'Yuh see your period?'

'No.'

'Yuh pregnant,' he said. For a minute I felt afraid, but I didn't believe him. I soon forgot about the conversation.

Later on the bad feelings came down on me. When I looked I saw my stomach getting bigger and bigger. I realised there was a baby in my tummy. I was afraid and started to take it seriously. I told Colin. By then he had guessed. He was worrying so much he had started to get boils under his arms and on his bottom. He couldn't sit on the bicycle seat. He had to pump the bicycle in a standing position. I understand now that some men have symptoms like this when their lovers are pregnant. We didn't know what to do.

My tummy was really showing now. The neighbours came and asked, 'What happen to Prudence?' 'A weh she stay get dat?' they would say to each other. I was supposed to be 'Criss Miss' so they were quick to make fun of me. My Sunday School teacher saw me and came to ask Goddy what happened to me. I was so ashamed that I hid while they were talking.

Goddy had a friend name Louise Chevallot who was her lodge sister. She used to come there every evening to visit. One evening she said:

116

'Look how yuh try with di girl and look how di girl bring down disgrace pon yuh. What a shame!'

Goddy got into a terrible temper and when the woman was gone she came into my room with a piece of stick to beat me. She started to shout at me:

'Me no know which man breed yuh . . . !'

'Do Goddy! No talk mek nobody hear.' She well knew it was Colin.

'Call di man who breed yuh, for me no want no bellywoman in here.' I started to cry.

'After yuh get opportunity fi go all a high school which poor me gal never get – look what yuh do! Yuh not staying in here. Yuh have to come out!'

She drew me out of the room and pitched me outside. Then she threw all my clothes outside: Shoes! School books! Clothes! Everything came out one after the other and landed near to the gate. I crouched at the bottom of the step like a little shamey dog and cried. People came to the gate and said, 'Wah a gwan?'

'No Goddy a throw out Prudence tru she a breed.'

'Is accident.' Others stopped and looked. Who to laugh, laugh and who to whisper, whisper. I didn't know what to do. I stood up in the hot sun, hungry.

'Mek yuh baby father find food give yuh,' Goddy said and went inside.

One of the tenants Mrs Smith and myself used to talk good. She was sorry for me. I was well-behaved otherwise and I had manners. When she saw this happen, she was sympathetic. She said: 'Missis yuh a fool. Tek up yuh tings and put dem inside back.'

I took them up and cotched them at the inside of the verandah. Mrs Smith, Miss B and Mrs Hylton talked to Goddy.

'I talked to her and her heart more-or-less cool down,' Mrs Smith said to me later. During the night, Goddy same one took up the things and carried them inside. She loved me and she had high expectations for me. She wanted me to work in Tax Office if I didn't do nursing. She was ashamed and vexed, that's why she really threw out the things.

'Is one ting why I going to keep yuh,' she said as she took me back. She never said what it was, but I know it was because people had begged for me. After that it was pure nagging. Me drink eyewater for tea, lunch and dinner.

117

Colin came every week. He couldn't come full. He had to hide and call me. I told Colin how she threw my things out in the yard and that she wanted to talk to him.

'Me not facing her at all,' he said.

'Colin,' I said, 'yuh have to come because this is going to make it worse for me.'

One day Goddy couldn't bear it no more. She came to the gate and said, 'Yes sir! Is yuh is the baby father sir?'

Colin was sort of shy because we were young.

'Yes, maam,' he said.

'Well,' she said, 'I want to know what is your intention. I sending Prudence to school and see what yuh make happen to her. Yuh have to find somewhere put her. I don't want her in here.'

Colin and I had never discussed living together. He wasn't in a position for us to live together and I wasn't thinking about living with a man. These things never occurred to me. That wasn't what I wanted. I had wanted to become a nurse.

Colin turned and said, 'I'm sorry, maam. I'll try to take the best care of her. I'm asking yuh to let her stay same place here. It is my baby and I will mind the child.' After that every week he brought a little something for me.

At the clinic I saw older women. I was only 16. They stared at me. I was very small-bodied. The nurses were cross. If you made a mistake, like if you didn't hear what they said the first time and asked them to repeat it, they would pass remarks.

'What a hell when pain start lick oonoo inna oonoo shirt. Oonoo no waan study oonoo lesson! A baby oonoo waan!' said one.

'We soon haffi stop come a clinic,' said one of the older pregnant women. 'Yuh no see seh di young people dem a tek over.'

There were a few girls who were my age but I was too shy and fearful to make friends with them. I hardly talked at the time. In fact, I hardly went out on the road to let anyone see me. I had to stop from school and I was very disappointed in myself. All my plans to be a nurse vanished and I stayed in my room feeling ashamed.

When the baby was born nobody loved it like Goddy and everything was fine — for a while.

After a time I wasn't sure whether Colin was working or not. He was making plans to go to England where he would have better opportunities. Sometimes he brought money, sometimes he didn't.

118

Sometimes his employer didn't pay him and he had nothing to bring. Goddy had to find food to give me to eat. Joyce told me that Colin had become very wild. She said he had one girlfriend in Spanish Town and another in Mountain View. I was very jealous. I asked him about it and he said he had an extra soft spot for me. It could have been, as well as he might have been just faking seeing that I was so young and stupid.

When I found myself pregnant for the second time, Goddy put me out wholly and solely.

'Imagine, after me keep yuh till yuh have Junior, yuh still go back go breed fi dat boy deh again! I don't waan hear notten from no one,' she said. 'I help her with the one and I have it so hard. How me must help her with two? Kirrout! Make yuh man find place put yuh! First one is mistake, second one is purpose.'

This time I had to leave the home entirely. Mrs Smith said: 'Prudence, yuh a fool. Yuh cyaan tek di baby. Pack up di whole a Junior tings one place. Leave him. Tell her seh yuh cyaan carry him and carry di rest of di tings.'

I told her I was carrying my things to Colin's mother and would come back for Junior and his things the next day. She never saw me for a week.

I left my things with Colin's mother and went to my sister Eileen who had a room in Mountain View.

'I only have one room. I can't keep you and the baby. I can only keep you till you have it.'

It was a tenement and she had nothing to feed us. I cried that night and I cried in the morning. Then I went to look for work. I got a little housework with a man who lived near to my sister. When I got my pay on Friday, I took something for Goddy and Junior. I told her that I couldn't take Junior because I had nowhere to put him, but that she would see me on weekends.

Colin knew that I was staying at Eileen's but he never came there. Soon Joyce told me that Colin's other girlfriends were pregnant too. We were all pregnant at the same time. She told me he was getting through to go to England. I started to fret worse.

Sometimes after work, I used to walk over to Miss Smith's. I'd talk to her and she'd give me a little money. I'd go back to Eileen's and cook a little food. When I was going back and forth to work, I used to see an older man leaning up on a bicycle in the road. He was brown, tall and strapping. You could see roughness on him.

119

'What happen to yuh?' he asked.

'What this man come question me for?' I said to myself. 'Him no see seh me pregnant?'

Every day he used to laywait me, when I was coming from work. 'Yuh pregnant,' he said. 'What happen to yuh baby father?' I had to walk the same place to go to my sister's every day. 'What this man want with me?' I said to myself and I cut my eye at him.

He kept on pestering me. 'What happen to yuh? I used to see yuh going to technical school and now I see yuh pregnant.' One evening, I couldn't bear it any more and I told him everything. He didn't know I had Junior. I let him know that this was my second child, that Goddy had the first and that she had turned me out and I was staying with Eileen, who couldn't keep me.

'I love yuh,' he said. 'I will take yuh with the stomach and rent a room and put yuh.'

Those days I was little and fool and didn't have no sense. I never know a man could take a woman with a belly that is not his. I went home and told Eileen. She was glad to hear. 'Yes!' she said. 'Talk to him! Talk to him! You need the help. I can't keep you here to have the baby.' She didn't query if the man was a criminal or not. She didn't even ask me to bring him let she see him.

The next evening he followed me home.

'Where is your sister?' he said, 'Call her.' Nobody invited him in. He came in and introduced himself.

'My name is Ralston Thompson. I am willing to rent a room and put your sister,' he said.

'I am glad,' she said, 'for I don't have nowhere to keep her. I don't have no strong help myself. And the little I am working can't keep both of us.'

From that Ralston start to come and bring money and things for me. He used to bring fruit and vegetables and milk. I didn't want to go with him, but Eileen made me feel I had no choice. Ralston was a house painter. He was not a man that smile for purpose. He carried a gloomy look. I was afraid of him. He was much older than me. Up to now, I don't know how old Ralston is. One evening Ralston and myself were walking. I saw Colin coming.

'See him there . . . my baby father.' I said and pointed him out. Ralston marked him.

'Imagine! A nice lickle girl like this! Yuh get her pregnant and yuh can't look after her. Well yuh better understand, me tek over now.'

120

They quarrelled on the street. Ralston was a fighter. Colin mouthed him back, but I had to be on Ralston's side because by then he was looking after me. Soon Colin went to England. After that he never wrote or sent anything for me or Junior. I don't know why. It was twenty-three years before I saw him again.

Although I was pregnant, Ralston was boasty with me for I was cute and had plenty hair. He wanted us to go out. Sometimes people would see me with him and say, 'What a lickle girl like yuh doing with dat big man? Mind him beat yuh.' When we went out he used to take me to hotels to have sex with me. I didn't like it. I didn't like him, but I had to do it. I was worried and fretful all the time. I didn't want to leave my sister and go with this strange man. I was very disappointed in Eileen. If I had been her, I would never have turned her out. She was working, after all, and I felt we could have shared what we had, but instead of this she passed me over to Ralston because she was afraid I would become her responsibility.

The time came when he did rent a room and put me. I left my sister not knowing what I was going to meet. He moved in with me immediately. Soon after that I had my daughter – Joy.

Three weeks after that . . . I don't want to talk it, but I want people to know what young girls meet . . . he wanted to have sex with me. When I refused he beat me. He threw me against the boards of the bed and I bruised my spine. I didn't fight back, because I was so surprised. I screamed. Miss Laurie, Aunt Mum and Jack came, but I couldn't explain because I couldn't tell them it was sex he wanted.

'I don't know how I get inna dat temper and knock her. Never mind Prudence. I won't let it happen again.' He hugged me and kissed me. I made up my mind to get away from him. I became crafty and watched for the right moment.

After that, every week we fought. There were all kinds of reasons for the fights. He'd change his clothes three times for the day. He might come in and say, 'Press these pants for me. I may want them later.' When he came in and they were not done, he would quarrel. I answered him back and gave him facety chat: 'What yuh tek me for? I'm no maid for yuh.' Then he knocked me and I knocked him back. He'd box me, but I learned to fight back. Me never tek it. Me bawl for murder and call down crowd. I'd suck on to him and bite him, or lick him with the broomstick. Miss Laurie and the others in the yard would come and talk to him and after a while he

121

calmed down. The next day after him done beat me up, him go down to his store and in the evening you see a big parcel coming in with dress length and shoes.

I know he loved me in his way, but there were so many things I didn't like about him. He was very jealous, maybe because he knew I didn't love him. I couldn't talk to the people in the yard when he was at home. If I was friendly with a woman, he said she would take a message from a man. If I was friendly with a man, he said he would want to have an affair with me. If he came in and found me working outside he would say, 'From morning yuh here. What yuh doing that yuh still have to be outside.' On the other hand, he had a lot of women. He used to stay out late at night and sleep out. I couldn't say anything to him about those things.

Then I found myself pregnant again. I began to act sort a scatter-brained. I began thinking, 'What is going to happen to me? Will I never get away from this man? Where will I go if I leave?'

Joy was a quiet little baby. Since Ralston was such a violent person, I was afraid he would hurt my baby. I knew Junior was well taken care of by Goddy. It never occurred to me to go back to Goddy and ask her to take me back. She would have, if I had explained the problems, but I was too ashamed to ask her help.

All of a sudden Joy became ill. I took her to several doctors. Some couldn't find no fault. She was ill for about a month. During that time, I took in to have Michael. I had to leave her with Ralston and Miss Laurie, a lady in the yard, who used to help me look after her. I couldn't do better. I had to go in and have Michael. I was at the hospital and Ralston used to visit me often. The nurses used to call me Miss Ralston. Sometimes he came all three times a day. All when it wasn't visiting time him bore and come in. One thing with him, he liked to give presents. My nightgowns were pretty. He would carry milk, water coconuts and flowers. Him all carry presents for the nurses. They used to let him sit down there long and talk with me.

I don't know what happened while I was in hospital but two days after I came home with Michael, Joy died. I was all over in tears. I blamed myself for not being in a position to buy the things she needed. I blamed Ralston for not allowing me to go to work. I felt he hadn't had enough money to give her for proper food and medical care. It made me want to leave him even more. I knew I would be worse off financially, that I would have to look after Michael by myself, but I didn't care.

122

There was a woman I knew working at a bar and restaurant named Cita. She was going on leave and she asked me if I could work for her. I didn't know anything about bar work, but I wanted the job badly. Cita persuaded Ralston to let me go. She told him she didn't want to lose the work and she needed somebody honest. He agreed as it was only for two weeks.

I began to work. When you work in a bar, you don't have to make yourself common. You have to be very polite. The customers liked me. I wanted to keep my job, so I tried to scuffle for myself. I used to open every quart of rum and throw water in there. All the white proof rum – me throw out some and throw water in there! Mr Bailey, the owner, said I was the first woman to come there and make him earn so much money.

Every evening, when Ralston came from work he would come to the bar. If he saw a customer come in and smile with me, he would knit his brow and I knew I had to watch it. One night, a man came in and said, 'Hi Miss Pru, how yuh do?' Ralston was there. When I was going home Ralston gave me one piece of beating on the road.

'Yuh have yuh man dem. Das why yuh did waan tek di bar work. Yuh turn whore now.'

By the time I reached work the next morning Mr Bailey had heard all about what Ralston had done. 'Me love, yuh living?' he said. 'Ah never knew yuh would live to see dis morning. Yuh have to leave dat man. Him going kill yuh.' Me start fret now for me no know what to do. 'Where him is now?' Mr Bailey ask me.

'Him gone to work.'

'Gwan for yuh tings dem,' him say, and him send two men with me. 'Move out yuh clothes. Don't take nothing for him. Bring yuh baby and come.'

'But where I going to stay?'

'Ah have an empty room in the yard. Yuh can stay there.'

Miss Laurie, Aunt Mum and Jack were there when I went and move my things.

'Mek hase,' said Miss Laurie. 'Lawd! Ah so glad yuh leave.'

'Thank God,' said Aunt Mum. 'Ah so glad yuh find somebody fi tek yuh and end di disadvantage.'

'Yuh cyaan siddung and mek him beat yuh,' said Jack. They helped me pack up. I packed a lickle suitcase. I took one spoon, one knife, one fork, one cup and saucer. I took the coal stove, one

123

sheet. I didn't take none of his furniture for I didn't want him take no set.

E-E! I hear that when him come the evening and spin round and look and don't see me, him walk and ask Miss Laurie for me. She say, 'I don't know where she is, Ralston.' When the other people in the yard say they don't see me, him search the house. When him don't see me clothes and don't see Michael's things him realise seh me gone. I hear seh tears came to his eyes and he started to cry.

Him come down to my workplace. When him come now, me a show off. Me nah pay him no mind. Everybody down there know what happen. A man sit down there and set up for him. Ralston was a fighter too. He came in vex and started to give me some cut eye. But me no pay him no mind, me a serve same way. Me feel good seh me have me backative them.

'Prudence,' he said, 'imagine tru me and yuh just have a lickle fuss yuh move out and leave me.'

'So what?' I said, for me have me big talk now. 'I can't stand the disadvantage no more and God send somebody to help me.' Mr Bailey was there watching. Him have him gun and him was ready.

Ralston get up and start quarrel and go on bad. Him grab me and start draw me over the counter to fight. The man in the bar came out and said, 'No ole man, yuh can't do that. Yuh can't do that, no more. She's not under your roof no more. We know how yuh will ill-treat her.'

Mr Bailey phoned for the police. I don't know if Ralston surmise anything or what, but him step out of the bar. The police come on and say, 'Weh di bad man deh? Before yuh mek me come find di bad man dead pon di ground, oonoo mek him get way.'

I fret. I was afraid of him. He came there several nights. One night Mr Bailey came out and said, 'Listen, man, this is my bar and no other dog no bark in here, beside me. Come out now. Come out.'

And the rest of men in the bar say, 'Yeah. If yuh waan bruck fight we ready to fight too. Since yuh a bad man!' That time they have their big sticks. When he saw he couldn't put up any resistance against so much man he went away.

Michael was six months old when I left Ralston. I got a little girl to look after him while I was working. When Cita came back, Mr Bailey put me over at the restaurant to work. I kept on working at the bar until I got a job in a factory.

Ralston made me afraid of men, and until this day, I never live

124

with another man. Although I had only one-and-a-half years of school left when I had Junior, there was no chance of going back to school after he was born. I had to put aside my desire for a profession in order to find bread for my child and myself. Having to bring up a child alone with no maintenance was a big responsibility, but I became a stronger woman because of having to rely on myself and I learned how important it is to plan my life and to try to think clearly about the future.

Di Flowers Vase

Sower sop.

From me born till now, me never really understand Mama. Ah doubt if she ever understand me either. Me grow mostly wid me granny so me hardly ever see her. From me small, she usually love dancing and dem ting deh. Me hardly ever see her. When me do see her is fi a day or two and den she gone again. Me cyaan remember exactly how long me and her ever live togedder. Fi no period, like yuh would say a year or two year or three year or so.

Inna di time when me and her do live togedder, is like she always check fi her boyfriend dem more dan how she would check fi me. Tru dat me never like dem. Me never like no man weh she talk to yet. She always handle dem too good. Dat a weh me used to say. For instance, if she should all cook a chicken, we cyaan get di leg or none a dem nice part. Di man always get di leg. Might be das why me grow up to a love chicken wing, cause a always di wing or di back part me get. Me always question her,

'Mama, why we get di back again?'

She never waan answer.

'Mama, why?'

'Tru him a di man,' she might say, if she feel like answer me at all.

'Dat no fair,' me say, 'for a no him a me faada.' We always have dat deh conflict going and it always end up dat she beat me.

Anodder conflict between me and she was over manners to di man. None a di man ever try play wid we or tek we noweh or reason wid we as children. Mama always waan we fi talk to di man – whichever man it is. When daylight, if di man even come outside and see me first, instead of him say 'Morning, Barbara,' she waan me fi look round and mek sure greet him, 'Good morning, sir.' Me never like dem ting deh and me tell her.

'Is like yuh waan me look up to him as God.' From me small, me always have a tendency fi talk anyting weh inna me mind. Me never keep back me feelings. Me just talk. When she hear dat, she beat me and say me facety and no have no manners.

Perhaps di problem come from di effect of my faada's death on Mama. She always say, 'A tru him did wild, das why him dead dat way.' Maybe, she tek out her misery pon me – me no know. She say me faada did have a good education fi dem days deh. Him pass him first, second and third year exam. When him was twenty-one, him did have a job in di condensery at Bog Walk as a lab technician. People tell me seh, in comparison to Mama, him did quiet. Me tend to like him, even though me no know him. Him used to talk to Mama and a next woman at di same time. Both a dem get pregnant fi him one time. Mama say she and me faada did engage fi married. According to how dem have it, dem say is di odder woman family work obeah pon me faada and cause him fi dead di way him dead. Inna fi-him job, him have car and everyting, so him never have no reason fi drive pon none a di truck dem. One morning when di truck go out wid di milk, him climb up and siddung pon di very top a di full truck load a milk box. Him siddung pon di last tip-top. Di man dem tell him fi come off.

'Me just a go a Bog Walk, man,' him say.

'Why yuh no drive?'

'Wah happen? Man cyaan feel like go pon truck?'

'Come inna di front den.'

'Just drive, man.'

All weh dem do, dem couldn't get him fi come off di topmost part a di truck. When dem drive, a light wire catch him and draw him off. Him drop in front a di truck wheel. Di driver couldn't brake quick enough and di truck run over him and crush him bad. Dem haffi use shovel fi tek him up.

Before me born Mama used to do teaching. She used to live up to him ambition, but it look like after him dead her ambition go way. Someting inside her mussy dead too and she never bodder wid teaching again. Her spirit get rough and she tek up selling. Di man dem weh she talk to, give her money. She always lucky fi get tings from dem. Maybe das why she prefer dem to me. Me see whole heap a madda do dem tings deh. Me no know why dem do it. Dem claim seh dem love di man more dan dem pickney. In so far as me see it, dem should have different-different love: love fi dem man, dem pickney and dem relative.

Di very last man me ever see Mama live wid was a fisherman name Sonner. She and him never used to live good. Me never see she and no odder else man fight except him. Him used to go out go fish at night. Sometime, him go way fi all like a month. Him used to go to far sea and when him come back, him ask people if Gloria did go dance and if she go, is a fight.

Mama used to love fancy clothes. Even if a fi-her own money buy it, him say she a waste her money and is a fight. If him come in and see her a talk to smaddy at di gate, even if him know di man, as di man gone, him say a someting dem a plan. Him just directly miserable and ignorant.

One day, me come home from school and see di two a dem fighting. Him have her over di verandah rail and a squeeze her neck. Her foot dem a kick up. She couldn't bawl out for she a choke. She a mek a lickle funny sound, 'Ooooohhhh . . .'

'A kill him a kill her!' me say to meself. Neither him nor she never see me when me come. Mama did have a big flowers' vase inside full a flowers. Me run fi di vase and empty out di flowers. Me run up behind him and give him one hell lick over him head. Him bawl out. Him head split. Di blood rush out. It run pon me too. It blood up di place all bout. It blood up di flowers. Him go a di pipe side go wash off di blood. Den him drop down. Me could see di heap a blood water a go down di lane in di open drain. Den, me run to di bathroom go hide.

One heap a crowd come down. Whole heap a excitement and noise. Some a dem say him dead. Some a dem say dem a go carry him inna taxi. Some a dem say dem a go call ambulance. Mama did a bawl. Me hear a car drive up and stop. Di door slam and di car drive off.

Me fret, but me no panic. 'A kill him did a go kill Mama. A save me save her life,' me a say. It give me strength and even though me small, me never panic. Me hide inna di bathroom fi a long, long time. Di yard was a tenement. Yuh have Tess, Miss Sybil and Mr Burton and odder people living deh, but dem a di three we used to di most. After plenty time pass, me hear di three a dem a call me to come out.

'Him no dead, Barbara. Him get emergency operation.'

'Come out. Nobody nah handle yuh no way.'

But me wouldn't come out, for me never sure weh dem would a do me.

'Him never dead. Him only faint way.' Tess say.

Me never hear Mama. Me wonder which part she did deh.

131

Maybe she did gone wid di man a hospital. Maybe di man son might waan come beat me up or beat up Mama. Me start fret. Me haffi tell meself, 'Maybe if me never do dat she would dead. A sinting good me do.'

'Barbara, pull di door.'

Me wouldn't pull it. Eventually, dem tear down di door and Tess tek me out and keep me in her room. Me no know which part Mama did deh. She never did deh-deh.

Me stop from school dat week. During dat time di man give a statement down at di hospital seh is me and Mama gang him and beat him. Di people in di yard tell me seh di police going come. Dat week no police come.

'Gloria, send her go a country. Maybe di man a go waan do her someting. Or do yuh someting,' Tess say one morning.

'Me nah send her way. Him cyaan do we notten. Me no believe inna dat.'

Mama send me go school di Monday morning. Me never waan go. Me did fraid sch teacher might beat me. Weh di children a go say? Me did kind a feel shame too. Me go a one apartment building and stay wid one a me friend sister who did have a baby. She did all glad fi me stay, cause me did help her wash her baby clothes. Me tell her why me never go school and she say, 'Yuh cyaan hide forever. Might as well yuh go school.' Me decide seh me haffi go di next day.

On di way to school me meet some children. 'A true seh yuh lick down one man and kill him?' dem ask me.

'No,' me say, but when me reach a school di pickney dem crowd round me. Some a di pickney dem did a sing and a chant 'Barbara charge fi murder.' When dem start jeer me, me start cry. Vivienne Brown and Madge King, me two friend and most of di girls were on my side.

'She should go to a doctor. When they are small and do something like that, they grow up to be very dangerous people,' one teacher a say to a next one on di verandah when me a pass.

School call and me go inna di classroom. Me did a cry. Me teacher, Miss Wright, call me up to her table and ask me about it. Me tell her seh me feel shame. She encourage me to stop cry. Tru me never fight yet at the di school and dem never have no problem wid me, she understand is fright mek me do it.

During prayers Miss announce, 'Barbara is now back in school. I am asking you not to jeer her. Anyone of you could be in the same place. Just imagine if you go home and see your mother and your father fighting. Wouldn't you try to help? Sometimes things turn out more dangerous than we expect. Is Barbara still your friend?'

Dem say, 'YES, MISS!!'

By lunch time, after dem hear di details of what happen, some a di boy dem weh did a say me shouldn't lick him, come and say,

'Yuh shoulda kill him!'

'Yuh never lick him good.'

'Barbara, what a way yuh brave!' and dem boots me up. By evening, me become a lickle heroine.

About two weeks after, during lunchtime, a big police car drive into di school yard. Me was inna di bathroom and Vivenne come tell me, 'Police car come and dem a ask teacher fi yuh.' Das di time me start fret. Me believe seh dem just a go tek me way carry me go Approve School and me wouldn't get fi see Mama or me friend dem again. Miss Wright send come call me. When me go to her, me see two police, one woman and one man.

'See her here,' said Miss Wright.

'We just going carry her down to the station to ask her a few questions and carry her up back,' di man police a say. Me was so nervous, me couldn't talk. Me start member how one girl inna di yard did a tell me, 'No tell dem seh a yuh.' Me never know weh fi do. Me never waan tell no lie for me say it no look like a someting so bad dat me do.

'I don't think it's necessary to take her to the station,' di woman police say. 'We can just talk to her here.' When she say so, me never feel so fraid again. Di man police ask me what me name? How did it happen? Every time dem ask me a question me member di girl in di yard and me couldn't answer.

'Just tell me in yuh own words what happen,' said di lady police. 'One time, when me did small one man did trouble me madda and me did vex wid him.' She help me figat bout tell lie and me talk everyting. When di pickney dem see di police a question me in di empty classroom, dem start to peep in and try hear weh di police a say. Di man officer haffi run dem.

Dem say dem tek a statement from di people in di yard and one from di man. Dem say dem haffi carry me a di yard so me can show dem where on di verandah Mama and di man was. Me never feel good fi drive in dem car for is only bad pickney drive in police car. When we reach a di yard di lady police ask, 'Why yuh do it?'

133

'Me believe him did a go kill Mama,' me say. Mama did sweep up di vase and she give it to dem. Dem tek di mash up vase.

'If we can prove that you and your mother ganged the injured and beat him, then little girl you can be in serious trouble. As a result you can be placed in Approved School,' di policeman said. Dem tek Mama to di bathroom door and talk to her different to me. Me no know exactly weh dem say to her, but me hear when dem say, 'Lady, you realise what can happen?' Dem leave wid di broken vase. Me no know what dem did do wid it.

Den Mama beat me. Dat beating was worse dan di odders. It wasn't di pain a di beating, cause she beat me rough more time. Di reason dat beating was worse dan di odders is dat she should a never beat me at all.

'If . . . yuh did even lick him . . . yuh should never lick him so hard.' She hold on pon me and lap me cross her thigh, in di yard and spank me wid one slippers, 'A yuh cause di police fi come to me!' she say.

Everybody could see because she do it on di big bench by di verandah. Inside a me, me feel like me hate her. Me all start tink, 'Him should a kill her.' Me cry till me hoarse.

'Yuh a beat her fi dat and yuh could a dead? Yuh should a never do dat,' Tess said. Mr Burton come in lickle bit after di beating. When him see me a cry, him ask me why and me tell him. Mr Burton almost fight Mama. Him cuss and gwan bad. Miss Stella, who was di banker for Mama's pardner money, say, 'Me nah go give yuh yuh pardner draw weekend tru yuh beat di lickle gal!' Hell pop! Mama trace and cuss di whole a dem.

'Me haffi get me money weekend. None a oonoo no business wid me and me warra-warra claat pickney.'

Tess did more reason wid Mama. 'Yuh beat her fi dat and yuh could a dead.' She and Mama was good-good friend. After dem talk, Mama never tell me seh she sorry, but her action show me seh she sorry. She carry me to Ambassador Theatre di evening, which she never do before.

Di same two police come back a second time – to school. Dem drive in di school yard and call me from di water pipe where me did a drink water. Dem tell me seh di man no dead and him withdraw him statement. It seem as if when dem investigate, dem find out seh him and me madda live togedder. After di people in di yard give dem statement, dem see it couldn't be notten like weh him say. When di man see seh him wouldn't have no chance fi lock we up or notten, him withdraw him statement. Me was so glad.

Me wake up about five-thirty di morning. Dem time deh only one-one people get up. Miss Stella a get ready fi go a market. Di sun did just a come up. Me walk through di front door across di verandah and down di steps. Me only feel when someting clap a hell of a blow pon me foot. Me fall down and bawl out. Me hear Tess say, 'Yuh wicked Rass! Yuh come back come stone di lickle pickney!' Is dat mek me know seh a him. When me look me see him a go through di gate.

Immediately after me get di blow, di skin sink. It cut bad-bad. Tess go call Mama and Mr Forbes, one man who live next door and drive taxi. Dem carry me go a hospital. Di foot did break. Dem did cover it wid plaster of Paris, and cut out piece fi get di cut well. For two years me couldn't walk. Dat change me madda mind from every man. Me was eleven den. Me a thirty now and me never see Mama talk to a next man. None dat me know of. Neither live wid. Notten.

Notten happen to di left foot, but di bad one did swell so big dat when me mek fi walk it heng down, me couldn't walk, none at all. Me haffi siddung or lie down and keep it out straight. Any weh me go, dem haffi lift me up. No walking. Me couldn't touch it down no time at all.

Mama carry me up a me granny and lef me. She go back a town. Me just deh-deh wid me granny – me alone as pickney, for me bredda and sister dem did deh a town. Mama never reason wid me or notten. It come in to me like she feel seh me no have no use. She waan run up and down so she just go dump me pon me granny. A so me did feel.

Granny live in one place name Ham Walk, St Catherine. She tek good care a me. Every morning, she used to wake me up at five o' clock and carry me out. She used to say dat di fresh morning air good fi me. She put me under a big tangerine tree and she juice fresh orange juice fi me. She give me breakfast. She wash me clothes and do everyting fi me.

Granny have a good brain and she teach me. Is like me never really miss school too tough. Me did bright and she teach me all weh me never get in school. She used to recite some lickle memory gems dat she learn in school:

> Up the airy mountain
> Down the rushy glen
> We daren't go a-hunting
> For fear of little men.

Dat was me favourite. She used to dramatise it and tru she wear her one hundred slip and di frock cock off, it mek me laugh. She earn her living by sewing for di people in di district. She used to keep her machine in di hall, but inna dem time her eye sight never so good, so she did sew mostly wid her hand. She used to give me one or two tings to sew, but me used to prefer to watch her. Das what develop my love for sewing.

Me have a time when me just get miserable and couldn't communicate wid me Granny at all. Me would wake up and no talk. Notten weh she do could affect me. Das when di problems get hold a me in such a way dat me just get ignorant fi di whole day. A day might turn into weeks and di weeks might turn into a month. Me used to say to meself, 'Mama no like me. She turn her back pon me. If she did care bout me she would a tek me one day and say, "Barbara, di reason why me carry yuh back a country is because me no like see yuh and know seh is a man me used to deal wid mek dat happen to yuh." But she never say notten. Sometime, me no remember weh she look like, di way she tek long to come. Me used to cry whole heap over it.

'Maybe tru she nah work, she no have notten to bring come give yuh,' Granny used to say. She no waan me believe me madda hate me.

When me tek up back di book is like me no remember notten. Me Granny did have patience. She never get weary. She continue encourage me, for me haffi start over. Me always haffi start over and start over and start over. Sometime her church sister dem and odder family or neighbours used to come help her.

One day, when me go to Linstead Hospital di doctor tell me seh me might paralyse. Him tell me seh me fi get a wheel chair. Me say, 'No! Me no waan none!' Me did fraid me a go cripple. Me feel if me get di wheel chair, me wouldn't walk again. When me go home di day and a fuss meself over what di doctor say, Granny say, 'No worry yuhself. Is just because him waan yuh fi try harder wid di exercise.'

136

Me no know if a frighten dem did waan frighten me, but dat spur me on to do di exercise. One man did have a car and him carry me to and from Linstead for physiotherapy. Sometime me stay over in di hospital fi two or three days and exercise di leg. Me do some on di equipment and some me can do at home too. Dem put me fi lie down and raise di leg up and down, up and down. Dem bend di knees, rub di foot and wring di ankles. Me work very hard, for me did determined fi walk again. When di doctor dem praise me, it gimme someting to move forward to. Inna me brain me say, 'Me must walk. Me must,' and me keep trying hard.

On di bench, under di big tangerine tree, me lean pon me pillow, stretch out me foot and plan how me waan fi live. Me feel like seh me couldn't live wid no man at all. If me did know bout lesbian dem time deh, might be me wouldn't talk to no man, but me never know seh yuh have people like dat. Me decide seh me a go try mi best fi no depend pon no man and work fi help meself. Me say most a di woman weh live wid man, have it harder dan dem who no live wid none. Me decide me would prefer have smaddy come visit me. Dat way, if yuh even a talk to a man, him no see yuh so regular. When him do see yuh, him glad fi see yuh and yuh mek use a di lickle time yuh have. Me no waan nobody feel like seh God send him fi control me, and every minute him a lick me and a say, 'How me dinner no ready yet?' Me feel seh me nah go do notten fi no man more dan like if me have baby. Me decide seh if me have children, me would a try fi love dem and no do dem how me madda do me.

Me used to tink bout work too. Me say me would a be a police or a nurse. Me say, 'If me is a police, me would a get fi do a man anyting me waan do dem – like kill dem and put a gun pon dem.' Den again when me look and see how me grandmadda tek care a me and treat me good, me say me would a like do dem tings deh fi somebody. So, me always say me would a like be a nurse.

Me start writing when me small, but whole heap a writing do when me couldn't walk. One day me show di teacher from di district me poem. 'Barbara, yuh must write more,' she say. Odders read it and say dem sound good. Den when dem have a concert somebody pick out one a dem and recite it. It base up off a what did happen to me. Me could a never recite it meself. Anytime me recite it me cry, but me like hear it. Dem tings deh encourage me.

After a time hopping come in. Me start walk wid crutches and den wid a stick and me go back to school. Me do some JSC subject. Is me Granny, ole as she is, get di paper dem from di teacher and teach me everyting. Me pass five subjects.

During dis time, me meet Nadine faada. In spite of di fact dat me couldn't walk too good, him did like me. Him always come look fi me and we talk. Me no know if me did love him. Me more trust him fi somebody fi talk to. When me see di condition weh me into and realise is a good looking guy weh could a get anybody, me feel secure and safe. Him people dem could a afford two shilling and him could a give me any lickle present me want. All di same, tru me know seh is man, me still couldn't love him so good. Me still feel like seh him same one might lick me one day. So me keep me self kind a distant like.

When me get pregnant wid Nadine, yuh could still see seh someting go me foot. It did have a blueish ugly colour and di spot weh me get di lick did wrinkle up. Me did feel shame bout having di baby, like seh people a go say, 'How dat gal deh pregnant. Me never tink seh no man would a waan talk to her.' If me pass anybody and me see dem a look pon me, me say to meself, 'Dem mussy a say, "A who breed her and she have dat deh spot pon her foot?" ' If me pass and see two people weh me no know from Adam a talk dem own business and a laugh, me say, 'A me dem a laugh after.' Nadine faada always a tell me seh di lickle damage me get a no notten.

'Look how some people have one foot,' him a show me.

'Suppose a did yuh face? Look how yuh face cute. Dat cover all di rest.' Him tell me plenty dat cheer me up.

Di pregnancy a never someting me plan or choose. It just happen. Nadine born '71. After she born, me did just love her. Me always feel a tenderness inside me dat me no waan do notten fi hurt her. At di same time me no pet her till she spoil. Me no do dat. Me always careful weh me say. Me no waan dem have me up fi notten.

After me come back a Kingston, me find out seh all weh tek place affect me madda very bad. One time me say, 'Look how me skin pretty and clear and look pon dis krebeh-krebeh foot. Das why me nah figat bout all wah Sonner and Mama cause.' Lickle later, me sister come and tell me seh Mama over deh a cry.

Me go and ask her 'A wah?'

She say, 'Me hear weh yuh say lickle while.'

It affect her in a way dat she not even waan me tell nobody how it really happen. After dat, a boy and smaddy did a fight an him fling a stone. It was a small stone, but it bruise me same place pon di scar. Di doctor dem did always warn me dat me skin hard fi heal and so me must try not to get no more cut deh so. Mama go to di boy and tell him which part di stone ketch me. She tell him me did have a bad cut deh already and she wouldn't like notten happen to me foot again. Di boy start gwan like bad man. She just get vex and grab up a cutlass and chop off two a him finger. Might be if him never run she would a charge fi murder. From dat me realise seh me haffi stop talk about it mek she hear, for she feel guilty and might be me a hurt her more dan me might even imagine.

Nuff tings weh me plan seh me would a do dem time deh, me find myself a do. Me start do di nursing, but it never work out wid me. Di smell a di blood mek me feel sick and faint. Me never like it when di patient dat yuh mek friends wid dead pon yuh. After a time me stop do di course. Me did try di police force too, but after dem punish me fi someting weh me never do, me decide fi lef dat too. Me never like di way yuh haffi do what di higher heads say, whether yuh agree wid it or not.

After dat me get wutliss. Me did just give up and say me nah try notten again. Me no know weh fi go bodder wid. Me could a teach wid di JSC subject weh me have, but me no like teaching. Me not even know weh me did like again.

In 1976, me was living down in Whitfield Town. Inna dem time whole heap a gun battle did a gwan, especially leading up to di 1980 election. When me see how it affect Nadine, me start writing again. Di whole heap a violence mek me feel like me could a start over. It motivate me to describe di tings weh me see and tings weh happen round me and speak out against how it affect my life and my children's life. Me write bout di yard weh me live inna, bout how me couldn't get fi move noweh else, how we haffi run when di gunman dem move in pon we and how we haffi hide underneath bed, fi get way from di gun shots.

Inna dem time me get pregnant wid Sherianne, my last daughter and me write whole heap bout dat. Fi-her faada and me never inna such a good relationship and when me get pregnant him say him nah go own her. Me never bodder worry him bout notten again. Me go through di pregnancy by meself. Me say me alone will tek care a her. Me sew and me do higglering to survive. After she born, him did waan give her tings but me no tek notten from him. Me write one special poem bout all dat. It name, 'Won't go Without'.

Without a man,
I am a man's woman.
Without a husband,
I am a wife.
Without a father,
my children must grow.
Without life, our lives must go on.
Without hope, we're not hopeless.
Without education, we shall be educated.
Without food, we shall be fed.
Without a home we shall be sheltered.
Without a reality, we shall emerge
from captivity.
Without all we can stand tall, firm and strong
in what we believe in.
Forever we shall be without in this world that
we're living in
But, I am determined . . . I won't go without.

Me Own Two Hand

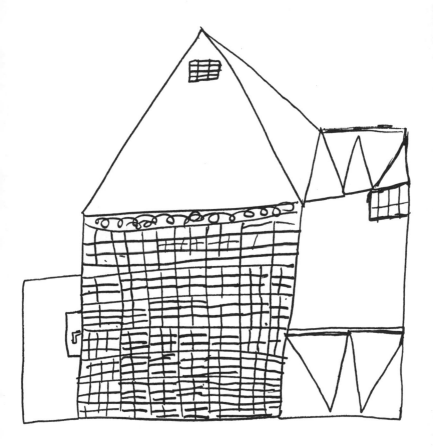

When ah was a child growing, ah used to like see when di people dem make up a lime kiln. Dem used to build up a big fire to melt di limestone. Di whole community used to gather round di fire to help. Di fire used to blaze all night. Di rock stone would melt. Den di people would use dat lime to mek up dem house.

In my country, as a child, ah learn to do plenty wid me own two hand. Ah used to help Mama to mek starch from cassava. On a Friday morning ah used to follow her go way down a Alligator Pond to buy cassava and help bag it. When ah reach Alligator Pond, ah used to siddung under a tree and look pon di canoe pon di sea. After we reap di cassava, we used to put it pon donkey and walk up. Sometime ah will carry lickle pon me head. At di yard we scrape and grate di cassava, wash it, strain it out and dry it. Den Mama sell it to di women who carry it to Coronation Market in town.

Odder women used to work in dem home, plaiting straw. Ah used to love to plait di straw too. Dere was a craft centre out on di main road and we used to carry di straw-work out deh to sell. Sixteen yards of straw only used to carry in about seven shillings, but ah still used to like do di craft work. Later on, ah learn to do embroidery at di craft centre.

Me aunty who we used to live wid, was one of di few women in Top Hill, St Elizabeth who used to work in di field. In St Elizabeth farming was man-work. A woman might have a lickle kitchen garden but das all. Me aunty never have a man, so she do all a di work fi herself. She have a big piece a place, where she used to raise pigs, fowls, and plant her field. We always used to have food inna di buttery – yam, corn, potato and peas. She don't sell dat food. We use it inna di house. Once a year, she sell di coffee from di coffee walk and di pimento. She tek all her earnings and support we. We never need much cash because we get material and

143

money from di family in foreign.

Me faada was living in England. Him used to send money for me to him bredda, me uncle, who live next door to we. Me uncle used to see dat ah get it. He was very good to me.

Me aunty never like we to mix wid we faada family. She never like we fi go down to me Granny, me faada-madda. She no waan we fi tek notten from Granny. Dat was because she never like black people. She and Mama were of mixed blood – Indian and white. Dem never even waan me know seh me have African in me. Dem tell me seh me people dem come from Cuba.

Before me aunty mix wid black people she siddung inna di kitchen by herself, smoke her pipe, drink her coffee and plait her straw. Or yuh might hear her singing round di yard. She never tell us why she hate black people. She only telling yuh, 'Same as' how dem black, a so dem heart black,' or 'Be careful of Manchester people because a black people dem and dem deal inna pure Obeah.' Mama never mek it so plain, but she was prejudice too. If she see me go next door to play wid one lickle black pickney name Lynn, she would start, 'Yuh no hear me say yuh fi stay inna yuh yard . . . Go read yuh book or go in yuh house go sleep, but lef people yard and lef people house.' She nah directly tell yuh seh yuh mustn't play wid di girl because she black, but yuh know she just a cover up.

We used to go next door and play wid dirty pot. Sometime we used to play hide-and-seek and dolly-house and pretend we a madda and faada. One day me was di maada. After we send di pickney go a school di boy who was playing di faada hold me down and have sex wid me. Me frighten. After him done, me jump up and run home. Me see plenty blood. After dat me never talk to him fi bout three weeks, for me did vex. It gwan, till me figat bout it and we start talk back again and hide and have sex.

In country, das what children used to do. Hide and have sex. It might happen when yuh madda send yuh go a shop or when yuh playing dolly-house or hide-and-seek. By di age of thirteen or fifteen most girls lose fi-dem virginity.

Dese were some of di tings dat took place in my life when ah used to like to be by myself. Ah used to climb a plum tree and sit up in di top and read me Bible and sing to meself. Ah used to watch people and cars passing and meditate. Sometime ah used to spread crocus bag under di mango tree and meditate. Ah felt ah was different from most people. People used to say me a go turn Balm woman like me grandfaada, walk wid me drum and keep meeting, but ah

144

always say ah want to be a nurse.

Me sister Rowan lef school. Mama send her to sewing class. She leave school to get married at seventeen and she have her first child at eighteen. Mama had to tek di first child from her because of how di faada treat her. If me sister want a money, she would have to go and meet him and tek it away from him or else him no come home wid none. Sometimes he used to beat her up. All inna di middle of di night, ah used to wake up and hear her bawling when she run come to Mama. In di end she had was to come back home and Mama support di child. Ah used to feel sorry for her. Ah did feel dat someting should a done when-time man beat woman. But as a child, ah never see any woman carry a man go get lock up for beating dem.

When ah was eleven, me teacher come down a di shop Mama was keeping. Him did waan me fi tek di scholarship. Him come talk to Mama bout it. Mama tell him, 'No, me nah do it. Me nah spend no more money pon gal pickney. Gal pickney just a go tek man inna grass head. Me no business wid dem.' She tink me did a go run way and married like Rowan. No care how teacher beg Mama fi mek me tek di exam she wouldn't allow it. Ah couldn't vex wid Mama. Ah haffi accept anyting dem tell me. Still ah feel very disappointed. Ah feel envious of di ones dat tek di exam.

After a time, Mama find out ah was having sex wid di boy ah used to play dolly-house wid. She never like him. She quarrel seh him black and no have notten. So me just stop talk to him. After dat, him start talk to me cousin, but him still feel hurted bout what Mama did do.

Ah was more interested in getting education. After ah leave primary school, ah go back a evening class. Ah did waan tek di first year Jamaica Local Examination. If yuh pass all three years yuh could become a teacher or a nurse. Ah was very hopeful of teking di exam. Ah see odder people do someting fi help demself and so ah start out in di class. Ah never tink bout di money fi finance book and pay fi lesson. Every evening, me and me cousin work on maths. Di time came when ah needed money to buy books. Ah went to Mama. Ah beg her fi help me fi buy dem. She could a did help me, but she tell me no. She wouldn't do it. Me did feel bad. Me had was to leave di class sake a Mama never help me. Me wipe di nursing out a me mind.

One day ah was at home when Gem, a friend from school days send and ask me to come and stay wid her baby and let her get fi go down a di shop. Ah was in two minds about going down deh. It was her bredda me used to have sex wid when we was playing dolly-house. Ah never wanted to meet him, but on di odder hand his sister was me friend and ah wanted to help her out.

'All right,' ah said. 'Soon come,' and ah tek time go down deh. Gem's yard was far from our house. It was into a bottom and bush and tree surround it.

'Gem,' ah say to her, 'Lock di door and carry way di key, for me no want yuh bredda fi come find me in yah.'

'Yes me will do dat fi yuh,' she say. Me go inside. It was a two room house. Me pass through di first room and go lie down in di room wid di baby. Dat time ah never know di bredda was behind di front door. After Gem lock di door and gone, me in deh a relax till ah see di door move. Him come out and face me.

'Wah yuh a do in yah?' ah ask. Him laugh. Dat time me a get up. Him come and hold me down pon di bed. Ah try to push him off me, but he was bigger and stronger dan me. Ah couldn't fight him any longer, so ah give up and let him do what him waan fi do. Ah didn't want him, but if yuh even mek up noise nobody couldn't hear. So, it just happen and it finish quick.

'Yuh pregnant now!' him say. 'What yuh going tell yuh madda?' Yuh belly a go big and baby a go come! Yuh cyaan tell yuh madda seh a me. Me and yuh no talk.' Ah went to di door. It was open. Ah just step out and go home.

After everyting was over and done wid ah realise seh a him and Gem mek up fi do it. Ah believe dem do it because when he used to send message to me ah didn't respond. Him did waan fi have sex wid me and das di only way him could a get it.

Most time, if any sickness, people used to go a who dem call a Bush Woman or Madda Woman, or Doctor Woman. Dey would go to di Manchester area to a woman dem call Blackie. She was not a Obeah woman. Di one dem call Obeah woman set evil pon yuh, but Blackie help yuh inna yuh sickness. She deal wid bush, give yuh tings fi drink, give yuh bath and better yuh. Mama suspect me, for me start get fat. One morning she decide seh she a carry me go a Blackie. We tek a eight o'clock bus to di yard. Is di first time me go a Bush Woman. It was a big yard wid red flags. Dere was one lickle hut wid thatch right round and a whole heap a flowers. We went

straight into di room like yuh going to doctor. Di woman say
Mama must stay and talk to her. One next woman carry me go out
a di hut fi go bathe me. She throw some heap a water inna one big
pan wid some bush dat dem boil. She say me fi throw farthing inna
it. She tek out di farthing and ah stand up in di pan. She sop me
down all over. Di water wasn't very cold. Me body never look so
different dat time. She give me one sop in me back and it sound in
me belly. Den she say 'Yuh pregnant.'

Me come out a di bath and put on me clothes. Me never say
notten. Me just keep quiet same way. It come in like me deh a di
moon. Me never react at all. It never bodder me, for me no know
notten. It never mean notten to me when me miss me period. Me
used to keep to meself, not even have no friend fi tell me notten. Me
maada never tell me bout sex or dose tings. Even Gem, di boy
sister, never tell me notten pertaining to pregnancy. Me know seh
she have baby. Me never hear her maada quarrel over it. Maybe
since dem say me pregnant, is di same ting. Me a go have baby too.
Nobody nah quarrel wid me. Me know seh me aunty try fi avoid
Mama having her kids, but it never occur to me to tink what dat
mean.

When me was coming back from di woman, Mama never say
notten. When she come home, she go to me aunty and she talk to
her. Ah never listen dem. A child couldn't listen big people when
dem talking. As far as dey were concerned, ah was a child. Like
how me do someting wrong now, me worse no come which part
dem deh. If yuh ears waan to listen yuh have fi try avoid hearing.
Me siddung to meself.

Dem talk. Den dem start quarrel over it. Dem a ask me who is di
pickney faada. Me no tell dem. Dem say me no worthwhile eating
dem food. Dem curse me. 'Old whore! Yuh see what yuh get
yuhself into!' Dem waan me fi work even more dan ever. Dem
ignore me. Dem say dem not giving me a cent to buy baby clothes.

When dem curse me, me leave and go down a me uncle yard,
where dem cyaan trouble me. Me tell him what happen and him say
me must come stay down by him a day time. So everyday me go
down deh and help his wife. Weekend time, him gimme a small
money.

Ah never tell a soul who di baby belongs to. Ah had it as a big
secret all di while. Ah never tell a soul. Me never want Mama fi go
kill me when she find out who it belong to. Me was afraid of her, so
me keep it to meself. Mama no beat. She no haffi curse yuh. Her

eye dem grey and when she look at yuh, yuh quail up inna yuhself. Miss Gertie, di boy's madda come and call me, 'Talk soft. If a fi-him, him will give yuh someting fi buy tings.' Only dem one mussy know seh a fi di boy it. A mussy Gem mek dem come fi know. Me never tell a soul. 'Me no want notten from him, Miss Gertie.' Gem would call to me anytime she see me:

'Talk,' she say.

'No,' me say. Dem a follow me up and down.

'Talk, man. We a go give yuh baby clothes and buy clothes fi yuh.'

Me keep silent or me say, 'Me no want notten from nobody.' Me bitter toward di boy and him family. Me never answer dem wid a willing heart. (Ah never know people would find out who di baby was for.)

Everyday me come and go a me uncle, but me trouble wid me head. Every morning me pass out. (Ah just could not see . . . di way di head hurt me.) Ah know di road so ah used to walk and go on straight a me uncle house. When me pass people, dem say, 'What happen?' But me just keep on going. Me bear me illness and no talk, for me no feel fi tell dem notten. Ah was fretting. One time, me say me a go jump inna di water tank which part me draw water.

A man name Grant used to come a di shop come drink. Big Man. Big car. Mama approve of him. She trust me fi talk to him for she did waan me fi have man wid car. One day, she send me a di yard fi someting and das di one time me and him have sex. Dat time me pregnant already, and him know. After dat, me and him did a talk gwan but not fi have sex again. People start say di baby a fi him. Mama used to wonder if a him me did pregnant for. Dem want me fi say a fi-him. Him say me must use him name fi di baby since me and him did a talk. At di time, me never mek up me mind.

Me start get so big me cyaan walk. Me waan baby clothes. Mama say me fi plait di plaiting and wid dat money buy flour bag fi mek napkin fi di baby. Dem gimme di hand machine and say, 'Tek dat mek di baby clothes fi yuhself.' Me uncle gimme five pounds from England. Me tek di five pounds and buy a grip and some more baby clothes and some nighties.

One day, ah went to di toilet and saw blood. Ah told me sister. She said 'Go and bathe.' Ah don't remember what happened after dat. People tell me fits tek me. Das when people find out who di baby belong to. Ah hear di boy start to fret. When him hear seh me have fits, him jump over me cousin who was sleeping wid him. Him start bawl. 'She a go dead now!' Das how dem find out seh a fi-him baby. When she born, she resemble him.

Two weeks later ah come back to myself. Ah was still very ill. Dem say di sickness cause from bad care when me pregnant and dat me almost dead. Ah couldn't walk by meself. Ah was weak and falling down. Dem put di baby on di bed and di baby mess up di bed. Ah was so weak ah just start to cry, because ah was fraid dem would quarrel wid me.

'Yuh haffi register di baby right away,' dem say. Me did sort a ignorant. Me no waan use di boy name. Grant was di only man Mama approve of. Me just use fi-him name instead. Me register her as Marie Grant. Me never consider how it would affect her. All now plenty people tink him a di faada. When ah went home ah never tell nobody di child name. Miss Gertie and Mama weren't talking.

Mama and me aunty accept di baby as dem grandchild. Dem nah go kill me again. Me aunty support dat lickle child and she and Mama wash di clothes, bathe her and love her. Me never look after her. Me only suck her for a while.

Marie favour her faada. Him start send money a di yard come give me. Me don't tek it, but Mama would a tek it and give it to me. Ah don't tek it because me cousin start gimme trouble. Long after, di boy still waan talk to me. Him inna me skin same way.

After di baby was one year old and she start to walk, di boy start study fi dentist so Mama approve of him now. Him start walk up and down after me and fool round me. Me cousin get vex. She come inna di house come look fi him. Dat time him not even dere sometimes. She still come bodder me. Me decide me a go lef di situation.

Me uncle did work at Alpart and him know people. Me tell him seh me a big woman now and him fi get work fi me a Mandeville. Him say him know a friend in Mandeville dat need smaddy fi come do domestic work. So me leave Marie wid Mama and me aunty and go a Mandeville go work – wash, cook, clean and live in. Di lady ah was working wid had a son name Foreman dat did like me off. He was a plumber. Me never interested in him. Him never good looking and me always like good looking people. Him ask me to married to him. Ah never know wah fi answer him. One day di lady come tell me, 'Yuh bredda come to yuh.' Me no have no bredda.

Me wonder a who. When me come out no di boy me see! Me no know how him find out where me work, but him start come a Mandeville same way. Everyweek him come up! All two time a week him come up deh. Him tek set. Me never like it. Me did waan get way from him, so me say, 'All right. Me will married and get rid of di boy.' Me did a look a easy way out. Me was hoping fi a saviour.

Me stop working wid di madda and me and Foreman move a one next house and start living togedder. Me tek Marie and have her wid me. Mama come stay wid me fi help get ready fi di wedding. One day ah was coming from his house when ah saw Sonia, a girl from my country standing up in di park in Mandeville. She say she come fi look for smaddy and night come down and ketch her. Ah tell her, 'Yuh better come spend di night at me house for it is too dangerous for woman to stand up out a street at late hours. Dem might rape yuh.' She follow me home. Di next day she say she waan fi stay fi di wedding. After about a week Mama say, 'Yvonne, dat man is along wid dat girl.'

'Mama, how yuh can say such a ting? Is not true,' ah said, for ah was still innocent at di time. It was true. Ah told Sonia she had to leave because Mama was down on me dat she must go. After she leave, ah told Foreman to marry Sonia, but he said no. Ah never feel like marrying again but di woman next door said, 'Gwan and done. Yuh gone too far to turn back.' So, me just married.

We rent a room which part me could stay and see everyting weh a gwan over me madda-in-law's house. Di two house dem was on a hill facing each odder. After ah had me second child for Foreman, ah found out he was still along wid di same Sonia. Him barefaced enough fi carry di woman a him madda house go live. She have a baby and him carry di baby feeding come a fi-me yard and me see. Now, ah never feel no way bout a man having more dan one woman so long as di man keep it to himself and support him family at home. But my husband! Him hardly gimme notten fi my two. Him no hardly come home no more. Mama haffi come up come stay wid me. She haffi go do days-work – wash odder people dirty clothes fi help me mind me pickney dem. Me aunty haffi send tings from country. Him no pay no rent. Him no pay no bill. Him say him nah work, but it never true, for me go a him work place and see him. Di money just never enough for two.

Ah was working at a restaurant. One day, when ah come home ah found di house ransack and me tings gone. Di people dem next door say, 'Yvonne dem bailiff yuh. Bailiff come and tek out stove, machine and dressing table fi di rent.' Ah was shock. Ah never know dat ah could do anyting to get back me tings so ah just tek it. In dem days, ah never tink and plan. Ah never know notten bout notten. If ah get a idea ah just jump and do it – just so, widout tinking.

One morning ah siddung inna di house and tek off di ring off a me finger. Ah use one file weh him got and start file di ring. Ah cut one side right in two. Ah couldn't get di odder side fi cut. It did tough fi file. Ah just break it and fling it over di garden. Ah never even go look back fi it.

A few days later, ah just step out wid one bed and one cabinet and a dining table. Ah put it pon me head lickle-lickle and carry it next door, which part me rent one room fi ten dollars. Ah never know which part di next rent a come from cause when everyting get pon toppa me nerves ah walk out lef me job too. Ah just do tings wid a mad spirit.

Ah say ah have me three pickney now and ah married. Dem time deh when yuh married, dem say yuh married fi life. Ah never expect fi me and him separate. Me depress and unhappy. Everyting just get confuse inna me brain. Me start mawga down and fret. Me feel seh me life mash up tru me never understand bout sex and man. Me never know what me could a do bout di problem. Me say is everyday problem. It cyaan change. Me grow in it. A so life hard. Me no chat to nobody more dan so. Me no know no odder woman fi talk to. Me never have no consideration. Me, like me unconscious.

One day Mama say, 'Mek we go home back a country.' We go. Mama start up back di shop. Ah was dere fi two months during which time him still wouldn't give me notten for di pickney dem. Ah carry him go a court. Still him wouldn't gimme notten. Hmm! Me say, 'No sir! Ah haffi try do someting fi meself and me pickney.' Ah pack up and lef di seven months pickney pon Mama and go a town fi fight it gwan.

Marie faada-bredda get a job fi me in a bar in town. After ah was working dere for a time, ah met Baldwin. Ah wasn't really looking anodder man, but ah couldn't manage on what ah was earning. He was walking after me for a whole month before we started to talk. Ah was staying wid me employer but ah had to find somewhere else. He said he would ask his madda to let me stay down by her house in Cassava Piece. Das how we started living together.

Cassava Piece is a ghetto area uptown, full a unemployed people. Di eight years ah live dere was di worst years a me life. Everybody come and puddung dem house pon a piece a lease land. You haffi get water from di person who yuh lease di land from. We used to get a piece a hose and stretch it from di land master home and put it into a drum at our house. If we no do dat, we no have no water.

Baldwin's sister couldn't get no place to rent. She had three children so she decided to bring dem up to Cassava Piece to di madda's yard. Heh-Heh! Is like fire get way in di whole yard! She drink di rum! She cuss di bad word! She carry in di man weh she deh wid. Dem fight. Dem gwan so bad dat di poor madda run way leave di yard and give dem. She was a Christian and she couldn't tek di contention no more. She prefer go do domestic work and live a people backyard.

Ah could never keep a cent in di house. Di two boy and di girl walk clear over di housetop and come in di house come tief weh dem want. Ah haffi zinc up everywhere. Nail up di door and window. Di sister cuss me. Say me tink me big shot. Say me fi go live inna Beverly Hills tru me read me book and me work. She depend pon what she call hustle. Beg one dollar, go out a bar go drink, chat or siddung a road side. Sometime she and dem will deh-deh fi days and no eat. Ah don't know how dem stand di hungry. When ah complain bout dem, di pickney dem cuss me.

Ah lef di bar work, because ah wanted a better job, but Baldwin send me to a school where ah could learn cashier work. Ah still couldn't get no work. Ah couldn't get no work at all. Finally, ah got work in a flower shop making wreaths. Di boss was miserable and out a order. Him facety. Him curse and talk hard to me all di while. Him waan yuh fi do a whole house a work and no pay yuh. Him was to pay me $15 a week. Sometime him owe me whole week and don't pay me.

A man who was supervising di Impact Programme at di time came dere and offered to help get me name on di list. Long after, ah began to work in di programme and tru dat ah came to be in Sistren.

When we form di group ah began to meet and talk wid odder women. Ah hear dem experience and ah hear dem view. We sit and talk we problem. We improvise and mek plays. After a time we

152

start draw pictures too. After doing dese creative work, we always discuss. Dat is how ah come to find out how and why certain tings happen in me life, how ah can work on di problems and how ah can make it better.

Ah get fi find out dat ah am gifted wid drawing and designing. Over di years we build up a silk-screen printing project. Ah started to make designs based up off a di country side of St Elizabeth and di way a life a di people dere. Ah start mek designs based up off a me own life, di lives of women sugar workers, domestic workers, old women and di teenage maddas. Now di main designer for Sistren prints is me.

One of di tings ah get conscious of is me personal life. Ah begin to tink about how ah would like to see me children grow and what ah would like to provide for dem. Di conditions at Cassava Piece was too bad to bring dem into it. Ah wanted somewhere for me and me four children to live. Das what ah wanted. Ah knew ah was gifted wid me hands. Baldwin is a carpenter. So ah set me heart on building a house!

Ah decide me mind fi save every cent weh me can, fi get out a Cassava Piece. Me no buy clothes more dan so; di two piece is sufficient fi me. No buy no heap a notten. Ah try eat weh me can get, for ah want to have me strength, but ah try save every money. Ah walk up and down, up and down looking for a piece a land to build di house. Ah get a lickle piece a place up di hills at Golden Spring. Ah lease it and tek whatsoever money ah can find and buy one hundred block.

A friend of Sistren tell me weh fi get board cheap. Ah go and buy some board, but ah couldn't afford plenty. After ah go dere a few time, ah meet a very good man who work dere. Ah make friend wid him and him help me to get some extra board. Sometime when me come out a di place and see di amount a board weh ah get fi lickle and notten, me wonder. When yuh come out tru di gate yuh haffi pass three guard. Dem stop yuh fi check di amount a board weh yuh have. One time me nearly wee-wee up meself when one a dem go check di amount a board in di truck. Me fret! When dem say, 'Come through di gate,' me clap me hand and say 'Jesus! Tank yuh!' for me no know how me would a manage if dem did ever stop me. Dem would a must lock me up. A so me get fi cut down pon di amount a money weh me spend fi board. If me never get it inna dem kind a way deh, me would a haffi spend three time di amount a money.

153

So, ah tek me two hands and ah start build. Baldwin help me do di building, but a me head it. Sometime when me and him quarrel, him no go. Ah haffi go meself, mix di mortar and put up di block. Ah haffi help meself and do di work. When me and him no quarrel, him go and structure di work and do it.

Di house is made of wood and concrete. It is not like one a dem lickle concrete box dat dem mek nowadays for poor people to live in. It is not big. So it fit right gainst di mountain side. It have plenty window to let in light and air. We plant up di land around it, so we have banana and odder fruit and vegetable.

Building di house mek me feel proud of meself for me never wait pon no man fi do it. If Baldwin say him cyaan do someting me find anodder way out, but me nah siddung a wait pon him. Me tek me own decision and me stick to it. Ah wouldn't look fi no man to save me again. Ah wouldn't married again, for dese kind of nowadays man are not di gentle or kind people ah could a guarantee fi spend me whole life wid. Baldwin and me have an understanding. Him know dat nowadays me tek me own initiative and depend pon meself and tru dat, him haffi respect me.

We move in and me get three a di children wid me, one-one. Up dere in di hills is almost like country and di environment is much better fi dem dan in town. Ah like to siddung and talk to dem, get dem conscious of certain problem dat dem can protect demself. Ah cyaan protect dem, but ah don't want dem to face di same problem as me and not conscious of it, dat dem might avoid it. Marie don't use Grant as her name now. Ah tell her who her faada is and she say she is Bent. Ah was trying to change it over for her – legally. We was separated for a long time and dat affect our relationship. Still me try me best fi siddung and talk to her and show her di difficulty of pregnancy and relationships wid men. Ah show her di part dat can be good too. She hear and understand, but she sort a stubborn. She want fi find out tings fi herself. She say she would a never mek me tell her wah fi do, like Mama do wid me. She would a never prevent a girl from keeping company wid a boy she love because of him colour or how much money him have. She say if she was me she would a call di faada name. It no mek no sense fi have sex as no secret.

154

Veteran by Veteran

From me small, nobody no tell me notten. Mama no waan we mix up inna no bangarang, so she grow we inna isolation. Me never expose to di world. Me go a school, yes – but me realise me learn slow and me dunce inna certain tings. Das why me no mek nobody force notten pon me. Me haffi tek me own time and find out fi meself. Di only way me could a get exposure is by mixing meself wid odder people. Me gather experience from dem, den me go one side and tink bout plenty tings dat puzzle me. Anyting at all me waan fi find out, me always consult me brain or siddung to meself and try. A so me get fi find out certain tings.

All through my small life and my living wid my madda, I always conscious a di bad living conditions. Mama poor and she haffi move all bout wid us. Sometime she live here. Sometime she live dere. Sometime we live in di worse parts. Das why I so well-beknown in di whole area.

I grew up in di area of King Avenue, di main road. On one side was Greenfield Town. On di odder side was Flowers Town. Further over behind Flowers Town was Rock City. I live in Rock City, Greenfield Town, in front of The People's Theatre and further up. Me also live near a standpipe beside di area dem call almshouse burying ground – later known as Ghost Town. I also live in Macca Land.

Dere was a lickle residential area around Tewan Crescent, Rock City. People dere used to live in good conditions. Dem plant up di place wid flowers. No noise round dere. No badness. If yuh cause any disturbance dere, di residents would call di police and complain to dem. So, if yuh is even a outlaw and yuh come a look a house dere, yuh haffi live up to dat standard of living. If we live in dat area, we live inna backroom.

Round by The People's Theatre and Love Lane, di living conditions were worst of all. People raise hog and fowl and let dem

157

go and dem mess up di place and it stink.

Brown's Lane lead round to Flowers Town area. Yuh find a mixed multitude living around dere. Yuh find people who cyaan afford fi pay rent. I hear dat place used to be woodland. It have whole heap a dildo macca. People who come from country and no have no money, might meet up over deh wid dem friend and decide fi capture a piece of land. If yuh no strong, yuh cyaan live in dem deh area. Yuh haffi strong fi defend yuh piece a capture land, and yuh house. If yuh have a man, yuh might siddung and say 'Well, bwoy, we no have noweh fi live and so it seem like seh we haffi go capture a piece of land.' Him capture di land, or if him have a friend, him and him friend talk and get togedder and capture it. If di people dem inna di capture land no like yuh, dem would beat yuh or tek set pon yuh till yuh leave di area, but if dat man is man enough to stand up and yuh stand up wid him, yuh might get through.

Sometime dem use box weh fridge come in or stereo or electric appliance dat come from abroad and mek dem house. Dem go down a wharf and buy it. Or if dem know anybody working down deh, dem ask fi di box. Dem used to use di thick cardboard too. After dem mek up di house, dem live in deh. Some dig pit toilet. Some don't dig no toilet. Dem use di bush. People who tink it necessary to have toilet will build and still haffi encounter wid di stinking scent from dem neighbour who no see it necessary fi build toilet or who cyaan bodder. Or me no know weh dem tink bout it. Some people no deal wid no toilet or notten. Everyting just one way fi dem. If yuh live mongst dem yuh haffi live wid di situation or leave. Sometime yuh cyaan leave, cause yuh no have noweh fi go, so yuh just haffi satta.

At each of dose squatter community, di government always put one standpipe and yuh go a di pipe fi catch water. If yuh is a Ranks living in di area, yuh can run a pipe from di standpipe to yuh yard. A Ranks is a person who advance in a sense more dan some – or dem might be from a family living dere a long time. Dem know dat dem can attach a piece of pipe and run it to dem house. If government ketch dem, is trouble, but dem know how fi do it – use night and do it. Later on di government decide to set up pipe inna di different people dem yard. When di bwoy children from dose areas start growing up, dem gang up and go pon di corner.

Mama used to want a house. She used to say, 'If yuh no go a di party branch meeting when it keep, and throw yuh dues and keep

158

yuh card up to date, yuh nah get notten from government.' Me used to tink government a some Big Ting; me never know seh a we di people select di government and put dem inna power. Me never know dat at all.

In dose time, when yuh live inna a house in dem areas – even though nobody own di land, man still collect rent. Some landlords very vicious. Some will wait fi dem money, but some a dem all waan lick yuh down. One a di first tings me always remember bout me madda is how she used to deal wid dose landlords. We was living in Greenfield Town and she owe a man some rent. Him come to her to collect di rent like him would a waan say, 'Gimme me rent or come out.' She no say notten at all. She just siddung at di doorway and a listen him. She did have one stone a cotch di door and her hand was inside resting pon di stone. Me siddung a watch her. Di man come and cuss her. Dat time me lickle but someting a boil up inna me like me would a want fi go lick di man. But to how she grow me, me cyaan do notten. If she and anybody even have anyting and she right, me cyaan say notten. Me haffi go siddung and screw up me face like me bad. Me a watch her and me see she siddung deh wid di stone and a weigh di stone inna her hand. After a time, me hear di man go way. She turn in di house and she say, 'Yuh lucky, when ah done wid yuh today, yuh wouldn't have a nose lef.'

Me say to meself, 'Is like di man wouldn't realise what would a tek place.' Di man see her quiet. Him might a believe him could come lick her and do anyting wid her. What a pity him wouldn't know seh she did done set up di stone deh and ready a wait pon him just fi him touch her.

Mama say she used to work hard inna Westmoreland, weh she come from. She tek all axe and fall tree when she young. Her madda die young and leave land fi share up mongst di family, but my madda never interested. She say she haffi fight life hard fi herself. So she leave and go pon her own.

For a long time Caribbean man no reliable. Breed woman and lef dem fi mind pickney. My madda no tek notten fi granted. As she see dem start fool demself, she just leave. My faada was a Cuban. She and him was going get married. Me no know wah happen, but she say she nah put out dat effort fi go through all dat extreme fi a man. She no bodder. She say she prefer go it alone for she never waan no man disadvantage we. So him deh-deh till him go a America and me no hear notten more bout him or from him. She

159

tell me some a him family down a Trelawny and me must write to dem, but me never mek no try.

In Kingston, she do office helper work and domestic work. If she stop work fi a period a time, she find someting else fi do. She keep fowl and she used to have a little shop. She have a kerosene pan and she used to bake toto into it and sell it to school children. She used to cut up coconut to mek drops and grater cake. She used to fry scaveech fish and sell it. She never work permanent, but she keep up same way.

Every morning, she tek us in morning prayer. She read a scripture and try fi encourage us wid di Bible. If she read bout Job, she would explain what happen in him life and show yuh certain example to say it happening right now. She read all a verse like –

'He mocketh at fear and is not affrighted neither turneth he back from the sword.'

She was never afraid. One night, we was coming down Seaview Avenue. A boy was following her. She always put we in front and she walk behind. She did have her Bible in a small bag and is like di bwoy did waan grab di bag. Me no know how she know, but when we reach near to di gully, she realise. She never look back. She just keep on walking and walking until suddenly, me just see she turn round and get in di spirit and start, 'dinky, dinky, ling tang-dang, titty ting-tang ting-tang-tang.' Me never fraid nor notten. Me just stand up still. From me see she gwan like dat, me realise. Anyting like dat she always get inna spirit same way. Plenty duppy did inna di area. Dem no bury di people within three days and so di spirit in dem strong.

One time, a landmissis in Macca Land run we out a di yard. 'Yuh a Obeah woman,' she tell Mama. 'Me no waan yuh in yah.' A dem kind a problem deh my madda always face.

When I was about fourteen, we move to a yard next door to di church. Me never like it for it did inna a lane. Dem time deh most tings like raping gwan inna lane. It did dark and inna a corner. When yuh deh-deh it come in like no future no deh fi yuh. My house did down a bottom cluster up wid di next one. Inna dat deh yard yuh no see people passing or people fi talk to like when yuh deh pon di main.

Dem time deh me never have no thought bout politics. Me never understand notten bout it.

A man name Mr Cave used to have an office on King Avenue.

160

Him did run as Councillor or Member of Parliament. Tru me never understand di politics, me no sure. Whole heap a children used to go to him office and sometime me follow me friend go out deh and listen di man dem talk politics.

Later on Mr Cave come round and talk to di people in di yard, and say dem must vote fi him. Me a say, 'Den wait! How him haffi beg di people dem fi vote fi him?'

Me hear di people dem a talk now and say time hard and di Member of Parliament (MP) who dem call Dutty Shut, nah help dem. One PNP woman used to live side a di yard and a JLP used to live a di next side. I used to hear di PNP one come out a morning time, when dem a wash and a spread di clothes pon zinc fi burn. She used to sing:

> Old clothes government
> A weh me do yuh?
> Me no waan no salt fish
> Me no waan no weevil flour.

Den di JLP one come out and find someting else fi sing and dem start throw word and dem sing and cuss all day.

JLP and PNP used to have meeting at Spanish Town Road and Ashley Road corner. Sometime PNP keep it tonight and next week JLP come. Me and Norma used to go out deh. We stand up and we listen to di two a dem.

Me used to like hear ole man Manley talk. Him used to say dat di JLP a fool di people by giving dem free cornmeal and weevil flour. 'Look at how many mothers need food for their children and can't buy it. The people need employment and education. The children must go to school.' All dem tings deh me used to support.

Di JLP always throw word. Dem used to domineer di people dem and mek dem feel like di government was part of di hierarchy fi di country. Weh di government own, di people mustn't trespass wid it.

One night, me see some guy a run up and down all bout. One uproar out a street and when me look me see one guy run come in di yard. Him run inna di bathroom. Me see a next set a guy run through di gate. One woman in di yard name Miss D. She say, 'Oonoo cyaan tan inna me yard, yuh know. What oonoo want in yah? Oonoo a leggo beast. Oonoo no come in yah!'

And dem a say, 'Madda, yuh see one bwoy run come in yah?'

'If yuh see anybody run inna dis yah yard, dem run go someweh else. Beg yuh come out a me yard!' And dem lef.

When me open di bathroom door and look in deh, me see di bwoy a tremble like leaf. One big stout guy, black, and me say, 'Rahtid! A wah dis?'

Me go out a street now. People group up all bout and a talk all different tings. Me listen dis. Me listen dat.

'A which part di bwoy come from?'

'A Dutty Shut bwoy.'

'A Cave bwoy.'

'A come dem come fi cut up di bwoy.' Di people dem go a dem bed a lock up tight inna dem house.

Den me realise seh a JLP and PNP a fight. What cause it, me no know, but a fight dem did a fight and a political fight dat. Inna my area, yuh no find no gun fighting dem time deh. Gun deh-deh lickle by lickle, but a mostly West Kingston di gun used to deh. All di while yuh hear bout West, Gold Street and East. But in my area dat was di first time me see a fight and a knife fight dat.

Inna dat same yard me have me first child, when I was fifteen. From me have Dennis and him reach bout two years old, Mama never mek fly blow pon him. She and me big sister start control him. After dat, me deh-deh lickle wid her till she start restrict me life. She no have it fi help me, but a strictly church she waan me deal wid. If me put on a shorts, she mek a big fuss over it. I couldn't go a di fence. So me start tink now how fi get over di situation.

Me never waan live wid no man. Mama used to warn me seh me no fi live wid no man. She used to be concerned bout how man ill-treat woman. Me used to see plenty example round di place and me never used to like it.

In those days, man was wholly and solely in control of di woman's life, body and everyting. If yuh no have no man or if yuh no married – yuh not a lady. Single woman dem used to call 'out-and-out'. Dem used to say, 'If yuh single, yuh a wanton. Yuh a warrior.' Dat was di system. If a man lick yuh and yuh decide fi lick him back, dem call yuh 'man-royal'. If yuh sell out yuh tings and go live wid a man, lickle after di man could a put yuh out wid a Grace paper bag. So me ribbit dem tings in me head and decide seh me alone a go battle it, and me tek a room in di same yard by meself.

Sometime when di rent woman come, me no have it fi give her. One Sunday morning, she come. She was a jet black woman wid a wig, name Mistress Miller. Di yard was big and she start collect

162

from up di top and come down. Me realise me never have no money fi give her so me hide under di bed tink me safe. When she done, she come down. Dennis was about four. Him siddung a di doorway a play.

'Weh yuh madda deh?' she say.

Di pickney just point and say, 'See him under di bed deh, maam.'

She pitch open di door, 'Come out! Gimme me money!'

Me tek me time and come out. A piece of cloth did under di bed and me hold it, like me did a shine under deh. Me tell her me no have di rent.

'Come bwoy!' she say to one a di man dat come wid her. 'Come bwoy! Tek out di key deh, bwoy.'

Me no say a ting. Di bwoy tek out di key, and dem go way. Me and di bwoy used to talk good, so when dem walk off lickle bit, him mussy tell her fi cool and lickle later him carry back di key come gimme.

Di next Sunday, me inna di kitchen a cook while Dennis siddung a di doorway. Him sight Mistress Miller a come. Him run come hold on pon me frocktail and shake it.

'Vet, Vet, Mistress Miller a come! Go under di bed!'

When some man tek set pon yuh, sometime yuh no even know yuh right foot from yuh left. A so it did go wid me and Psycho, me last baby-faada. Him get him name from di psychedelic lights at one disco name Psychedelic Shack. A mussy tru him was a sweet bwoy and di two a we did young, mek him no ready fi no responsibility. Him used to say to me seh, 'When yuh done wid me yuh graduate from college.' Still, after a while, when me show him certain tings him come right round. If a never certain worries, might be we'd a mek it. Him did irie still.

When me get pregnant fi him di first time, me was working in one garment factory. Dem time deh dem never have no maternity leave nor notten, so when me start get big, me had was to leave di job. Dat time me hardly used to see him and when me see him a pure bangarang. When me see seh me couldn't pay di rent me had was to pack me tings and go stay wid me friend fi three months.

After di baby born, me hear bout a place on Harris Street and me move in. Dat deh landmissis name Miss Ford. She was a red skin woman wid tall hair. Me say di woman deadly. She have all one deformed pickney and she mek up dog house and put her in deh. She go round all bout Kingston go trust furniture. Every evening she stand up out a di gate and fold her arms cross her chest. She have two bandy leg and dem stick out like fowl foot. One afternoon, some bailiff man fi one a di furniture store come to her.

'Yuh know one woman in deh name Pearlette Ford?'

She look pon dem and say, 'What yuh want wid dat deh gal deh now?'

Dat time a she same one di man come to. Di man tek out di paper now to show her, cause tru she have di red skin and di tall hair, him believe seh she have it over him. Him explain seh dem come fi seize tings if dem no get di money.

'Lawd Massa!' she say, 'dat deh tiefin gal? A beat we haffi beat her and run her out a di yard, di way how she tief.' And she start call down all who live inna di yard fi backative. 'Oonoo come yah, come listen how much money di tiefin gal owe! Oonoo come listen how di tiefin gal rob up di people dem furniture!'

'Den yuh know which part him live?' di man say.

'No sah! From him lef yah me no see him. Him mussy gone back a him mountain weh him come from gone live.'

And dem believe it, for she is so relax when she present it, dat dem look pon di red skin and say, 'Red skin people a official honest people.' After dem gone, she move off and say, 'Look how much people money oonoo rob, and a come yah come say oonoo a bailiff.'

First time, when we see all dem tings we could a only discuss di situation mongst weself. She did have a strong influence pon all di bwoy dem pon di corner. If we say notten, she will mek sure get one a dem or her bad son put we out.

After a time, me get fi find out seh a ginnalship she use and get di place. Di yard never belong to her. A she capture di place from smaddy. How me get fi realise is tru lickle leakings from one di son. Him nah work and him waan money from her all di while. She always a say she no have no money. One day me hear him say, 'Yuh no waan give man money, but yuh a collect rent and a no fi yuh place.'

'Gwan,' she say, 'Ah bet yuh ah set di police pon yuh tail tonight.' She just tell him dat tru him leggo di secret.

We get fi know now, seh she a live pon di land but she no pay no taxes, no water rate or light bill. When dem come fi cut off di light, she just say to di tenant dem, 'All right. Low dem mek dem cut it off.' As dem gone, she get one man fi connect it back. When dem lock off di water, she have one long iron she use and turn it on back.

After a time, she move from deh. She did rob a piece of land from her sister and she build up one big rahtid place up deh and she move up deh go live. Dat time, when she gone, a yuh haffi find ways of getting water and light, cause she no business again. She used to send her daughter and her son come collect rent.

A deh-so now me start manifest my strength. Me decide seh me nah pay no rent. A did mostly woman live in deh. Me tell dem wah me decide and dem start say, 'A true! No pay no rent for she too wicked. Mek she gwan!'

Lickle by lickle we all stop pay rent. When di son and daughter come, we run dem. We did all plan fi beat dem one a di time, but dem mussy see seh dem couldn't win and dem stop come. Me feel good seh me defeat her inna her ginnalship.

At dat time, me mek up me mind seh me want me own house. Me never feel secure in di environment. Me did tired a di tenement system and di landmissis system. Psycho was working in a office, and him could a get a good place, but him no tek no interest. Him deh-deh a look bout farm work scheme. Inna dem time deh dem start rebuild di whole of Rock City. Some nice lickle housing scheme. Look good. Like me madda before me, me did waan someweh decent fi rest.

It happen dat inna Harris Street me begin to get a better understanding of politics. When '72 election a run, dis woman come round and start to talk to di people. She present herself and say, 'Yuh must vote for me.' She name Miss T. Den now, dis odder man, Poppa C used to go round too, fi di odder party. Yuh would see him dis week. Next week yuh see Miss T.

When she come a my yard, me did have Winji, a young baby. She say, 'Wah happen Star Girl?' She did have nuff hair, but it never process wid notten. It did inna a cotta like. Me say, 'Notten.'

'Me a run fi election,' she say. 'Yuh must vote fi me, yuh hear?'

'Lady, a di first vote me going to mek and me a beg yuh when yuh win, if yuh win, fi gimme a work, for me not working.'

She say to a man who did deh-deh, 'David, yuh hear dat? Anyting come up, yuh remember her.' And she go way.

Well, Election Day come and me say to me two friend, 'Come mek we go out a di polling station go vote fi PNP. Dat was Miss T party. When we reach, one girl name Lorraine deh-deh, siddung inna di gateway. She was an outdoor agent. She tick off di names a di people dem who come fi vote. After a while, me realise seh she have a certain amount of people pon di list, and she haffi get dem fi vote before di poll close five o'clock. Dem suppose fi have a runner fi call out di people dem, but she never have none, so she send we fi go call di people. When di polling station close, me see dem come fi di box. Me never hear no war. It was peaceful and quiet.

After di count, dem say Michael Manley a di new Prime Minister of Jamaica. Fi bout a week straight everybody a say, 'Power! Power! Power to di people!' All di police and di soldier man dem a bawl fi power. Everybody a talk bout Michael Manley and dem a say, 'Bwoy, it look like him come fi save we!' Me just a listen dem and a go bout me business same way, for me never inna no political group, never go a no political meeting away from if dem have mass rally outside me might walk go deh go listen.

One Sunday evening, me was at home and a man come ask fi me. Him say Monday morning me must come up a Moore Street top, for dem a give out work. Me say to meself, 'Dem keep dem promise.'

Di morning me go up deh and me start work inna di Crash Programme. Dat work mek a big difference to me life. Me used to work hard and me never used to check it as no dirty work. We haffi tek a shovel and shovel out di gully. It did have all dead puss and dead dog a turn sour in deh. Some a di people weh live roun di area start call we scavenger. 'Only scavenger work inna gully,' dem say. Dem start talk hard bout Manley. One morning when me come a work, me see a dead duck in di gully wid pepper and scallion and thyme. Me start realise now seh me caught up inna di power struggle a di two-party system. Me a do di Crashie and, although plenty Labourite a do it too, dem a watch we. Poppa C have him bad man inna di area and dem might a brand me. Me realise me haffi slink slow.

Di price a milk raise. A woman name Pauline who was living in di yard go out a street fi go buy some. She buck up pon a whole heap a people down di shop. All a dem a cuss bout di milk price. She stand up deh and tek in everyting dem a say. Den she come inna di yard come empty it out like garbage and a quarrel. 'Manley nah gwan wid notten! All him do is raise up everyting. Him waan dem run him out a weh him deh. Look how much milk gone up to!' Tru she ignorant di people inna di shop spin her round and fool her up and mek her believe all kind a someting. Me just wait till she done talk. Den me say, 'A no di government own di milk factory. If di owner dem claim dem want a raise, di government haffi try

166

negotiate wid dem to di nearest price dem tink di people can afford, even when it still hard.' Den she quiet.

Dat was di beginning of di food shortage problem. Is true dat Manley give di poorer class a people a chance in life. Dem get more conscious through adult education. Some get housing. Opportunity open fi people fi start co-operative. Land distribute and di suffering of women start come to di forefront. But dat cause a itching in di exploiter skin. Manley no get out di reactionary dem. Dem get di chance fi sabotage him – fi hold back food and odder necessities from di people, to change di people mind from him. Dem start say Manley a communist. Him and Castro a friend. Dat cause all di uproar. Whatever it tek fi get him out, dem decide fi do it, wholeheartedly.

Dem start campaign fi '76 election. One day, me see Poppa C carry out one plastic bucket of mackerel and put it down out a street at di next door yard. Him tek up one a di mackerel and give it to whosoever want. Him have some bread inna di car back and him bruck it and give to di people. Me did a carry a pan a water from di next door yard for dem did lock off fi-we own again. When me see dem, ah feel like ah could just dash di water pon dem. But me realise me wouldn't live fi tell di story like how me a tell it now. So me just screw up me face, pass, puddung di water and stand up a me gate and watch dem. A young gal push her hand inna di car back. She did waan piece more a di bread. Dem stop her and say, 'No, leave those. Those are for the people in Lebanon.' And dem drive off. Me just sigh and go inside for me couldn't say notten.

Me go a shop one morning and me meet one a Poppa C bad man. 'One meeting a keep over Lebanon and everybody fi go. Yuh a go?'

'Me nah go. Yuh no see me foot?' me say, for Kevin – me son – did turn over some boiling water pon me foot and di doctor did haffi dress it.

'If yuh can go a shop, yuh must can go a meeting,' him say.

'But see yah! Den yuh nuh must expect me fi eat, bwoy?' me say and me walk off.

Lickle while later, me hear seh one girl go say to him, 'Poppa C better off dan me! Him belly full!' Who tell her fi say so? Dem tek a stick wid nail pon it and buss her ears.

Fire start to blaze. Me start to notice seh di gun dem get more prevalent. We gwan live, till di bwoy dem start kick off di door and come in a night time. Sometime di police used to follow dem in deh. Claim seh dem a search fi bike bwoy. One night di security helicopter weh used to go round all over Kingston wid di bright searchlight stand still over me yard all night. Claim seh dem a search fi warra-it, me no know. Di propeller blow off every dust off a di almond tree. Di morning when me come out, me could never believe a so di tree did green and pretty.

One deaf ears man did live inna di yard. Him could a tell yuh everyting weh did a gwan all night. One night him say, 'Me see di bwoy dem a go through wid dem long gun like soldier. Which part dem a go, me no know.' And so it gwan. In, den out. In, den out. And all night di dog just a bark.

One night, dem come in pon Rose, a woman who used to live deh wid her two lickle daughter and her two lickle son. Dem cut off her draws and rape her. Dem did waan carry way di little girl, but Rose bawl out and dem run. We start consider weh fi do.

Anytime yuh haffi live inna dem environment, yuh as an individual haffi fi decide how yuh going face di situation. Di way how yuh choose is di way yuh develop. Some get frustrated, some people fail, turn alcoholic, get used by odders, go mad or dead. It get out some people all kind a way. Fi survive yuh haffi pick sense out a nonsense. Dat is di beauty bout it and dat is what really help to mek me be a woman.

Some a di people move out a di yard. Di rest a we decide fi organise we self fi defend di place. Rose carry in three man, her bwoyfriend and her two cousin. We divide up di man and whatever woman no have no man, one a di cousin go deh go sleep. (Dat time Psycho did deh-deh but him was a coward. A nighttime if ah even hear someting and start bawl out, him tek him hand cover me mouth. So him never have no use. Me haffi plan me own strategy). Inna di night we dress up inna black and hide inna di yard. Sometime we no go a bed till daylight. Some go pon top a di housetop fi see which direction di bwoy a come from. Some go under di house. One night we was inside, but we nah sleep. Me hear 'Screek!' Me tek time peep through di window. Di moon did a shine and me see one bwoy stand up pon me verandah and me realise a Hyacinth window dem a work pon. As she bawl out, we fly di door dem and run out wid we machete. 'Tief! Tief!' we bawl out and we run dem down, but dem jump di fence and get way. Me hear when one a dem say, 'Yuh no see seh di people dem a set up fi chop we up.' And from dat dem never come back inna fi-we yard.

Inna di area, di gun dem still a bark and di fire still a blaze. More people start move. Everybody move out a di yard lef Pearlette and me. One girl say dem hear me come a Moore Street wid Miss T, fi point out Labourite. Dem come up a yard start beat up dem gum. Di bwoy dem pon di corner never believe her. One guy name Bigger run di gal and say, 'Gwan! A oonoo a mek decent people lef di area.' Lickle while later JLP keep a meeting and tell di bwoy dem no fi rob and rape because dem no waan di people fi run out a di area and nobody no lef deh fi vote fi dem. After dat tings cool down lickle. Me a slink slow and a pray hard fi get a house.

Me get a lickle board shack to rent on Bert Road, but it did come in like heaven to me for a socialist yard. Me start to pack up quietly, secretly. Dem time deh, yuh cyaan mek nobody know seh yuh a move.

Di day di truck come fi move me tings, Bigger come round and say, 'Wah happen? Yuh a move?'

Me say, 'Yeah.'

'Den let off a smalls, no!' Me let off a smalls and me move. Me hear when Pearlette ready fi move di one Bigger hold up di truck and rob it. Di week after dat, me hear dem kill him. Me did feel it for him, for him never trouble me.

Is like me jump out a frying pan and jump inna fire. Di yard weh me live belong to a ole time Labourite woman, and some a di same bwoy from which part me move used to come round deh come clown. Di woman granddaugher, Suzy, mix up wid di Labourite system and get involve wid one a di bwoy. After a while tings get hot and di time come fi separate di sheep from di goat. Couple sheep get killed and some haffi run way out a di goat territory. Suzy haffi run way tru dem say she a deal wid Labourite bwoy. One day, me inna di yard and me see a gang of youth a come.

'Who a harbour di Labourite dem in yah?'

Suzy grandmadda catch her fraid. 'But . . . but how di man dem a gwan so?' she a say.

Meantime di bwoy dem ready fi a search di yard.

Me just go up to dem and say, 'A so oonoo a turn people inna idiot? A socialist me a defend. Strictly socialist. If yuh a trouble notten inna dis yard yuh better ready fi deal wid anyting. Awo! For a must someting yuh a look.' And dem go way.

PNP win di election, but after dat incident me mek up me mind fi tek one a di government house for me couldn't tek di friction. Me friend dem encourage me. Me realise seh a me haffi go mek di move for Psycho nah tink bout no house fi we. Him did start do di farm work inna America dem time deh. Each time him come, him friend dem carry him way and dem go drink out him money.

One night me say to him, 'Me a go get one a di house di government a build. Me hear dem a build a scheme down a Palestine.'

'Wah do yuh!' him say. 'Yuh no see seh dat deh pon di border of Lebanon? Wah mek yuh no look someweh else?'

Him was a man like dis. Him never waan get himself mix up inna politics. Him no firm.

'How yuh cyaan get house someweh else and odder people get?' him ask me. 'Yuh no see seh a soon election time again?'

'Dem nah go rent no young gal dem place. Dem will rent yuh as Mr Gentleman though, so how comes yuh no get none?' me say and him shut up.

After dat, me no pay him no mind. Me gwan look bout di house. Him go back a America pon di farm work. One night him phone and say him long fi hear di pickney dem voice, me must mek dem phone him. Lickle while later him send and tell me him a go bruck di farmwork contract and stay in America lickle while. Me no hear notten from him again. Up to now, years later me no understand it, for him did love di pickney dem.

Dem say anytime yuh a move and truck or van or handcart bruck down part way, a bad luck. Yuh never live comfortable inna where yuh move to. Di truck bruck down wid me on di way to Palestine.

Di townhouse was pretty. It inna a yard weh yuh could a plant callaloo and peas. It have two bedroom upstairs. Downstairs is a living room, dining room and inside kitchen. A lovely bathroom did deh upstairs. But most a di time yuh couldn't stay inna di house. Yuh haffi stay low behind a wall outside for gunshot may come in pon yuh. Yuh see how it go? After yuh get a nice lickle house and a live up and plenty people all plant up dem garden, dem start up dem war. Is like di politicians no waan working class people fi live good for when dem have dem political differences is always inna di working class area dem fight it out. Working people area dem choose fi fight dem war.

Coming up to di '80 election tings get hot-hot. We who live pon di border haffi tink bout di enemy at all times. People in di community haffi deh pon di look-out day and night. Food shortage reach we. One drunken woman name Madda Pinnacle from down deh used to say, 'If yuh go a town and buy a pound a steak an put it inna plastic bag and walk wid it come up yah, dem say yuh a CIA' Di propaganda gainst di government spread so much dat all di people who used to live good, start fight dem one anodder. Dem spend di rest a dem time hiding from gunshot. Starman was one a dem man who used to fight gainst di war and di propaganda. Him used to love di youth and try see to it dat no fight never gwan in di area. We used to respect him for him used to stand up and defend di community.

Hard runnings. Some a me friend dem inna worries. Suppose yuh ever see how dem do Norma house! Dem mash up di window dem. Dem know which part she deh is a weak spot, for a pure woman deh-deh. One night she inna di house, she only hear when dem say, 'Socialist come out! Socialist come out come dead!' When she peep through one a di window she see three gal a come over di fence like snake wid some pickaxe stick. Dem start mash up di window dem. She haffi run inna di bathroom and lock up. She and di two lickle pickney. One woman from next door get way and jump through di fence and call di police and di police scare dem way.

She did luckier dan me. My house did nearer to di police station and dem tek dat fi dem main target. Every minute dem attack it. When dem start buss some shot, me haffi send di pickney dem up a one next friend yard, further from di border. She run carry dem up a her madda. We haffi lie down pon we belly like lizard, till di gunshot cool off.

One Sunday morning, me sweep up di place done and put on tea. Me go buy three egg from Saidie next door. As me hand her di dollar five cent, me hear di gunshot start buss. You waan see me hand a tremble wid di three egg in deh! Me haffi dash cross di street and run through one yard fi go up di road. Di bwoy dem from over Lebanon a come up back a we and we just a run and a bawl, 'Labourite a come! Labourite a come!' Some a run wid dem shoes inna dem hand. Some a roll and a bawl, for we not even know which part we a run to. Dem never stop till dem shoot up di place and dem kill one man weh live inna my street.

Di day of di election come. I was a outdoor agent. Di party car carry me go drop me down di road near di station. When me and my company believe seh police and soldier inna di station, not a police or soldier deh. Only di Labourite bwoy dem, me see a wield dem baton. Me whisper to me friend, 'Oonoo no see seh no police no in yah!'

171

Norma say 'Ee hee? Me a tek off me boot.' And she tek off her boot. 'Come mek we go round so, go jump a fence,' she say.

Me go outside go look. We couldn't go back down di road for when me look all me see a pure Labourite bwoy like sand wid all dem gun a block di road.

'Come inna dis! Rope inna dis!' dem a say.

A deh so now me start tremble. Me turn back in now to look fi me friend. Dem jump a fence and gone. A me one in deh. One a di Labourite gal, she come now and hold on pon di paper wid di people dem name who me haffi get fi vote. When dem come out and vote, me tick off dem name so nobody cyaan use dem name fi mek no bogus vote.

'Mek me see yuh paper,' di gal say.

Me say, 'Gal, just leggo off a my paper! No bodder inna no argument wid me!'

Di bwoy dem come up wid dem gun and start edge me. Me mek up me mind now and me say, 'God, I going through di door. If is a gunshot I going get inna me head, mek it fly one side.' I bolt through di door and when I reach partway I run. I see me friend dem a jump a fence and I say, 'Oonoo come!' When we reach di bottom and come out, dem turn on a machine gun, me a tell yuh . . . Is a good ting seh we did bolt or yuh would a only read bout me.

One morning, after di Deliverance, me wake up and hear seh police shoot Starman inna dance di night before. Me stand up out a me gate and one lickle bwoy deh side a me a tell me what happen. Me say to meself, 'If dem kill all a activist like Starman who supposed to safe, dat mean from yuh live down yah anyting can happen to anybody.' Di police know seh no bad man no live on my road, but still while we a talk one a dem turn di gun pon di little youth and say, 'Move yuh what's-it-nots-it.' Dem rain down gunshot pon him, dat we haffi run go inside quick-quick. When me see dat me say, 'Yes, Lawd. Might be dem all mek up dem mind fi kill out all di youth inna Palestine. Me haffi come out a here.'

Me nerves get shock. Me mind start fluctuate. Me start cry night and day. Me couldn't sleep. Me bawl go straight a di doctor for a so me haffi get rid a di pressure. When me look and consider how a me one and di pickney, when me member how Psycho go way lef everyting pon me one, me start fret worse. Me say me no waan come home one day and hear seh me son start fire gun or dem rape me daughter. Me pack up me two sinting dem inna two big barrel dat if anyting di first attack me get, me can draw di barrel and run. Me deh-deh no know what a clock a strike, till me borrow some money and me bredda help me fi find a house. Me run way lef me new brand house and go back inna di landmissis system.

Grandma's Estate

Banana

I am four years old: a child facing the southern horizon, standing back to the anger bouncing between the brown woman and the white man. The water is shallow enough to make bubbles that reflect like stars on the sand below. I am standing in the harbour with the blue mountains behind it.

The man is my father; the woman, my mother. He tried to take me away. He said we were going to Cuba on a sailboat. Mummy found out and came to the sea. She stopped his car. While they quarrelled, I paddled. Then she lifted me gently out of the water and we went home to Grandma's house.

He never came inside the house again after that. He came on Sundays only. We skipped over the wavy green tiles on the verandah or played in a sand pile under the mango tree. One day, he built a big castle out of the sand and told me he was going to London. He gave me '78' records – 'Little Darling' and 'Rip it up'. I kissed him on his prickly moustache and he went away and never came back.

The world it seemed was peopled by women. Grandma, aunts – like Belle (who they said was hiding there from her husband because he beat her) – Ivy, the cook and my mother, who it was plain to see knew everything there was to know on earth. Every afternoon I waited for my mother to come home from work. Sometimes she didn't come till after dark. Sometimes she didn't come till the next day. I would stand on the verandah ledge, holding on to the green pole that held up the awning, and watch all the cars go past on Hope Road. I thought she ought to be a teacher instead of a doctor. She said she couldn't because she had no patience and too many patients to look after. Often she went out in the middle of the night. I woke when the phone rang or sometimes I slept till the door slammed. Then I put my foot down from the bed

177

very carefully. Duppies and other nameless shapes lived under the bed. Even if the lights were on you had to be very careful or suddenly a hand or a slapping claw might suck you, feet first, into another world. I was always too quick or I simply confronted them when they weren't expecting it. If I looked suddenly, under the bed, they would up and disappear. Holding my pillow, I tip-toed through the passage into Grandma's room racing past the cupboard where Boogie man and Ole Hige lived, climbing high up past the monster-size Ananse that lived between the mahogany legs of her old-time bed and curl in the green blanket at the foot of her bed till morning.

If Mummy came home early, we sometimes went to London. It was in the corner of the verandah and you got there by swing. Mummy said it rained all the time in London. The sun never shone. We didn't see Daddy so we came back by umbrella.

One night I dreamed I went to London. It was very dark there. It was just like the corner of Hope Road where I lived. Kings House was there and the Chinee shop. The men that sat on the fence at the corner were there too.

Grandma, who was the person I saw most often, lived propped up on five or six pillows in an ex-four-poster bed which she had 'improved' by chopping off the carved posts. Often she had a piece of sewing by her side and *The Daily Gleaner* folded in four by her stockinged feet. On her bedside table, she displayed a collection of religious tracts, a small flask of brandy and a range of pills, bottles and mixtures. She suffered from an illness she called 'the bad feeling'. If you asked 'How you feeling, Grandma?' she usually replied, 'Ahh, me dear. One foot in the grave and one out. Ah feel mash up yuh see.' No one believed her. She came from West-moreland, a parish I was never allowed to visit, a place Mummy refused to go. When I asked why, Mummy only said, 'Because I hate it'.

So I would sit on Grandma's bed and try to get hold of the information I thought she must have. She preferred to talk about God or to leaf through the pages of her tattered backless Bible. If I timed my questions badly, her voice would change and she would deliver a long evangelical sermon and oblige me to pray to be more obedient each day.

One day a torn photograph fell out from between the pages of the Bible.

178

'Look at that! Ah find di snap of Mammee at last.'

'Give me,' I said, for Mammee was her mother and I had heard about her.

'Is di only one ah have. Yuh can only look at it. Come back here at once. Doan put yuh dirty finger marks on it.'

I held up the picture to the sunlight by the big sash window. An old black woman sat in front of a tiny house cotched up on stones. Her mouth, without teeth, scooped inward like a closed cave. Her hair was wiry, with huge steps in it, each ridge carefully running uninterruptedly around the entire head, a long dress with a pattern of flowers, hands which hung empty and limp-wristed from the arms of a worn rattan chair – a silver bangle round her wrist and a pair of old lace-up men's shoes.

'Was she a slave?'

'Don't be rude!' my grandmother said. 'Give me that picture at once!'

'What happen, Grandma?'

'Look how long slavery over,' she said, stitching and stitching the hem of my skirt. ('Take up a little bit of the top and a little bit of the bottom,' she always said.) I looked at the picture; it seemed very old. She had no other pictures like this. She had in fact no pictures, except one large one of my Uncle Dick and another of Jesus. It seemed natural that I should connect the picture to the only bit of history I had learned.

'No,' my grandmother was saying. 'She was not a slave.'

'Was her father a slave?'

'No, Ella.'

'Was her mother a slave?'

'No.'

'Was her father a slave?'

'No.'

'Was his mother a slave?'

'No.'

'How come, Gran?'

'They were poor, but they were *not* slaves, Ella.'

'Why?'

'They were not slaves.'

'What were they then?'

'Must Satan get into yuh dis morning,' she said.

'Tell me, no man,' I persisted – and finally . . .

'Her father was a freemason and an apothecary.'

'A what?'

'Yuh see? Now ah tell yuh and yuh doan even understand.' She turned over, sat up slowly in the bed and dangled her feet over the bed as if she was going to go.

'But what is it?' I followed her, my bare feet squeaking on the shining mahogany floor board. On the verandah she tried to escape me by lowering the large green awning against the evening sun.

'What is it?'

She dropped a phrase like a seed from the cracked brown pod of the leafless dry Woman's Tongue tree.

'Something like a secret society.'

'Oh.'

'But his wife was fair,' she added quickly. She never said white, black or coloured or Negro; always fair and dark. I followed her back to the bedroom. She decided to go on a little, not sure if she was doing the right thing.

'When she was to marry, Mammee said, everybody in the district wondered how come she could marry a man like that. His mother was a pure Negress.'

'How come?'

(pause)

'They were uncouth mountain people. He was not a slave,' she said. 'Now go take up your reading book.'

Mountain people. Who were they? I had never heard of anybody called a mountain person before. Every week a higgler from the hills came selling vegetables. Her skirts were just like Mammee's in the picture. I imagined Mammee riding to town on the back of a mule or donkey, her feet trailing in the dirt.

I packed leaves of croton and pimento into a basket I found in the kitchen. I twisted a piece of cloth into a cotta and put it on my head. I placed the basket on top of it and practised walking while balancing it on my head. Then I stepped off down the pathway arriving with my produce under Grandma's window. 'Lady, Lady, yuh want anyting to buy, maam?' I readjusted the basket, which proved difficult to control.

At first there was no answer, so I repeated, 'Lady, Lady, yuh want anyting to buy, maam?'

My grandmother pushed her head through the window.

'Ella! Come inside at once and put down that basket!'

I obeyed.

'What do you think you are doing, Miss?'

180

'Playing market woman, Grandma,' I said, not sure what I had done wrong.

'Never let me see you doing that again.'

'Why grandma?' I asked. 'What is wrong with market ladies?'

'Ladies? They are not ladies. They are women. Go and take a seat in your room.'

I wondered what the difference was between a woman and a lady. I began to think of all the females I could and theorise as to whether they were a woman or a lady. I wondered whether my mother was a woman or a lady. I wondered if Ivy was a woman or a lady. I knew that Mammee clearly was not a lady, since she was a mountain person. So I wondered if lady-like qualities were born in you, or if you learned them. I meditated for a long time about this.

If higglers were women and women were not so good as ladies, perhaps women were bad ladies. I'd heard Grandma say Mummy had brought disgrace on the family by carrying on with my father. I supposed my mother was a woman. But I really didn't know. I wondered if it had anything to do with colour or the way you spoke.

Grandma used to speak of people having good hair and bad hair. One day I asked her what bad hair was. She said it was what the ordinary people had. 'Oh,' I said, 'so good hair is what white people like you have.'

She laughed.

'Poor me, I'm not white.' She looked white to me. She was certainly whiter than Mummy and her black hair was long and straight like Ivy's. 'Uncle Dick is the only white one in the family. Your mother isn't white.' (I thought, 'How can that be, since Mummy and Uncle Dick have same mummy and same daddy?') 'You must remember,' she told me, 'you are not white; you only look white.'

I looked at myself in the mirror and scrutinised myself for a patch of dark skin under my arms or on the back of my legs. It was true that I had a lot of moles. Perhaps there had been an accident and the colour that should have been evenly spread out had condensed into little dots here and there. I peered at my nose – it was dead straight. My lips were thin. I compared my nose to other noses. I checked my hair – it was brown and long and soft. Yet I was not white. I concluded that white was not a colour.

181

In the photograph of my class clustered round the plump (bleached) blond teacher from England, there are only three children with dark skin. It was a very old-fashioned school. The moment you entered the gates you knew something was wrong because it was filled with the uneasy silence of terrorised children. The classroom was in an open shed behind Miss Butler's house. After the bell rang, we rattled off 'Our Father' and got down to the hours of spelling, dictation, addition, subtraction or multiplication. There was no poetry or stories. No music. No song and no games. We existed in fear of the possibility of a visit from Miss Butler. She was a tiny red-haired old lady with wire rimmed spectacles and a thin red hairnet that almost matched her hair. She always appeared unexpectedly in order to chastise the condemned among us who had written what she called 'Bosh' in her books. This was very easy because the books had a vast quantity of lines in them. There were lines you couldn't write above, lines you couldn't write below, lines you wrote between and lines you had to touch with some letters but not others. When she visited, the bosh-filled exercise books came flying through the room like uncharted missiles. They usually hit the innocent.

It was easy to go wrong with the children too, at Miss Butler's. You could, for instance, be caught and tortured as a spy by the gangs of older children who roamed the yard in break time. Once a gang of boys captured Daniel, an English boy, who was 'guilty of drawing pagodas and flowers' they said. They picked him up by his feet and his arms and swung him through a pile of dog mess one hundred times. Me and my friend Bridget Chang watched them from the back of the shed. We were angry, but we could only feel righteous for they were stronger in number and force than we were. We could do nothing about Daniel. After that, I hated Miss Butler's and missed my first school where the days had been filled with carnivals. Mummy said I had to stay there because everyone who did passed the scholarship.

One lunchtime I waited for hours by the school gate where they came to collect me. Nobody came. Bridget Chang's father came for her and then all the others gradually disappeared. Then there were three of us left. I watched nervously praying that I wouldn't be last. About fifteen minutes later, I was the only one sitting under the Lignum Vitae tree with my lunch pan. I watched the cars pass without stopping. The trees around me stood tall and still with a cold silence different from the silence of the terrified children. I walked tentatively down towards the gate and peeped out to see if Mummy was coming, but there was no sign of her.

Groups of primary school children ran past laughing and chattering in their blue and white uniforms. I watched them disappear around the corner by the clock tower at Halfway Tree. I wished I could walk out on the road like them and take the big silver and green bus, but it was forbidden and I had no money for the fare. I had only been in the bus a few times, always accompanied by someone. I thought it a superior mode of transportation because from it, you looked down on the cars and the people. I didn't mind the long wait at the bus stop because the road was like a magic procession to me. At home, I still spent hours swinging on the steel bar on the verandah and watching from a distance as it passed. Cartmen passed riding on drays filled with coal or bottles. The bread van clopped past early in the morning drawn by mules. Cows mingled with the traffic on their way to the pasture opposite. The fish man came by shouting 'Fee! Fee!' On Sundays, truckloads of Poco people passed beating tambourines and singing loudly. Sometimes I missed them, only running out on to the verandah as the music receded up Hope Road.

Now I watched the people on the road not knowing what to do. Grandma's house wasn't far away but I didn't know how to get there. The hours passed and still the world continued on the road, while I sat alone in the empty yard. I began to wonder if I was adopted.

I had thought this before and asked Mummy but she had denied it; maybe she was telling an untruth – she was so much darker than me. Perhaps I wasn't really hers and she had chosen this moment to abandon me. My stomach churned and my hands were clammy. It seemed to me the day would never end and I would sit in the empty garden alone beside the busy street forever.

Someone was clapping. I turned round and saw Miss Butler's helper calling me.

'Come, me love, come.' I ran to her crying now and put my face in her damp apron. 'What happen darling?' she said. 'Dem figat yuh? Never mind.' She took me into her kitchen smelling of kerosene oil and phoned my mother who had been called away to the hospital. A nurse came to pick me up and I went home.

I was twelve years old when Jamaica gained Independence. I knew nothing about the strike of 1938 or the birth of the political parties

183

and trade unions. Our West Indian history consisted of Spaniards and slavery. Inside drawing rooms, I gained a vague impression from overheard conversations that Norman Manley was a man of integrity who couldn't communicate with the masses, that Busta his cousin was a ginnal, that politics was not something one immersed oneself in totally if one was a truly decent member of society. Something about power corrupts and encourages violence.

I watched the Independence ceremony from the top of Beverly Hills, a new upper middle class suburb where my uncle now lived. We could hardly see the huge fireworks (one was called 'the waterfall') because someone's mansion jutted out obscuring the Stadium, where the ceremony was held. It was thought to be better to watch from the hill 'away from the crowds'.

To tell the truth, I wasn't much interested anyway. There was little incentive to be interested in the life around me. I had retreated from the splendid contradictions of my early childhood. At first, my fantasies were imitative of what I saw around me, but when this was not permitted, they altered gradually to imitate the life of Canada and America that I read about and longed for. I used to come home from school and change. I could hardly wait for my grandmother to disappear so that I could begin constructing my personal world. I married Elvis Presley and Richard Chamberlain most frequently, although occasionally I also married Ricky Nelson. I went to live with them in America, flying there after publicly renouncing my career as a movie star. I played all the roles in my fantasies, imitating the voices of the actors in the Australian soap operas like 'Portia faces life', 'Doctor Paul' or 'Life can be beautiful', which daily were broadcast on the radio. I measured my speech against their accents. My way of speaking seemed flat and cumbersome and so, in my scenarios of eternal romance, I did my best to imitate the English of Portia or Dr Paul. It was clear to me that real life was to be in a future world where people spoke like them and not like Grandma or Ivy.

At St Andrew High School for girls, my fantastic American future was balanced by a curriculum steeped in the British past. Looking back, I realise that our education attempted to inculcate in us the rationalism of the European intelligentsia. We were being equipped to become women who through intelligence and education have the right to take our place among the men who sit at the top of their professions. It was liberal in that it prepared us to

184

become women with work that would earn us financial independence and thence emancipation. There was nothing in our education which confronted the needs of the private world. We never spoke about class or about relations between men and women or about the world of rearing children, the aged and the ill. It implied that those women who inhabited the inferior world of the home were, if not stupid, certainly beneath us. Only in drama club, after school, where we improvised emotional and physical situations, was anything connected to our real lives. Our education did not unravel the veiled irrationality which had entwined our past history with unmentionable contradictions. We learned, at least equally, from the things the school left unsaid and from the relations and organisation of the school. Why else would all our seating arrangements be colour coded? The white girls sat together. So did the brown, the black middle class and the few black working class girls that had filtered through the Common Entrance exam.

In third form, they gave us *Jane Eyre* to read. It was the only piece of literature in which there was any mention of the Caribbean. It was also the only book by a woman which they had given us to read. We liked the bits about school and then we came upon the mad heiress from Spanish Town locked up in the attic. At first we giggled, knowing that it was Jane we were supposed to identify with and her quest for independence and dignity. Then we got to the part where this masterpiece of English Literature describes Bertha Mason as 'inferior, blue skinned...etc.' Someone was reading it out loud in the class as was the custom. Gradually the mumbling and whispering in the class room crescendoed into an open revolt with loud choruses of 'It's not fair, Miss!' Miss admitted it seemed unfair, but she went on to do nothing with that insight. I took the book home and finished it. It wasn't set for homework but I couldn't put it down. I skipped the part after the interrupted wedding scene, anxiously looking for a chapter, a paragraph or a sentence that might redeem the insane animal inferiority of the Caribbean. It was a woman's novel and I had liked so much of the earlier part, but I couldn't stomach the way I had been relegated to the attic. I felt betrayed. Dimly, a few pages in the novel had spoken to my life in a way which most of the nonsense we wasted our lives on at school did not. I remembered the contradictory conversations with my grandmother. The conflicts began struggling to come to the surface of my subconscious and be resolved. Bertha Mason forced me away from my fantasies for a moment and I vaguely glimpsed the possibility of a richer literature that revealed and illuminated the aspects of life that seemed covered forever in the unspoken.

'Why is it,' I asked my mother at dinner, 'so few Caribbean women have written books or painted pictures?' We were sitting round the mahogany table. Carmen had already served the vegetables from the left and then disappeared into the kitchen. You rang a silver bell or shouted (considered unladylike) if you wanted more. Mummy was quiet for a while, as if she couldn't think of an answer. She looked faintly embarrassed. Then she said, 'Because they don't have time. Bringing up children takes all their time.'

I couldn't see what bringing up children could have to do with it. I was fiercely proud of my mother who everyone described as 'clearly exceptional'. She had been island scholar and seemed to manage doctoring all right with the help of Ivy and Grandma and Carmen to look after the house. I couldn't imagine that writing was any harder than doctoring.

'It doesn't take up all your time.'

'No,' she said and paused. 'But there were other things I wanted to do.' Carmen came in with the tray. I helped myself to some more spinach.

'Like what?' I asked.

'Research. I wanted to do research.'

'Why didn't you?'

'I started, but to finish would have meant going back to England. I'd have had to leave you with Grandma. I decided against it.'

'What was it about?'

'Sickle cell anaemia.'

'Why don't you do it now?'

'It's a bit late for that now, dear. Anyway I think bringing up children is just as creative as writing books and doing research.' I swallowed my chicken and thought about it. As far as I could see, the rest of the world didn't agree with her that it was just as creative. I didn't know what sickle cell anaemia was, but I felt deeply disappointed as if an opportunity had been lost for the world. Mummy had always seemed to me to know everything, to have infinite power and freedom but now somehow like the woman in the attic it had been contained. She was limited and restricted too. I felt angry about it, but I wasn't sure who with. I couldn't

186

work it out so I stopped thinking about it when Carmen came in again in silence with the tray to clear the food away.

In front of my eyes the city had begun to change. The familiar wooden houses were burned down or knocked down. Where large pastures had been, concrete hot-houses multiplied. Wherever there was a gully, squatters improvised houses from cardboard and zinc.

My mother became ill from overwork and so we went to live with my uncle in Beverly Hills. The houses there were big and concrete with lots of grillwork. My uncle's was big and concrete and white with lots of grillwork. Mummy and me lived in the flat in it. Everyday driving up the hill we passed a gully at the bottom where people lived straddled by a huge billboard advertising Cola Cola. Now I overheard other conversations . . .

'. . . going to Miami for the weekend . . .'
'. . . building himself a private army . . .'
'. . . man to murder another . . . costs five shillings . . .'
'. . . raped in front of the children . . .'
'. . . guns . . .'

My uncle's house was guarded by several cross Alsatian dogs in case of a burglary. The house next door had been held up by masked gunmen and my aunt was afraid they would come to our house next. The men in the family began to carry guns. Once my cousin came to dinner and put his on the sideplate. Nobody mentioned it and we went on eating as if it wasn't there or was a piece of salad and couldn't kill people.

People in Beverly Hills began to erect more huge and elaborate grills around their windows. At night, I listened for the inevitable squeak or bang that might herald the coming of a burglar. The rest of the time I lived in a world of *Seventeen* magazines, Mills and Boon romances, hair rollers and continued fantasies of my movie star lovers.

My cousin Jennifer (three years older) and I were marooned at the top of the hill, absolutely dependent on our parents to take us to the few places we were allowed to go. I had been held up on the street so we were not allowed to walk down the hill. Only Carmen walked up and down it. Our limited freedom of movement was even more tightly curtailed now, in an effort to prevent us from facing the scourge of rape or teenage pregnancy which had visited itself on the family, to the great shame of Grandma – who seemed

187

to take it as a question of personal failure. I was bitterly resentful of my confinement.

I acquired a boyfriend at about fifteen. The relationship was carried on in lengthy telephone conversations in the afternoon before Mummy came home from work. Somebody at school smuggled notes to me from him. We danced at parties, caught glimpses of one another at a distance and met sneakily at matinees at the Carib. Once we met at the home of a friend who had a trusting mother. And we kissed.

Carmen was my confidante in this relationship. By now we were living in the old house with Grandma again and I was not even allowed to play music on the record player because it 'confused her brain'. Carmen was an ally who took messages from the boyfriend and told me about hers. She was the only working class person I knew. I would sit on the concrete steps of her sand-dashed board outroom and she would tell me about her Saturday dates. She was fat and on Saturdays she always wore a wig and miniskirt and high heels to meet him. She was very young but she had children who lived in St James with her mother. She felt no obligation to her former baby-fathers and cussed them because they didn't support their children. I had been taught in church that having children outside of marriage was wrong. I couldn't see anything wrong with Carmen; in fact I envied her what I thought was her sexual freedom. Inevitably, our conversations were interrupted by my grandmother shouting 'Carmen!'

'She no believe we should a get no time at all.' Carmen grumbled to me. She quarrelled plenty with Grandma. 'Don't hale at me, Maa! Doctor say I supposed to get some time before dinner.' I was on Carmen's side on this issue. Her apparent sexual freedom was undercut by her position as a domestic helper and her total responsibility for her children. She earned about four pounds a week and I wondered how she made it stretch.

These things were simply observed and stored. Nobody seemed to think they meant anything and so I thought my observations silly too. I absorbed the world around me like a sponge. I had no tools to make a pattern of my observations.

It was September and the first day of term after the 'O' level exams, which I passed. I walked across the dusty school yard late but laughing loudly – the privilege of a sixth former.

'We have a cute little guy teaching us history,' my friend Sharon told me. 'He's young and he wears corduroy pants and psychedelic ties.' There was only one other male teacher in the school, so the addition of a second man – especially a *young* man – filled us with excitement. Mr Phillips was a 'white' Jamaican with beady eyes, mousy hair and a tiny build. To tell the truth, his lectures on Tudor England were rather boring, but his comments before the lectures and at the end intrigued and sometimes shocked me. Once he spoke of a Rasta friend of his who had given him a gift of a painting. 'A Rasta man?' I thought looking outside and away from the class. I had heard they preached peace and love, but had no idea what that meant. Grandma was convinced that they were the souls of violence and if she saw one passing on the road, she vacated the verandah and locked the front door of her house. But Mr Phillips had Rasta friends. I envied him his freedom and his common sense.

When I turned my attention back to the class Mr Phillips had been lured into a current affairs lesson on the subject of 'peace, love or justice'. He was speaking about his experience in the peace movement in the United States, where he had been a student. He told us about the war in Vietnam and how the Americans had invaded on a pretext. He told us about the young people who had become conscientious objectors to the Vietnam war – and the importance of speaking up and demonstrating for what you wanted. He was a pacifist, he said, and justified it by quoting bits of Jesus' Sermon on the Mount. I had never thought of the Bible as having anything at all to do with real life. I had never met anyone who believed in something which was against the tacit acceptance of violence as part of a natural order of things – far less someone who was prepared to make personal sacrifices like going to jail for their ideas – as he said he had. The fact that he came from a similar background to mine suggested to me that there might be an alternative to the direction my life seemed fated to go in. Somebody passed the door of the classroom with a transistor radio. A rocksteady song cut through the old colonial wooden building. He leaned against the doorpost which framed the Lignum Vitae tree in the yard and asked, 'Are they telling us anything about our society?' I thought about the music we danced so automatically to at the policed parties of middle class children and ran the lyrics through my mind. 'Going down the road/with yuh pistol in yuh clothes/ Johnny yuh too bad / woo ooo . . .' (guncrime) '. . . 54/46 that's my number, pick it up Mr . . .'

189

(jail/police brutality). The songs peeled back the bandages covering the diseased skin of the society. Then I remembered another set of songs, those that abuse women for nagging or for not behaving according to the rules the men thought they ought to abide by. I wondered why lyrics that were so original and so immediate about one set of social injustices could be so blind to another. I mentioned this to Mr Phillips, but he changed the subject, adding that of course he thought girls ought to be concerned with more sterner stuff than home economics and the family.

A friend told me that Mr Phillips organised a kind of retreat for youth where there were discussions and debates about some of the things we had glimpses of in class. 'You're not allowed to tell what happens, because it will spoil it,' she said, looking as if she had some special knowledge. I wanted to go, badly. I could hardly wait to fill out the application.

On the Friday night, I went into a hostel with about forty other boys and girls from mixed class backgrounds. For the next forty eight hours we were bombarded with a theatrical arrangement of talks, film, songs, discussions, meditation and masses. There was little time for sleep. No wonder we 'changed' – though some of us only briefly.

At eleven o'clock, on the Saturday night, Mr Phillips entered to give his speech. It was called 'The Challenge'. He had disappeared earlier so that his entrance through the little 'inner' door at the top of the room was a surprise. He had dressed carefully in a pair of dark trousers, a white shirt and tie and dark glasses. I settled myself into a serious mood. This was the moment I'd heard so much about. I listened spellbound as his voice rose and fell with the design of a well rehearsed monologue. Here he used the parallelism of the Bible, there imagery or rhetorical questions. Here abuse, there statistics. Now he coaxed us, peppering the message with personal experience – . . . '100,000 unemployed in Kingston alone – one quarter the population . . . A young fourteen-year-old girl living in a room with ten others . . . repeatedly raped by her stepfather . . . take up the challenge of life in the breach – a life of taking risks and personal sacrifice – Jesus,' he said, 'was a true revolutionary because he preached love and the rule of love means a reversal of injustice in society.'

The preceding sixteen years of my life flashed through my tense consciousness as I listened. I was jerked suddenly from the pages of my *Seventeen* magazine, hair rollers and clandestine matinee meetings as I followed the others into the chapel to meditate in the silence which followed the loud climax of 'The Challenge'. There, in the chapel with the candles and the murmuring chorus of the community of youth, I thought I glimpsed an existence in which I was no longer at the mercy of imitation America.

As I stood there in the darkness listening to the soothing guitar strumming the hymns written in the language of pop culture, I began to feel part of a process that I could interfere in and act upon. I only feared that, imprisoned in my swimming pool existence, I wouldn't be able to.

After that, I became filled with new found glory. I cut myself off from my old bourgeois acquaintances. I had always found their parties and conversations tedious, but before I had tried desperately not to. Now there was no need to bother. I considered them trapped in a shallow, 'plastic' existence. Secretly, I think I was afraid that if I hung around with them I might be reabsorbed into their lives, so I steered clear of their parties and their friendship. I would only be friends with those who were also filled with new found glory. With them I threw myself into what I thought were the superior activities of Christian social action.

I went with my new friends to a youth camp at a primary school high up and deep in the mountains where a village spread out almost secretly in the crevices of the hills. We repaired the school and took a census of living conditions in the area. We walked up and down along the track covered with jagged stones investigating the grim living conditions, like the size of people's houses (one or two rooms and wooden), the number of people that lived in them (more than 5), the sanitary facilities, the protein content of 'their' diet, and the level of ignorance about 'basic needs'. Later on we joined in the daily life of the community, going to ground, or helping each other with the work activities. I found that weeding with a machete on a steep slope was highly skilled work and much too hard for me to master. My hands were too soft; it pained me to squat over the ground for more than five minutes. We broke stone with the women on the road side and I learned that the chips flew into your eyes or cut you if you weren't careful. After a day of that, my hands were blistered. The hands of the country women were as strong and as rough as the bark of trees.

In the evenings, the farmers gathered to discuss the everlasting problems of marketing and land room and unemployment. The meetings were always contentious. The men of the district were articulate and adamant about their problems, but the women were quiet if they came out at all. Yet from what I could see, they were farmers too, as well as housekeepers and mothers. In fact, generally speaking, even the young women in our group didn't speak much during discussions. That included me too. On the other hand, I noticed that when we distributed flour and bulgar from the big bags marked 'A GIFT FROM THE PEOPLE OF THE UNITED STATES OF AMERICA', many women were quarrelsome about their share and militant about the manner in which the distribution took place. I couldn't understand this contradictory behaviour, so again I forgot about it.

I traipsed about to the people's churches and to nine nights and forty nights where we played and sung an inexhaustible range of songs commenting on the history of the area and played ring games. In a favourite one, a ring was strung on a rope and smuggled round a circle of hands holding the rope. If you reached for the ring and missed, you got a beating with a belt from someone in the centre of the circle. The beating was very hard. It was an endurance test and an image of slavery in one. Sometimes people would pad themselves with newspaper to be able to 'tek di hot licks'. When they were discovered, they were ridiculed, the paper was taken away and (if the group could catch them, for they always fled) they were beaten again.

I never volunteered to play but I loved to watch the forty nights, struck by the creativity and humour of the people which had all the time been there, but hidden by . . . by . . . I wasn't sure what.

I suppose that whole experience must have grown out of the first stirrings of so-called liberation theology. Looking back, it seems moralistic, and saturated with paternalistic evangelism. Sex, for instance, was never discussed – neither the act nor the relations which it gave rise to, probably because many of the people who led the camp were priests and doubtless threatened by that whole area of life. Women who lacked confidence rarely overcame their insecurities. In true Christian style, we were taught to ascribe blame to people whose lives had been shaped by social structures they neither understood nor controlled. Instead of helping them to understand the material forces that created those structures, it made them feel guilty. It glorified the poor because they had suffered and suffering was supposed to be Christian. It ignored what they really were and their struggles. Still, in the sixties in our society, it gave me an important chance for some discussion, exposure and activity.

My mother didn't much approve of the whole thing, although she didn't stop me. Intellectually, she was liberal enough because of her professional exposure, but she was rigidly class bound and didn't care much for the idea of me wandering through the country side with the peasantry and the working class. In addition, she seemed jealous of the activities which took me away from the dinner time conversations with her. I had become as critical of my family as I was of my friends. As my grandmother grew older, my mother's domestic responsibilities as an only daughter increased. Her success in her work and her rationalism and intelligence cut no ice where this was concerned. It was 'naturally' assumed to be her task. Her brothers gave money and advice. Her life became more and more restricted.

I was sitting beside my grandmother on her old double bed. She suddenly put down *The Gleaner* and said,

'Ah dream yuh married to a Bongo man.'

'Here we go again,' I thought, biting my fingernails and hoping I could find an excuse to escape soon.

'Ah doan like how yuh going on. Instead of looking up yuh looking down. If yuh marry to one of those boys yuh will go right back . . . right back . . .'

'Back to what?' I asked impatiently.

'All my life,' she said taking a tiny sip of the brandy she still kept in a small flask by the radio (it was supposed to ward off the 'bad feeling' which, still undiagnosed, plagued her), 'ah try my best to be a respectable person. A lady. Ah had ambition. Ah look up. Yuh doan know what I go through to reach where I am today . . . so nobody can't say ah not a respectable person. And now yuh come and yuh just want to throw it away. I tell yuh ah could hardly sleep last night when ah see the people yuh come in with.'

I shut up. It was useless to try to escape. I decided to sit out the lecture.

'That's why ah marry yuh grandfather. Not because ah love him. (Never tell a man yuh love him – he will walk right over yuh.) Ah married him for protection because ah never want what happen to Mammee to happen to me. Ah doan know how Mammee could do a thing like that. To this day ah hate di word. Ahh Ella! Yuh doan know what ah go through.'

'Do a thing like what?' I asked confused. To my surprise, her body suddenly became convulsed with sobs. 'Never mind Grandma.' I felt sorry for her, though I didn't know the cause of her tears. 'Never mind.' I stroked her black hair but she cried all the more.

'That word . . . Ummngh . . .,' she groaned.

'What word . . . ?'

'Give me the brandy let me wet me tongue.' She screwed up her seventy-five-year-old face into a twisted miserable scowl. I was in great suspense. I knew I was about to hear what I should have heard ten years ago about Mammee . . . 'Bastard!' she spat out, 'Bastard!' I was afraid. I didn't want to bring on the bad feeling. 'Ah never knew my father.' She was still crying.

'That's all right,' I thought, 'I didn't know mine either.'

'At least ah only met him . . . once.' Pause. 'He was a planter. A white man. They always marry English women, but Mammee was his . . . housekeeper.' (Gone the higgler fantasy.)

'It seems,' my uncle at the dining table was saying, 'that Mammee married a drunk, the son of a Scottish missionary. According to her, he was so wicked he stole the wedding ring off her finger the first night they were married and pawned it to buy rum. Anyway, after a time, he trampled all over her crockery with his mule and . . .'

'He what . . . ?' I interrupted.

'He rode the mule into the house and smashed up her things and then he disappeared leaving Mammee with the children. I think she had three . . . (later one disappeared in one of those Latin American revolutions and nobody knew what happened to him). Anyway Mammee had to look after them. So she went up to the Great House to work for this man Morris, the planter. A few years later, the drunken husband – his name was Campbell – reappeared and found Mammee with this young baby. Well, Sav-la-mar is a small town. It wasn't hard to find out who the father was.' My uncle helped himself to more coffee.

'Now under British law at the time, a man could sue another man for damages to his property if he had committed adultery with his wife. So Campbell, of course, took the opportunity to make a little money out of the whole thing. He threatened Morris with a lawsuit.

194

Morris had lots of other illegitimate children. He didn't want a repeat, and so he settled the whole thing out of court. I think it was about £3,000. A lot of money at the time anyway. Campbell pocketed it and then disappeared again. The next time Mammee went to Morris for help, he said he was sorry he couldn't do any more. He'd given all he could to her husband and that was that. Mammee was so ashamed, she became a bit of a recluse. She took out her teeth and withdrew into her home.'

I handed her the brandy flask. 'The headmaster was my father's nephew, but ah didn't know. Ah was filling out the exam form . . . and ah put my father's name . . . ah didn't use it. Never used it . . . but ah put it then because ah was little and foolish and the exam form had to go away. Ah didn't know it was something wrong. And he came and took it and when he saw it . . . in front of the whole class . . . he said, "This can't be your father!" And I said "Yes it is." And he said "Are you saying that you're a bastard? We don't have bastards in this school." '

My mother was saying, 'I don't know what she knew or what she didn't know. Mammee kept her very sheltered because she was so ashamed. She must have told you the story of how she met him, the father. She's so proud of it. Her single act of rebellion. When she was getting married she arranged with the clerk at Morris' bank to hide her upstairs. He had to pass the father a note asking him to meet her secretly upstairs. She hid, worrying he wouldn't come. Then finally she heard him coming up the stairs. He came in, took her on his knee and said, "So you're getting married!" and gave her five pounds – then he left.'
   'That's all?'
   'That's all.'

'Never mind Grandma,' I said again, uselessly.
   'Ah couldn't go back after that. Ah never got to take the exam, ah never got to finish my schooling.' Pause while she cried quietly and I patted her. Deep breath and . . .
   'So, ah made up my mind ah would never let a thing like that happen to me. Never. And praise God it never has. Ah never knew my father but ah wanted him to be proud a me and ah never did a thing to make anybody say ah wasn't a respectable woman. But now yuh come and yuh want to go right back . . . Ah doan

195

know how Mammee could have done a thing like that. Ah doan know . . .'

The sun was going down and the heavy cloud turning to magenta as I leaned against the iron railing on the balcony and looked out at the mountains. The phrase 'How could Mammee have done a thing like that?' kept echoing in my mind. How could Grandma talk like that about her own birth? How could she blame all that had gone wrong on her mother? I wondered. The depth of her self-hatred shook me. She had spent her life struggling for the approval of her father and that of his class. There was something pathetic about a seventy-five-year-old woman sobbing hysterically over an incident which had taken place over sixty years ago; but there was something maddening about the way she had allowed it to wither her. The more I pieced together the bits of her history I had collected, the more angry I became. At the safe distance of half a century, I cursed my grandmother's inability to question the assumptions on which the actions of her mother and father were based.

Why hadn't she questioned the system which she must have seen was crumbling even at the turn of the century? I wondered. Her story had made me feel more keenly than a thousand books the vital role that the control of women played in the maintenance of power. I couldn't explain it, but it made me furious that my grandmother had accepted it. I was angry that it had never occurred to her to question her father's right to control the profits of his estate when the labour of her mother and others had built it up. She had learned all the rules of colonial social convention by heart. She had vowed never to break one and she never had – but at what a cost. She had repressed her sexuality, her intellect, her imagination and the truth about her life. Hence the pills and the evangelism.

'Grandma, you miscalculated,' I thought, for she had under-estimated the power of the powerless. She had failed to bargain for change. It seemed to me she had been so busy preserving the past that the present had swept past her and she hadn't even noticed. I wondered how she thought my grandfather had managed to get the land he had owned except by struggling against people like her father.

For both Grandma and me, the meaning of her experience was to heighten the relationship between race, class and sex in our history; but in the sixty years or so between her birth and mine, history had given me the space to be angry about her subservience to an unjust system. Since her birth, women had won the right to vote, Marcus Garvey had challenged racism, the Russian Revolution had taken place, and the British Empire had fallen. Sitting on the balcony of my mother's house, I wasn't even aware that I reflected on nineteenth-century Jamaica through a vision that was the child of these things. How different it must have been in Sav-la-mar of the eighteen-nineties. In those days, what were the options of the daughter of a 'housekeeper'? Where would the courage to question, let alone to defy have come from? There were no celebrated examples of the courage of resistance. For Grandma, to challenge her teacher would have meant taking a dangerous step back toward the cane field.

So for me, leaning against the grill work, it was relatively easy to promise myself that I would challenge every social convention in which her world had tried to imprison me. I not only had history to draw on, I had my mother's life too as an independent working woman. She had fathered me and I owed no allegiance to any white father on the basis of blood. But I had seen how the love and loyalty of family had strained and restricted the questioning side of my mother's nature, when as single mother and elder daughter she had to turn again and again to them for emotional support on matters of the household. I didn't want that. As the sky darkened, I thought that in my future I would never be the victim of family duty. I wanted the right to love members of my family because of who they were and not because we happened to have the same genes. I knew my work must be connected to all this but I wasn't sure how. I also knew that having a career was not enough to place between the future and all I was afraid of. It had to be something more than just me, but I wasn't sure what. As the lights came on in the hills, I thought about the people I had met there and wondered how their strength and experience could overtake the contradictions which presently governed the world around me. I hoped it would someday, as sure as the era of my great-grandfather was passed. Then I would be released from the attic of my grandmother's subconscious by more than a fantasy.

Ole Massa and Me

Sometime when yuh no have notten and yuh have di pickney dem and dem a look to yuh fi food and fi shelter, yuh haffi do sometings wch yuh no really waan fi do, just fi survive. Sometimes a better yuh cyaan do, mek yuh tek certain man. Sometime yuh really in need. A man might use dat fi ketch yuh. Yuh might know a so it go, but yuh in need. Yuh want it, so yuh haffi tek it.

Das how it go sometime. But it no haffi stay so all di while. Me used to be a type a person like dis. Plenty time is wants cause me fi deal wid a man. Love no come inna dat. Love is a ting dat haffi tek time grow. Sometime wid me even if it grow to di extent, it can still quick fi turn inna hatred. If yuh mek me love yuh, di least lickle ting yuh do me, me will hate yuh, and me nah stay wid a man me hate. A so me used to stay. But is eleven years now me deh wid Ole Massa and is di first me ever deh wid a man so long. Me find since me start tek me work wid woman serious it come in like him a try him best. Dem tings is a kind a protection for me in di relationship. Me get conscious a wah me want out a di relationship and me no just tek anyting again. Me tek me time and fight fi me rights in di relationship and right now me feel me a get through, for him change. Him change a lot. But it tek a long time before me could a get to dat stage. From pickney days, come right up, me did haffi pass through plenty fire first.

From me know Mama she a work. She never depend pon no man. She did married to Papa before me born. Papa did wild. All a fi-him money just go inna rum and fi buy whore. A just pure dat him do. Every night him have di gal dem inna di house. Carry dem in pon Mama. Mama couldn't tek it so she run way lef him and go a me granny yard. After dem pull up, me never see her wid anodder man. Mama always say, 'Yuh see how me batter? If me never married to yuh faada, me wouldn't haffi batter so. Is a

201

mistake ah mek and tie up meself. Else ah could a look anodder man.' A Mama first change me mind from marriage.

If yuh stand up at Jarrett Park in Montego Bay and look straight up di hill, yuh will see Mount Salem where me used to live wid me Granny, me grandfaada, Mama and me bredda and sister dem. Dem time deh Mount Salem did develop. Street light, tenement house, bakery, library and dem whole heap a tings deh. Me grandmadda and grandfaada buy a house a Mount Salem tenement. Dem trust it and go on pay. Dem ole time tenement house deh come in like barracks. (A Bustamante build dem housing scheme deh, and a Busta mek my granny get fi live deh. Yuh couldn't talk notten gainst him to she.) Di house did have six room; everybody live deh as one family. Yuh no haffi fraid a notten. Street light deh right a di gate. Yuh no see no bush. Only canepiece. Me grandfaada usually work a Barnett River Estate. Every morning yuh see him wid him shut-pan full a food, ready fi go a work. Him no come back in till night. Him cut cane, and sometimes him work inna di factory. Him usually carry home wet sugar and molasses fi we. Him was a red man, come from Maroon Town. Granny was a Panamanian. Her complexion was a cool black. She nah do no whole heap a work, only Friday and Saturday she go a market. She have a stall and she sell ripe banana, orange and flowers. Sometime Granny used to bruck stone – she and di odder woman inna di scheme. Mostly holiday time dem do it.

When Mama come a Mount Salem first, she couldn't find a job. She have it hard, because Papa no send no money (not even a one cent) fi mind we. A Mama one haffi mind di whole a we, although him deh a town a work. Sometime we hungry. Granny trace and say, 'Di reason dat man so wicked a tru him a Cuban.' She chat all sort of foolishness bout Cuban people. One day she say to Mama, 'Come a market wid me and me will see what me can do fi yuh.'

She lend her a money and Mama start buy green banana. She cut it up and she sell it. Everytime one bunch finish, she buy anodder one and den she sell dat. When she mek a lickle profit, she buy a lickle someting and carry it up fi cook fi we dinner a night time.

Me sit up wid Mama at home till she finish work. Hours beat she will bake potato pudding, cornmeal pudding and she will carry it out a school go sell, just fi we survive. She sell drops, stretch-me, flah-flah, toto and cut cake. Dat was Tuesday, Wednesday and Friday. Monday and Thursday she get a days-work wid a fairskin lady dat live at Rose Mount. Any lickle ting she can do, she do. One

202

a di Christmas Miss Maud, Mama friend, help her fi get a work at a guest house. She go help wash and iron. Dat Christmas when she come home, she carry washing soap, toilet paper and bath soap to hinder her from buy.

Me a di biggest gal so me hardly get fi go a school. When Mama gone a work a me response fi everyting in di house. Me did haffi carry Sonia, Desmond and Vanessa go a Miss Katie school every day. Me go fi dem at lunch time. Carry dem back after dem done nyam. Wash, clean, iron. All dem tings deh. If me go a school Monday, me cyaan go fi di rest a di week. Mama say she no have no lunch money. Sometime she say, me no fi go because dis one sick or dat one sick. Me also response fi cooking. Granny could hardly cook, for she love rum and every night when she come home she drunk. Me grandfaada used to say, 'Lucy! Lucy! Ah tell yuh fi stop drink di rum.' But she wouldn't hear.

Tru dat a me haffi cook. Ah haffi mek sure when Granny come home, di dinner cook and di clothes wash. Dat time, yuh couldn't get soap powder. A di brown soap yuh haffi use. After me done wash, me haffi move everyting off a di table and light di self heater iron fi press me Grandfaada khaki pants pon di table. Granny get di candle and rub it on di face a di iron. When me press di pants, me haffi mek it shine. Dat mean to say, anyhow it have two seams, di shine mek it show faster. If Granny hold it up, and she see two seam, di pants haffi go back inna water. If Grandpa tek it down to put on and it have two seam, me batty inna fire. To dis day me hate domestic work. Me do too much a it when me was a lickle pickney a grow up and it disadvantage me.

After a time, di same white lady at Rose Mount get a work fi Mama at di airport restaurant and she start get pay regular. Den someting bad happen. Inna di restaurant Mama haffi wash up di plate and glass. She did haffi use hot and cold water. Sometime fi di whole day her hand inna di hot and cold water so-till she start cry fi pain inna her hand. Dem admit her inna hospital.

Dat two week, me did nearly dead fi hungry. Everyday a me haffi walk from Mount Salem inna di middle sun hot fi go a market to me Granny fi get sinting fi eat. If yuh ever see weh me Granny give we fi eat! Sometime a half dozen green banana. Sometime a piece a yam and a bundle a callaloo. When me get di food, me haffi walk come back up di hill. Dat time me never have no boot. One piece a crepe me did have. Me wear it go a school, church and every-God-Almighty-where. Sometime when di asphalt hot, di crepe bun me.

Dat time, me used to siddung under a tree tek off di crepe and ketch a lickle breeze before me reach home fi cook di food give my sister and bredda.

After Mama come out a hospital and deh-deh a work a airport longtime, dem see dat she can work good. Dem put her inna di flight kitchen because she could a bake. Dat time tings did start look lickle better because she could a hustle. One evening she come home wid ham. When we see di ham, it come in like a God we see. A next evening she carry some egg weh big and lap. Dem deh egg deh never come in like fowl egg. Me no know a wah kind a egg. All me know, me eat dem. Sometime she carry home di nice lickle chocolate cake dem wid di cherry pon top. Sometime, she carry home everyting nice – flour, coconut oil, granulated sugar. We no eat black sugar again. We get meat so-till we could all give Miss Maud. Mama start throw her pardner. She buy her bed, table and gas stove. She start help me granny pay di mortgage fi di house and di light bill. Dem buy up clothes fi we and we start look good.

Mama go a country and carry home a woman name Neita fi come live wid us and help inna di house. When Neita start work, dat a di time she start send me a school regular. Dat time it too late. Me couldn't tek in no lesson. More time when me go a school, di teacher mek it him point a duty fi put me in di kitchen fi work. It never trouble me too much, cause me a get di free food and me could a save me lunch money. Me mix cornmeal pudding and wash up di dutty plate dem.

Me always good pon sports a school. No care how it a go, me a win a relay. Me did love drama from dem days and me could a sing, me a tell yuh. Big singer. Me cyaan read and write, but sports, singing and dancing – a me dat. All di while me used to tief out from class and mek up a picnic wid me friend dem. If Charlie ketch me, a beating dat. Charlie was my big bredda. Charlie, di wicked one . . .

Mama no beat. A him dem mek beat. Him no beat noweh else, but inna di front yard under di soursop tree me grandfaada plant. Dat was a dangerous tree in my life. When him beat, it come in like a torture movie. Him ketch me. Him rip me clothes and tie me on pon di soursop tree and whip me wid him belt. Sometime Mama bawl living eyewater fi see how him do me.

Charlie was wutliss. Mama have him before she married Papa. Tru dat, him jealous a we. Him hate we and me hate him. All him do is go round and gamble. If him lose him money, him fight di boy weh win him and tek back di money. Anytime Mama a go get pay, Charlie move either di machine or di centre table out a di house. Him tell Mama seh she haffi pay for it before it can come back inna di house. Him sell Mama her own table ten times. Him waan di money fi go gamble. Him also use to love carry di gal Neita under bed bottom. Inna di lickle district him have woman scatter right round di place. One yah-so, one deh-so. When dem get pregnant him don't support none a di pickney dem. Him say a no fi-him dem, even until now. From me lickle bit, me decide seh me no waan no wutliss man like him.

When me get big, me start rebel gainst him, di beating and di whole heap a work dem gimme fi do inna di house. Everyday when dem gimme di whole heap a clothes fi wash, me tief way go a Barnett River. Duckie, Cherry, Alma and Sonia skull school and come wid me. We carry lickle someting fi eat from we yard. We bathe and we bathe. Me learn fi swim. We cook pot and nyam till we belly full. When me go home Charlie beat me. Him beat me today, tomorrow me go a river same way. Mama come in one day and say, 'Ah dream last night seh ah see yuh Aunty.' (Dat time me aunty dead.) 'She tell me seh she tired. She cyaan get no rest, because she haffi watch yuh down a di river everyday. She say one day yuh mek after a django and di django slip yuh. Yuh did a follow di django inna di spinning hole and she haffi stop yuh, for if yuh did follow it inna di spinning hole, yuh would a dead.' Wid all dat dem couldn't stop me from go a river. Till Mama start say,

'Yuh going to Approve School!'

'E-E!' me say, 'Approve School?' Me start plan seh me a go run way. But me no have no money. One Friday morning me go a river. When me come home Charlie grab me inna me stomach and tru him waan show off himself, him carry me round di front, weh di whole a di boy dem deh. Him tie me on pon di soursop tree and beat me. Di belt point ketch me hip and gimme a deep cut.

Me say to meself, 'Me a grow out a childhood and step up inna womanhood. Me nah tek no more a dis. Me a go run way.' Di next day Mama send me fi her pardner money. Me tief di money and bolt come a town pon di diesel.

Rosemary Lane which part my faada used to live is at di corner a East Queen St and Rum Lane in Kingston. When me come a town a deh-so me rest. When it come to Friday and Saturday night di place lively. Right through di night nobody no sleep. Di people a sell boil corn or soup inna dem kerosene tin. Dem a walk up and down and a chat in di road. Upstairs a *Paradise* dem keep a dance every weekend. Whole heap a lickle-lickle bar did deh-deh. And whole heap a prostitute. When me did just go deh, Papa gimme money mek me get fi buy weh me want. Him never turn him back pon me. Him give me all weh him can give me. And we reason good. After a time, him get so excited wid di prostitute dem, dat him used to deh out a *Caracas* (one club near to di yard) all di time. Sometime me hungry.

One Friday, me deh-deh hungry a look fi Papa. Not a Papa me cyaan see. Him did have a woman name Miss Ina. (At least him claim seh she and him deh.) She come a di yard di evening and a wait pon him wid me. We couldn't see him a come. Till she say,

'Didi, do! Go out a road go see if yuh see him a any one a di bar dem.'

Me walk out a di bar weh one lickle Indian dwarf woman used to keep on Rum Lane. She tell me fi look fi him in *Caracas*. Me go. Me peep in and see Papa siddung wid bout four prostitute a swarm round him.

Me call to him, 'Papa! Papa! Miss Ina down a yard. She want yuh.'

'Go back a di yard. Tell her me soon come.' Me go down go tell Miss Ina weh him say.

'Weh yuh say? Wah? Me a go fix him business tonight.'

Me only see Miss Ina step through di gate like him mad.

Lickle later, me see crowd a run. Me run too, fi go look. Me no know how di fight bruck, but Miss Ina and one a di prostitute gal did a fight. *Caracas* tear down. Di police haffi part dem. Yuh waan see Papa a come down di lane. Drunk! Not a shut. Dem tear off him shut clean-clean. Dat deh week me nearly dead fi hungry. All him money gone. Him no know how di money come out a him pocket. Tru him drunk di gal dem just tek way him pay.

After dat, me did haffi start talk to one man name Dennis fi get food. Him used to work at di gas station pon di corner. When me walk pon di road, him used to trouble me. When him call to me, me used to answer him and say, 'Gweh! Ole tief! Me nah look nobody.'

Him did look to me like a ginnal. Him have big soul. Wear whole heap a jewel: gold chain and watch. Dressy-dressy-gay-boy. Two a him fingernail would a long. Yuh know dem man deh weh look like dem a look someting fi run way wid. But him wouldn't ease up till me and him get in. Him used to bring lunch fi me everyday. We did young and him used to cheer me up lickle bit.

Mama find out seh me deh a me faada. She come look fi me. When she look pon me, she realise me pregnant. Dat time me never know seh me pregnant.

'How yuh a go manage?' she say. 'Yuh faada nah go like it when him find out. Wid di whole heap a rum drinking and fighting weh a gwan, anyting could a happen. Yuh will haffi rent a room.'

Mama go wid me and we go talk to Dennis. Me decide seh me a go pon me own. Me rent a room on Blake Road near Palace Theatre. Mama pay di first month rent. Me never have notten fi put inna di house. Me and Dennis sleep pon di floor fi one week till Mama come back up from Mount Salem wid one lickle three-quarter iron bed. She carry it over pon di diesel and a handcart man bring it come a di yard. We deh-deh. Me have di baby. Me call him Allan.

It was mostly woman living in di yard. A woman rent di room dem. Most a dem nah work. As evening come, dem reach pon di sidewalk and fass wid everybody weh pass. Di landmissis was a lickle ole woman. Him always have on some tusty looking wig – dry and look like it waan wash, comb and oil. Him wear lace-up boots, a lickle piece a white hat and him carry a ole white handbag dat turn cream. Anyweh yuh deh Sunday morning time, yuh can know when him come fi him rent. Him just pitch di gate open and it lick up pon di odder side a di wall. 'PONG!' Everybody in di yard hide.

'All a di ole whore dem! All who never ketch man last night, try go ketch him now, me will wait! . . .'

And him puddung a piece a tracing round a di front before him reach a di back. Dat time a him one a trace to himself. Him could neither read nor write, so anytime yuh give him rent and ask him fi receipt him say,

'No worry yuhself, pickney-gal. Yuh is di sensiblest one in here. Yuh tink ah would a rob yuh? When ah go up, ah gwine mek me secretary fix up di receipt good, mek yuh get it next week.'

Next week him say 'Lawd! Di head a gather water. Ah figat it again.' Cho! All him do wid di money a drink rum.

Me and Dennis deh-deh fi a good period a time. Mama come a town come live and she start operate a canteen a West Indies Glass Company. Meantime Dennis get a job at D & G. It pay better dan di gas station. Him start go wild. One night, him come in drunk. Him hold me down and have sex wid me. Me get pregnant. Dem

207

time deh me never know bout no birth control. All through dat pregnancy a pure eyewater, pure crying. From him get me pregnant, me no like see him. Me never did fi get pregnant again so quick. Allan still a baby. Dat mean when Rachel born me have di two a dem as baby, not even one year apart. So a pure hatred. Den Baps! Dennis go get involve wid dis lickle school-gal and him stop carry di money come gimme. Me haffi start go down a di canteen go help Mama.

When yuh live a tenement yard, yuh no haffi deh-deh fi know notten. Everybody a bathe inna di one bathroom, use di one pipe. Everybody know yuh business. Me get fi find out seh, a daytime when me gone a work him and him lickle school-gal lock up inna di house. Me did have one watch weh him gimme. Me cyaan find it. Me know me lef it inna di house. So how me cyaan find it? One a di woman in a di yard tell me seh dem see di school-gal inna di watch. Same time me decide seh him fi come out a di room and leave me alone.

Di night, me siddung inna di room and me ask him about it. 'A lie, man!' him say. Him no chat plenty and mek noise, but me get fi find out seh him is a sneaking person.

'Kiss-me-rass and come out a me house!' me say.

Him come over to di bed and grab on to me.

'Who yuh a tell dat word deh gal?'

'A yuh!'

Him push me and me grab on pon him and we start fight. Him shut tear and and him swing me till we reach out pon di verandah. Me a pull him and me let him go. Him hand pull loose and him overbalance and fly cross di road. Me run a di kitchen and tek out a crate a bottle. Me put it pon di verandah. Him lean up pon di wall cross di road. Me start fling pure bottle. Him go way down di street and say, 'Yuh a idiot gal.'

Dat time deh me know me cyaan fight him, but me did just waan show him seh me never like how him gwan. Me no see him again fi over three weeks. One night him madda come. She say she want him clothes. Me give her. After dat me move, for me get fed up a di yard.

Ah better me couldn't do mek me go deh wid Radcliffe. A woman ever tell yuh dat? Me tek Radcliffe just fi get lickle help fi Allan and Rachel. After him go way, Dennis never even come look pon him pickney come see if dem dead or alive. So me tek Radcliffe just fi eat food. Me never love him nor notten, but me did a just try fi cope till me come back pon me foot.

Radcliffe a March man – like me. Him more intelligent, can read and write good. Him say him travel two time but me no know which part. Him like fi go out to dance, play, stage show, club, beach. When me and him get in, him never did a work. Him used to deh pon di corner a Greenwich Farm Road wid him friend dem. Him people dem own a yard a Seventh Street. Him used to collect di people dem rent and gamble out a it. Him start carry me out and carry di money come gimme, till me no know how, but him move in wid me. Me say to him seh,

'Yuh haffi get a work.' Everyday me say so.

A man down at Caribbean Ice Company did a look me. Him was a supervisor down deh. Me friend-friend him up and beg him give Radcliffe di work, till him say, 'All right, tell him fi come.'

After me deh wid him for a time, him tek up to go on like him a bad man. Yuh know dem man deh weh waan women fi obey dem? Yuh must stay inna house, cook di food, wash di clothes, and him fi just come in eat, dress and gone. Tru dat me and him couldn't gree. But still, him used to carry in di money. If him go a street and him see meat or fish him carry it in. So tings wasn't bright, but dem wasn't too bad. Den, Badapps! is anodder girl again come right inna di picture. Every minute me and her fight; she all come a di gate come call him.

Me did have Carol wid him and me used to leave her wid a girl inna di yard when me gone out a di canteen. One day she run come tell me seh Radcliffe come tek way Carol from her and gone. Me leave work same time and me come up di street a look fi him. One a him friend say dem see him a go uppa him madda wid di baby. So me go up deh. When me reach, a di baby me see.

'Me come fi me baby,' me say.

Him say, 'No! Yuh no have no time fi look bout di baby. Yuh lef di baby and gone a work. Di gal yuh mek a look bout di baby cyaan care her. So me a give her to Mama cause Mama want her.' And him start gwan like him waan fight me.

Me leave him and go down back. Lickle more him come in and go on like notten no happen. Him puddung di money same way inna di house and any lickle ting him have, him bring it come. Me see seh me couldn't did get Carol back because me cyaan fight Radcliffe, so me low dem. But me say to myself seh, 'Boy me nah stay wid him yuh know. Me a go way.'

Me get a room inna one mechanic yard and me clean it out and heng up me two piece a curtain. Di Saturday when Radcliffe gone a work, me and me sister pack up every striking ting in di place and me move. Me only lef him clothes. Dat time me no know how me going survive, for me know once me move and lef him clothes dem alone in di room, me cyaan go back a di canteen, for him a go fight me. But me a say to meself,

'If me could a stay way from di man business me could a fight me way through, for it look like me no have no luck wid dem.'

Me and dem pickney deh a yard. We hungry man! Sometime me friend Yvonne carry a lickle food and come gimme. Sometime me bredda carry any lickle ting weh him have come give me. And of course Mama will carry tings come give me and me haffi give di pickney dem it. Steam callaloo and boil banana, steam rice, piece a bread, lickle sugar and water. Eat dat an go a we bed. Me deh pon di road a look someting fi do. Me go town – look restaurant work or waitress work. Me couldn't get notten. Me move and go east. Dem bailiff me and tek way every-Jesus-Christ-ting. Lef me and di pickney pon di floor.

Me deh-deh a fight it, till (Praise God) me get a work at JAMAL. We used to tek we hand and collate di books. Inna dem time deh me couldn't read so hot, but much as me cyaan read me know how fi set di book leaf so dat dem no turn upside down or notten like dat. Me watch di number. Me know yuh fi put number one a top, number two under it and number three under it. Me tek long fi done one book because me mek sure seh di number dem no mix up and dem inna di right place. If a did task work me wouldn't get no money, but a never task work. Sometime dem have lickle overtime work. All when dem gal gone home, me cyaan afford fi go home. Me haffi hold di lickle overtime.

Me deh-deh a work, work, work . . . BAPS! Dem bring in one heap a machine pon we and lay we off. Dem say dem want more experience people weh can operate di machine. Me say,

'Rahtid, weh me a go do now? Me have di pickney dem and me cyaan pay di house rent and me cyaan find di food.' But me still a say me better no bodder wid di man business.

One Monday morning me get up and me say,

'Me a walk go out pon di road, go see if me get a work.' Three place me go and me no get through. De fourth place me go is dis restaurant. Me get a work deh wid one brown woman name Mrs Yew. Dat a where me meet Ole Massa.

Di woman gimme bad treatment. She have one chef guy inna di kitchen and at first she say anyting him tell me fi do, me must obey. Him say me fi wash up dish, and anybody come fi lunch me fi carry it out inna di waiter and pick up back di plate after dem done eat. It gwan good fi about two weeks. Den Mrs Yew say me fi clean up di place. So me start clean di place.

Den Zwips! she clap me wid a night work. Di first time she a go mek me work a night time, she do it skilful. She keep a session. After me and di chef guy done cook curry goat, mannish water ad tidy up di kitchen, she say we fi go home and change and come back. Me work di night at di session and from dat, every evening di woman say me fi work di night. Every day is around di clock work. Me a clean, me a do waitress work and me a do kitchen and bar work. Me no know Saturday night different from Sunday night cause she open di bar everynight. She no send me home till when she lock up di bar. Den she go home, inna fi-her man car, and me haffi walk home, middle night down di dark Crescent. She no business how me a go home.

Ole Massa start come up deh a day time come eat lunch. Him start trouble me so-till me and him start talk, but a no no friendship notten. More time me even used to cuss him – because him used to pinch me and run too much slack joke. Me never like him. One day me a carry up some box a beer weh di truck man lef out a road (dem say dem nah carry it go up di step). Ole Massa see me a carry up di drinks; him get up from round di table and go a Mrs Yew and say,

'A she haffi carry di box a liquor dem from downstairs?'

'Yes,' she say, 'for me no have nobody else fi do it.'

'What di man in deh a do?'

'Di man job is fi cook and serve di food.' (Sometime if di chef boy done cook early him will help me, but Mrs Yew say a me response fi carry dem up.)

'Is how much work she a do?' Ole Massa say.

'Den is how yuh come inna dis?'

'No, but she a human being.'

'Look yah, sah, me no waan nobody run me business. If yuh waan come fi drink, drink. If yuh waan come fi eat, eat, but if yuh waan come yah come run me business, clear out.'

One worries! One tracing di day up deh between she and him. Till him friend dem start mouth at her too. After dem gone, she say,

'Yuh no haffi stay! Awo! Plenty people out a street waan di work! If yuh lef now, by morning me get somebody weh willing fi

211

work.' All di trace she a trace and a gwan, me no answer. Me no waan lose di work. All on a sudden, she just call me.

'Yuh know what happen, put on yuh clothes.' Just so, yuh know. Me put on me clothes. She say,

'Yuh know, tek dis,' and she pay me. 'Don't come back.'

'But Miss Yew, me no do yuh notten. How yuh a send me home so?'

'Yuh friend upset over di work dat yuh doing so mek him find work give yuh.' Same way so she say to me. Me go home di evening.

'Jesus Christ,' me a say to me friend, 'weh me a go do now? For me nah get no money from Radcliffe. And me nah get no money from Dennis.'

'How yuh mean fi mek di man come mek yuh lose di lickle work. Yuh fool-fool. Him gone bout him business now; no even know if yuh a eat food.'

'Den after a him tek it up pon him head and start di quarrel.'

'All yuh haffi do is go look anodder work.'

But me no know where fi turn now fi go look anodder work. Because if yuh cyaan read and write certain work yuh cyaan look. Me no waan fi go do di domestic work. From before me run way me did fraid a it. Me fraid a di washing and di ironing. Di cooking not so bad, but when it come on pon di washing and ironing . . . When yuh know seh yuh a work wid people and dem pile up di dutty clothes fi how much weeks and give yuh fi wash dem one day . . . me fraid a it. Me cyaan tek it. Me deh home a fret.

One night me friend say to me, 'Dem have a session down Rae Town. Shake up yuhself and come.' When me go, me see Ole Massa drive up wid some a him friend. Him go and siddung round di counter. Dat time him never see me. When me go buy two beer, hear him,

'Rahtid! Yuh know how I a look fi dis gal yah.'

'A who yuh a call gal? Yuh bright!'

'Sorry, but me frighten fi see yuh. Never know yuh go a dance.' Me tell him what happen and him say him will try get a work fi me. Him ask me where me live and me tell him.

After dat him start come a me yard. Him have a good job and him have two shilling so him start pay me rent. Him a gimme lickle money, but what him gimme couldn't find food and send dem pickney go a school. It cyaan cover di demands. So my interest was fi get a job fi get di lickle money fi mek up what him gimme.

Lickle while after, me hear Crash Programme work a give out.

Me try and me get a work fi sweep di left hand side of Kingston Garden, pon di main street.

'Yuh no fi go sweep no street,' Ole Massa start quarrel and a blah-blah up himself.

'Yuh lucky,' me say. 'Yuh a live wid yuh woman. Di lickle money yuh a gimme cyaan cover everyting. When me work my own money no care how it small, me can throw a lickle pardner and fight me way out.'

'If yuh waan do it gwan, but when me see yuh pon street, me not even a go look pon you!' Ole Massa say.

'Me no business.'

'As soon as yuh see Michael Manley give oonoo work, oonoo a go turn politician . . .' Him no waan me fi work. Him just waan me fi stay a yard and depend pon him. When him come, me fi just deh-deh a wait pon him. Tru him a drive car and him have him big friend dem weh a drive car, him no waan dem fi know seh him deh wid woman weh a sweep street. Him never waan me go a no political meeting neither. Claim say it dangerous. Me decide seh me nah back down. Me a stand up pon me foot. Me a work and me a go a whatsoever meeting me waan go. Him haffi accept a so me stay. So me never pay him no mind when him run up him mouth. But it did sort a cause a ruption between me and him for a time. Him start side-step me. Stop come a di yard often. Sometime me haffi go down a him work place go tell him seh, me want money.

One day him friend call me:

'Didi, yuh know seh yuh man a go married?' him say.

'Married!'

'Yes and me a tell yuh because him should a tell you. Wicked him wicked mek him no tell yuh. Him a go married di end a di month; di last Saturday in di month.'

'Yuh too lie!'

'If yuh tink a lie me a tell, any evening him come round yah just fly di dashboard in di car see if yuh see di invitation dem.'

Ah say, 'All right,' and ah set out fi him. Him come di Friday evening and park di car. While him inside, ah go inna di car and go so BRAP! pon di dashboard and me only see di invitation come out by di hundred. Me no know what write in deh, but me see di bride and wedding bell.

Me say, 'Awo!' When me confront him wid it, him no own it. Him hold on pon it fi life seh him sister a married di end a di month.

213

'And who authorise you fi go tek out me someting? Yuh no have no right fi search up me car.'

Me only say, 'Me see wah me waan fi see, so cool.'

Me a plan now fi go a di wedding fi give him a lickle surprise. Mek me tell yuh me and Ole Massa never dat close den. Him never so important in my life. To how me did look pon it, him was somebody who could a gimme a money mek me eat food. No love never deh-deh. So me never feel no way if him waan married. But me did waan fi deh a di wedding fi see how him would a react and fi mek him know him cyaan turn me inna idiot wid whole heap a lie.

Di woman weh him a go married to have a bredda name Rennie who did want me fi himself. So him carry information come feed me. Him set me up pon everyting bout di wedding: which church, how much o'clock di service, which part di reception a keep. Me say,

'Den Rennie yuh cyaan carry me?'

'Yuh mad?'

'Dem no haffi see seh a yuh carry me. Just drop me man and drive off.' Him say, 'All right.'

Ah send Rennie di Saturday morning go buy a present downtown and ah get it giftwrapped. Ah buy me frock and ah do me hair. Rennie come fi me di evening bout six thirty. Me nah go a church. A di yard me go. Rennie drive up inna Harbour View and drop me off. Me step right through di gate wid di present inna me hand. A woman just meet me and tek di present out a me hand. She was a young woman, nice looking. Dat a him wife. She put me round di table fi siddung and ask me what me having. Me eat roast chicken. Me eat roast beef. Me get me cake wrap up inna serviette. Me drink wine and me start drink di beer dem.

One lickle man did siddung a di table beside me. When di music a play, him beg me a dance. Me and di man hold hands and go in di house fi dance. No Ole Massa me see in deh dancing. When him go so and see me him turn in di room weh di present dem did deh and him lock di door and believe yuh me, all when me and di man done dance di three songs, di door no open yet. Him lock up in deh.

Me and di man dance whole night and enjoy weself, until di man ask me which part me live, if him can drop me home. Me say yes. Me and di man leave and di man carry me up a *Piccadilly Club* go drink.

After di wedding Ole Massa go way pon honeymoon and me and di same lickle man from di wedding start get close. Di man work at di

214

cement factory. Him start visit me every evening, carry money come gimme. Di man was a married man. Weekend time when him go a St Thomas go buy meat fi fi-him yard, him buy meat fi fi-me yard. Me pickney dem a eat big food. Sometime when di meat come, me haffi give way some cause me no have noweh fi put it. Me never have no fridge.

After Ole Massa come back him start mek pure worries wid di man from di cement factory. Him was determined fi get out di man. First ting him say di man a married man and him a married man, so if him cyaan get me, him no see why di next married man should a get me. Me never love di man neither, but him have more money and me and di pickney get nuff a ting from him. So me prefer him. Me threaten Ole Massa seh me a go look one bad man fi deh wid. All dat couldn't stop him. Mama all tell him seh him must leave me alone. All dat couldn't stop him. Him continually waan war wid di man till di man stop come and me and him gone right back in.

After dat, me start get more involve in work. From me did deh a school me love drama. So when me start do theatre work dat help di relationship. Me is a woman dat tek my theatre work seriously. Mek me give yuh an example of my commitment to theatre. Ah was playing one a di major roles in *Bandoolu Version* and di part gimme a hard time, because it was di first time ah had was to work wid a script. Anyway, me get over di problem and when di show open ah get a very good response from di audience. One Sunday evening ah do someting ah never know ah could a do. We had a performance di afternoon and ah started to put on me clothes and pack up me costume when ah see a car a come. Radcliffe madda come out and she say car lick down Carol. Ah turn fool same time and ah turn back inna di house. Ole Massa deh-deh and him say,

'Who going tek yuh place in di show Didi?' Ah stop. Ah tek two drink a white rum and find di theatre. After di show done me go a di hospital.

Den again, me no satisfy fi stay at di same level all di time wid me acting. Ah learn to read and write and ah work hard pon me voice and me dancing so ah can give more variety to di role. Acting help me fi understand odder people better because ah haffi study character. Dancing help me to understand we culture better because ah haffi study we roots to understand di roots dances like Kumina, Bruckings, Poco and Ettu. Ah play plenty lead parts. Each one bring out a different strength in me. Each one is a challenge and ah always try fi mek it better dan di last. Me acting work make me proud a meself, proud a we as a people. Ah tink it mek Ole Massa proud a me too. Dat first bring in di changes between me and him.

After we a work in di group about four years we go on a tour to Canada. When me come back, me come see a settee inna di house. Him say him buy it fi me as present. But when him tek out di receipt show me, a Ole Massa name me see pon di receipt. Me say,

'Yuh cyaan give me someting and a fi-yuh name deh pon it. If me and yuh lef now, yuh move it out.'

And him carry it back to di guy weh mek it and mek him change di name on di receipt. It surprise me, but it show me dat him start respect me more. Him feel seh him haffi live up more in relation to me.

Me did a try fi get a house. After me full up di form, dem tell me seh me alone cyaan get di house wid di twenty-five dollar a week weh me did a work at di time. Dem ask me if me no have a man weh pay Housing Trust. Me tink of him but me say suppose me go use him name and him want a house fi himself. 'All di same,' me say, 'me no business, me a put him name pon it,' and me put it. When dem call we fi di interview, him go wid me and sign an agreement wid dem and dem draw money out a him pay. After a time me get di house. A him pay di mortgage, but di house inna fi-me name.

Since me inna Sistren too if me and him have any lickle ting and we ketch up and him even a go say someting rash to me, yuh will hear him say,

'All di same, mek me go on, yaw, cause me no able fi oonoo. Oonoo have oonoo lawyer and oonoo money and oonoo waan rule man. Lickle from dis di whole a oonoo swarm me.'

If me and him trace tonight and a morning me a go a work, yuh hear him say, 'Fix yuh face, no bodder go up a di office look so.'

Him know seh di odder women at all times open we one anodder eye and when we waan get conscious of certain tings we can find people fi teach we and a dat him fraid for.

Only one time me and di wife have a confrontation. One time she a pass and go a market and she see di car. She come off a di bus. Ole Massa upstairs a sleep and me in di kitchen downstairs. Me only see di woman push di gate and come in.

'Weh di dutty Crash Programme gal deh weh tek him crotches clean up dog? Why yuh no lef me husband dutty gal? Ah will stab yuh. Ah will kill yuh. Leave me husband alone.'

And she trace and she trace and she trace. Ah go upstairs and

216

ketch a pan a water and duck her. She run go a Elletson Road Police Station. Dat time Ole Massa inna di bed same way. Me a try fi wake him.

'Come out man. Gwan out to yuh wife. Me cyaan tek di embarrassment. Is not me call her here.'

'Weh me breakfast deh?'

'Which breakfast? Come out!' All me a draw him off a di bed, him nah come. Me get ignorant so-till me ketch one pan a water and throw in di bed pon him. Not even realise seh a my mattress a wet up. (Me haffi sun di mattress fi days.) Di man nah get up. When him do get up and me feel seh him a go way, di man gone downstairs, through di back door gone in a bar gone siddung a drink.

Di woman come back wid one policeman name Lurch who used to station a Elletson Road. People did sort a fraid for him because him used to go on like him bad and bad up all di boy dem dat live inna di area.

Lurch say, 'Weh di man deh?'

Me say, 'See di man in di bar.'

Lurch turn to di woman and say, 'How yuh say di man inna di woman room?'

Him go inna di bar to Ole Massa. Ole Massa say, 'But what is she doing here? Yuh hungry?' She cyaan answer. 'Di pickney dem hungry?' She cyaan answer. 'Yuh no have no money?' She cyaan answer.

Lurch just kiss him teeth and turn through di bar door. 'Come out a di people dem yard!' him say, From dat, anytime she see me, she hold her head straight. She don't even look pon me.

When it come to di wife business, me did haffi tek a stock. And me say, me never really want it work out so, but me nah go really lef him through me know him have a next woman. Plenty time before, is anodder woman get me out. But not again. Me will lef him if me and him cyaan gree or through me own free will, but me nah go lef him tru dat. Me feel seh him good to me and di relationship develop.

Him no run up and down like first time. Him deh a my yard more time. Sometime me haffi tell him fi go home. Him leave work Friday evening time and tun through fi-me door. If him a go out, a me and him. Him no go home till Monday night time when him lef work. Him lef my yard Monday morning and den him go a fi-him yard Monday night. Him deh a him yard Tuesday night and

Wednesday night. As him leave work Thursday, him find back fi-me yard. When him come a fi-me yard Friday, him spend di whole weekend.

Him is not a man weh lick. If him was di type a man weh use him hand might be we would a pull up long time. But him nah lick. No care how me and him war, him never even tell me a bad word. Any bad word cuss, a me. Him is a man weh, if me run him it no trouble him. If me tell him seh him fi come off a di bed and me lean up di mattress and tell him say a Crash Programme money trust it and Sistren done pay fah, it no trouble him. Him lay down same place pon di floor till day light. Him nah go.

Me nah pull up neither for me develop a lot since me first know him and him accept it. Him no try hinder me. To me is like di security draw me closer to him and den it becomes love, yuh understand? It reach a stage right now weh if anyting should a do him and him stop work and no have notten fi gimme, me still deh-deh side a him. Me no know if me a go stop love him, for him change. Him change a lot!

Red Ibo

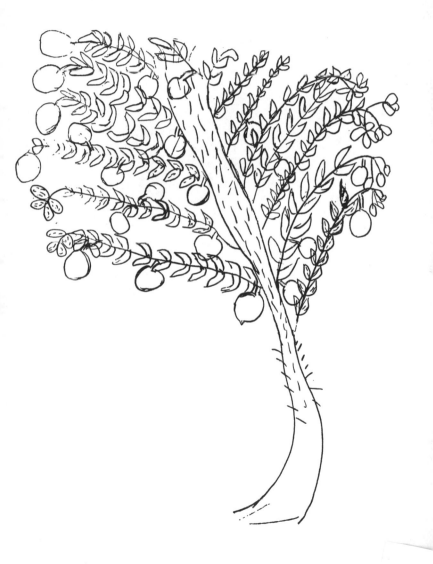

When I think of childhood, I think of a village squatting on hillslopes with a river running through it and a bridge and a fording midway along the road which ran by the river. While the wooden houses snuggled between the cane, banana and breadfruit trees and the shrubs in between, the public places of the village were dotted along the road – two large Chinese shops, one small shop, run by black Jamaicans, with a wooden structure that looked as if it was made of timber collected after a storm, the Police Station, the Post Office, the blacksmith's shed and the Primary School.

My uncle was the head of the Primary School. He was a very dark tall man who had done well by black Jamaican standards. My aunt was fair with straight black hair and blue-grey eyes. She was an important teacher. As a child, I could never figure out whether her importance was because she was the head teacher's wife or because she had a senior post in her own right.

There were other important teachers, less important than she was. Miss White and Miss Hammond both struggled to bring up a daughter or a niece fairer than them whom they hoped would 'turn out good' through education. Like these other fair maidens, I was forced to have piano lessons, made to sit ceremoniously at the dining table with the lamp each evening to do my lessons, told not to take off my shoes to walk through the fording like the other children, many of whom went to school barefooted, and warned against buying grater cake from the sellers at the school gate, since it was likely to have wee-wee and hair in it. Poor people were by definition insanitary except for the special ones who got the privilege of working in the kitchen. Even then they had to be carefully watched.

Church was a couple of miles away in the next village. That was segregated too. The preachers were white or brown. The well-off

221

blacks like my uncle, sat with their proper wives and families in the upper pews behind the choir, or in the front of the lower pews. The ordinary folk sat behind. I thought about the gospel message of equality in the sight of God and wondered. Sometimes I wondered if my aunt wondered too, because there were times when she would abandon the Anglican establishment church and go to the almost all-black Baptist church instead. As for me, I rebelled. I played with the wrong children, walked through the fording, and stole off on moonlight walks with Roslyn and my friends to steal cane when it was laid out on the river bank to await the trucks that would take it to the factory. Rose who was 'downgrow' and made love to the boys in the grasspiece below the school in exchange for pennies, fascinated me. Sally who was Indian and whom everybody teased saying 'coolie have lice' was my friend. I felt for her because they used to call me 'red ibo' too. When we played ring games ('don't mix with those children, they have no ambition'), each of us seemed to have a very good reason for being little Sally Water crying in a saucer. Then there was Romalyn whom my aunt 'adopted' from a family of several children and who struggled to learn to read and write and took me with her on long Sunday evening walks which exposed me to the deprivation and joys of the village people, the clap-hand churches, and the drums echoing in the evening air which it seemed I could never get close to. When I think back, I realise that in my fantasies as a child I imagined myself leading a great movement of the people against injustice. At some point I became humbler and figured that the people would have their own ideas about who should lead them and wondered why they would choose me.

My life in the country raised many questions. I wondered about the lives of women and if equality wasn't for them too, and what love and marriage were all about. Every Sunday, my uncle posed in the pew respectably with his wife, but everyone except my aunt knew that he was involved with the sixteen-year-old monitor in the 6th class. What they didn't know was that he also gave my aunt hell at home. 'Zoe, where is my breakfast?' Four a.m. storming down the wooden passage. He was about to go off on his horse to Cinnamon Hall, the farm he owned some miles away from the village. Or, 'Zoe, where is my shirt?' The shirt would be laid out on the bed waiting, but he had to find something to shout about. Or maybe he wanted her to play handmaiden and put it on him, as she sometimes did. What was really curious was that Aunt Zoe handed him her pay packet at the end of every month. Some evenings she would sit on the verandah and cry living eyewater wondering what she had done to make this man treat her so badly. 'No matter what I do he is never satisfied.' He looked quite satisfied to me when he came from making love to Elsie in the wooden house across the river. Their children were big and off to University, so I couldn't understand why he and my aunt had to stick together and make each other miserable. I felt it had something to do with the Sunday evening visits from the parson and his wife and having to go to church and sit in the upper pew and being the head teacher and my aunt being the person who ran the local Jamaica Federation of Women branch. It also had something to do with the house and the piano and the pay packet that was handed over at the end of the month, and the children going to the big High School in town and being at University.

Now, I think my uncle loved Elsie, and I couldn't see anything wrong with that, though many who knew thought it wrong because of his age. I wondered if Elsie loved him. Much later, after he had put her through college and she got a good job, I thought I understood better. When my aunt died of cancer, my uncle married Elsie who was less than half his age. She took up residence in the big house and looked after him devotedly until he died.

When I was ten, I went back to Kingston to my mother, father and brother to spend the final year before taking my scholarship exam. My mother was a primary school teacher like her sister, also fair, straight-haired and with blue-grey eyes, but of a smaller build. My father was a corporal in the Police Force and dark. He was always saying how he passed the exams yet they wouldn't promote him beyond the rank of corporal.

I passed the scholarship exam. It was the first year that students were entering High School on the 'free place' system, engineered by 'old man' Manley. At the time I didn't know who was responsible, but I knew it was right. Before that you could only go to High School if you could pay, and the fees were prohibitive for the majority of parents.

Passing the 'Scholarship' meant that the government paid my tuition fees. I chose an all-girls High School mostly because my cousins had been there before me and my aunt and my mother said it was a 'good school' – according to them, the best High School for girls in town. I guess it must have been, because the Governor sent his daughter there. She arrived chauffeur-driven in a big, sleek official grey limousine and was deposited every morning on the front steps of the old Great House which housed the main offices. The rest of us held these front steps in awe. They were like sacred ground, reserved for teachers and visitors. Students could only use them by special permission. Sandra Coote never seemed to feel in any way perturbed at being the only girl who treated the front steps like her home ground.

The first thing I noticed at High School was the prejudice against the primary school girls who flooded the school as a result of the 'free place' provisions. We were accused of 'bringing down the tone of the school' and 'lowering standards'. This only made us work harder to prove that we were brighter than the girls from the private preparatory schools who had previously been the dominant element in the school. We told them they had only got through because they had money, but we had brains. And really and truly it was the primary school girls who began to move into positions at the top of the class, and to establish a reputation for 'brightness'. I remember being in a particular grade – was it Form 1? – and noticing that the class seating was neatly divided – blacks to one side, whites and clear-skinned children to another. The whites and clear ones were the ones who had been to prep school together so they stuck to each other in high school too. The black ones tended to be from primary school and they stuck together instinctively, in response to the prejudice against them. The little mulatto ones like me who had been to primary school had a problem. Where to sit? I wasn't clear about the colour business – I didn't know if I could really count as black – really I felt I didn't make the grade, but I was crystal clear about being primary school, so I declared my affiliation by sitting on the black side. I remember I led a protest and what I guess I could now call a propaganda campaign against the racial division. Some teachers became more sensitive to it and tried to break up the segregation, but mostly they didn't want to talk about it. I think that was my first rebel action at school. I was forever trying to change things that I thought were not right. Many among my peer group agreed with me, but they would grumble; I would act. Not the well-structured, sober action I have come to be a part of nowadays – just a raging gut-level rebellion.

Come to think of it, a lot of it had to do with race issues, like the time with this white Scottish maths and science teacher who everyone – even the white girls – hated because she was prejudiced not only against everything black but against everything Jamaican. Why she came here to teach I'll never know. Maybe she just wanted some sun. She was always wearing low-cut dresses and she always looked very tanned. Anyway, this middle class black girl Heather asked her a question in class – something about not understanding the correction she had been asked to do. She must have been on the brink of an explosion anyway, because she launched into a violent diatribe. The girl was no better than a gardener's daughter. If this was the cream of Jamaican society she wouldn't like to see the milk. No wonder Kingston was so filthy; she couldn't stand the smells of the city etc, etc, etc.

I don't think I would have done anything if Heather had stood up to her. But she just stood there, and suddenly I saw the tears rolling steadily down her face. She didn't sob or anything. She just stood there quietly like a good girl, as I suppose her mother had taught her she should, with the tears rolling down her face. It wasn't as if I remember taking the decision to do anything – I just felt myself rising from my seat. I knew I had to put up a better defence than poor Heather was able to make. I couldn't let this woman get away with her insults and her racism. So I rose and told her to go back to Scotland if she didn't like it here because we could do without her and that she herself must have come from the worst part of the slums of Scotland or she would have better manners.

You see how subtly class assumptions crept into the content of my own rebellion? I didn't analyse it that way then – it was just a way to curse this woman, an approach I had heard around me many times. When I finished speaking there was absolute silence. Even the woman couldn't speak for a while. When she recovered her voice, all she said was, 'Wait outside! At the end of the class I will take you to the headmistress.'

At the end of the class, she didn't take me to the headmistress. She sent me with my exercise book and told me to show it to the headmistress and tell her I was being reported for not doing my corrections. How could I when we had only just got the books back? When I went to the headmistress I told her what the teacher told me to tell her, but I also told her that wasn't the real issue, and I explained what had happened in the class. I gained a new respect for Miss Gartshore that day. She never said a thing against the teacher, but you could see she wasn't going to discount my story. 'Okay, my dear, just do the corrections and take them to her at the next class.' Soon after that teacher left the school. She came up to me one day and said, 'I am leaving this school because of you. I will never forget you as long as I live, but it won't be for anything good.'

Since I felt quite certain that what I did was good, I noted that what you thought was good depended on who you were, and the word lost its absolute meaning, along with a host of others that I came to examine as time went by.

One thing I knew I had to do since I was determined to be a rebel was to get good grades, so good they would think twice about expelling me as long as I did nothing criminal – and that I had no intention of doing. I structured my time and my pace so every piece of work got done with maximum care and in time. I went to bed early to make sure my brain was always fresh during the day. Even my uniform was perfect, razor pleats and every badge in place. I ironed my uniform every evening after school, and put everything together for the next day. I took an active part in my house, became Sports Captain, played hockey and netball, I even joined the drama club and acted in a play, though to this day whenever I'm on stage I feel like a clumsy oaf with five feet and a face whose expressions always look ridiculous whatever the meaning I try to get it to convey. I gained a reputation for being both rebellious and bright and by being among the 'best of the best' I managed to keep my place in school despite a series of rebellious actions.

Apart from race and class I think the biggest issue for me at the time was the right of students to defend themselves and be heard without being regarded as rude. Somehow, if children stood up for themselves, they were considered rude. Maybe that's why my own children have grown up to be very argumentative – a bit too much so, I think. But I would rather err on that side than repress their right to express themselves.

Coming up to the end of my sixth form sojourn I decided to enter for all the three island scholarships available at the time – a passport to University. I was afraid my parents wouldn't be able to afford to send me by themselves. I often overheard my mother worrying about where the money would come from when I passed my exams, as she was sure I would. So I got the papers myself, got one of my cousins who was now teaching at the school to help me fill them out, and took them into the Ministry.

The day the news came that I got the Centenary Scholarship I was out of my mind with joy. The girl who got the Jamaica Scholarship was also from my school. She was white and bright and I guess the new headmistress expected it and was satisfied to

226

hear that and was about to hang up the phone when they said, 'And don't you want to hear if that is all?' Then they told her about me. Telegrams of congratulation poured in from all over the place. Relatives sent me cards, money, came to see me, made me feel I had conquered the world. My friends at school were cool. After all they 'knew I would get it'. I was their heroine, but also some were jealous. They 'wished they had brains' like me. So when I look at where I have got to in life and where they are in society, and how our class origins have just re-asserted themselves after school in spite of the 'brains' of the primary school sector, I know that education is only part of the answer.

University in England. Mostly what it meant was a chance to see another country. After all, it might be the only chance I would get in life to travel abroad. Surely in those places they didn't ban information on Cuba or prohibit debate on Marxism. Another white Scottish teacher had introduced me to the Communist Manifesto and it seemed to me that the only reason it was regarded in certain circles as a criminal document was that it promoted the idea of power for the poor.

I thought that what I needed was to equip myself to earn a decent living, then I would come back and help to 'start the revolution'. I wanted to chalk up all the letters behind my name – then I thought I would be able to talk freely and no one would be able to do anything about it. I didn't know then that if that was my aim I shouldn't choose to be a teacher or go into the Arts. To me a profession was a profession – a guarantee of stability for the rest of your life. Yes, most teachers were women, but it never occurred to me that that might mean they were poorly paid. I didn't even know what teachers or any other professionals were paid. That's why I know it's very important for schools to do more than teach subjects for examination. There is among students even today an abysmal ignorance of the realities of life, a lack of understanding of society and its relations, a whole set of mis-conceptions about their possibilities within the existing social fabric, a lack of information on which to base choice or develop opinions about what in the society needs to be changed to create a more just and egalitarian society. Some of them wouldn't want to know, of course, but those to whom change is important would benefit from such support. But how many teachers do we have who are in a position to fill this need without giving in to the indoctrination of 300 years of British colonialism and the pressures of being in America's 'backyard'?

I came home from university in England married and full of revolutionary zeal. In spite of my mother's warning that 'politics is dirty', I still firmly held to the belief born of my childhood experiences that changing the political structure was the only way of changing the fate of the poorer classes. I backed Walter Rodney, sold *Abeng*, went Afro, helped start a women's organization with a working class focus, then got drawn into the leadership of the teachers' movement.

Helping to build the Voluntary Organisation of Women was really my first close experience of political organisation. VOW was founded as a sort of women's wing of an alliance of small progressive trade unions. We tried to organise trade unions in the garment factories, but the key women always got fired as soon as the management got wind of it. We ran typing and literacy classes and the women taught each other to cut dresses and to sew and make bags, skills which they could use to earn or save money. The men were always using us to do 'women's work' – preparing food or drinks, cleaning the office or typing. The men and a few of the middle class women did the 'important' things like drafting documents and sending off news releases. After a while we women went on strike against this division of labour.

It was also a great experience in class contradiction. I remember how the middle class women who considered themselves highly conscious and versed in theory used to have these education sessions where they brought prepared documents that read like pages out of a Social Science textbook. They had to stop after every line to explain the terms. The women would fall asleep or just suffer it in silence. They came alive when Dorothy, a working class sister, proposed a campaign around condensed milk which they couldn't get at the time. It was Dorothy who saw the link between the condensed milk factory and imperialism, but the middle class sisters were terribly concerned that she might not call it by the right name. I can laugh about it now but it was a very alienating experience.

With all of this, it was still the most egalitarian structure I had ever worked with. Everyone had a right to say what they felt and to have their opinions respected. But sometimes the way things operated people didn't feel like exercising the right. The working

228

class sisters felt they didn't know as much as the middle class ones and I felt that if I said what I felt I would be dismissed as being anti-revolutionary.

Two brothers stood out in all of this for their humane attitudes and the understanding they showed towards the women. One was 'T', who was always ready to apply basic principles to support the women, without being patronising. I remember once a working class sister in the organisation accused me of being middle class and fair-skinned and therefore suspect in my relations with the working class and black people. (Here in Jamaica I had to defend myself for defending black rights, as I wasn't accepted as black. In England that was not a problem – I *was* black.) I was so susceptible to the colour-as-criterion argument at the time that I defended myself by pointing out that my husband was black, my daughter was black, my father, my grandmother and their whole family were black ex-slaves. That didn't matter, said Noreen, I could even have married my husband out of pretence. When the other women in the leadership sought T's advice as to how to handle the situation, he insisted that although the sister was working class, she should be asked to substantiate the charges, say what actions of mine constituted evidence. If she couldn't, the charges should be withdrawn and the sister reprimanded.

'If the middle class sister is right, she is just right. And if the working class sister is wrong, she is just wrong. Just being working class doesn't mean you are right and just being middle class isn't a crime.'

We had the meeting. I gave the sister full permission to bring forward any evidence, even if it was from private or personal conversations we had. She couldn't offer any evidence at all.

But the brother who I loved was Negus, a beautiful Rastafarian brother who sold snowballs from a handcart. He never expected the women to serve him. Even before the women went on strike against the service role, Negus used to bring his bun and cheese to all-day meetings and share it especially with the women. Afterwards he used to help clear the office unlike the other men who left it for the women to do. Negus made the point that food was important. The other brothers would rather starve than prepare it for themselves. He must be dead now, but Negus was my first example of true working class brotherhood.

As a teacher, I worked in a traditional High School whose headmistress was a white Englishwoman married to an upstanding

Canon (later Bishop) of the Anglican Church. The school was imbued with colonial ideology. I got the job in no time flat, mainly, I think, because I had a degree from an English university, which carried certain class assumptions with it – and I 'spoke well'. But the class composition of the teaching force was changing slowly, and there were on the staff a few teachers with an interest in changing the colonial content of education. These were the ones that I later mobilised for union membership.

I got involved with the teacher's union almost by chance. The only organisation in the profession at the time was the Jamaica Teachers' Association (JTA), whose basic orientation can be summed up by saying they believed the best way to prove black people could manage their own affairs was to show how well they could imitate the whites and their colonial ideology. The proceedings of the local district association of the JTA were fascinating, and mirrored the colonial preoccupations of the association. There would be thirty or so teachers at the meeting. The President at the time was a male schoolteacher who would chair the proceedings at 2.30 on a sweltering afternoon dressed in jacket and tie, with globules of sweat occasionally reaching tumbling proportion and rolling down his face. He tried to keep them in check using a neatly folded handkerchief which every now and again he replaced in his breast pocket as a mark of the movement from one stage of the proceedings to the next. The female secretary would then read the minutes of the last meeting, full of heretofores and whereases. Then the time would come for confirmation of the minutes and that would take a full five minutes because no-one wanted to be so conspicuous as to confirm the minutes.

This part of the matter was theatre, and I mainly went for the humour. There were far more serious consequences of the colonial outlook, however. The educational structures were very authoritarian, the content bolstered the status quo and shunned anything which promoted the idea of power and rights for the masses. If either structure or content suggested that the majority of the people would only get things going their way if they took power from the existing authorities, that was definitely subversive, and you could be fired for discussing ideas like that in a class, far less taking a position in favour. The majority of students never went beyond primary school stage, but as far as many of these people were concerned, it was because they were lazy. Teachers had few rights in relation to the authorities: they didn't have to be given a

230

reason for dismissal, they were barred from seeing their files, their voice was not represented on the School Boards. Female teachers were entitled to maternity leave, but only if they were married. The JTA supported the regulations which denied these rights. The situation, in so far as it has changed since then, has changed as a result of the efforts of progressive teachers in the profession, organised through the Teachers for a Democratic Jamaica Teachers Association (TD-JTA) and the National Union of Democratic Teachers (NUDT), both of which I helped establish.

I constantly criticised the position of the JTA on these and other issues, and was chosen by rank-and-file teachers – more and more of whom were becoming vocal and attending meetings – to be President of the District Association. A whole new executive of classroom teachers replaced the old executive made up almost exclusively of principals and vice-principals. We reorganised the District Association along more democratic lines, joined up with other groups of progressive teachers in other areas to form a pressure group the TD-JTA – which created a storm with its new proposals concerning education and its actions challenging the authoritarian JTA. Soon we controlled as many as 40 District Associations. The JTA leadership conducted a campaign against the group, accusing it of being Communist, a charge which evoked an emotive response among many teachers who had never even stopped to consider what the word Communist meant. For those who were scared, the charge bore additional weight because the other main co-founder of the TD-JTA was known to be a member of the Marxist–Leninist Workers' Party of Jamaica, an affiliation he publicly acknowledged. The union was, indeed, led by progressive people, Communists among them, but the bulk of the membership was non-Communist, drawn from people whose affiliation covered the breadth of the political spectrum, or who had no party affiliation at all. The unity was based on the TD-JTA proposals and programme.

This did not deter the JTA in its campaign to undermine the TD-JTA by invoking the Communist bogey. When I was nominated to run for the post of JTA President, we published an impressive brochure with my picture and our programme. The JTA responded with a leaflet headed in bold red capitals telling teachers not to vote for me. In spite of this, when the vote was counted, the TD-JTA had won 3,500 votes in my favour in conditions which allowed for considerable cheating.

231

This was too much for the JTA and they determined to step up the campaign of harassment which was already in high gear. They had attempted to take disciplinary action against four members of our leadership, including myself. We responded by taking legal action, and the JTA was restrained by the court and forced to pay our legal costs because their procedure was not correct according to their own rules. Their ruling body had tried to suspend us from the association. Now they made up their minds to go all the way, and in 1976 all TD-JTA members were officially expelled from the JTA, a move which mirrored the expulsion of the radical elements from the PNP in 1952.

In April 1976, we called our membership together and they authorised the formation of a new teachers' organisation – the National Union of Democratic Teachers (NUDT) of which I became the founding President, serving until 1980.

The consequence of this work for my life was tremendous. From 1973 to 1980 I belonged to the public. Every move I made was potential propaganda for the JTA. The meetings and public engagements were unending, and at the same time I had to maintain super-teacher standards on the job. I liked the opportunities to represent the union's point of view, to get out the message, but sometimes I wished I could be anonymous again. Everywhere I went everyone knew me 'from the TV'. My private life was everybody's business, especially the JTA's. At one point there was a rumour going around that I had three children for three different fathers – an attempt to suggest promiscuity and low morals. Though I was now a single mother, I could scarcely build a relationship with anyone; for one thing I was never sure whether they were attracted to me or to the 'fame'. Some men clearly felt that as a woman on my own I would be dying for a man, and offered their services. I was constantly having to tell them as nicely as I could to go to hell. Of the two relationships I attempted in the period, one floundered on the rock of domesticity: I wasn't about to take on the extra work and pressure of living with any man. The second evolved beautifully for many years, confined to a visiting relationship in which I was not forced to provide any services, but was treated to all the attention and romance which is normally reserved for 'the other woman'.

Within the union too, my sexuality was of concern, at least to the General Secretary who warned me to be 'discreet'. In his own private life he seemed to me to do as he pleased, so I concluded that

232

he subscribed to the sexual double standard too. I wondered how that related to our democratic principles.

I had a variety of differences, especially with the General Secretary and the editor of the union paper, on the 'woman question'. First we disagreed on the importance of the question, which the editor regarded as 'secondary'. It would be resolved as a matter of course when the bigger, important issues were resolved. I could not, and still do not, see how the concerns of 51 per cent of the human race can be regarded as a 'secondary' issue.

There were also contradictions in the way women were treated. For example, one day after a meeting I asked the General Secretary to lift a typewriter and put it in the car for me. I had been accustomed to lifting typewriters and anything else that needed to be lifted, as a matter of course, but that evening I was dog-tired. The General Secretary asked me – and even though it was said in a half-joking tone it was obviously meant seriously – why I couldn't lift it myself, strong, fighting woman that I was. I exploded. The fact is that these men almost always had relationships with nice, delicate women whom they would never dream of responding to in that way. They would lift anything for them, but because I was 'strong', I wasn't regarded as a normal human being who could need help from other human beings from time to time. Being a 'strong, fighting woman' seemed to exclude me from the category of normal human being. Supportive action was reserved for helpless females who conformed to the traditional, dependent female image. Doesn't such an attitude encourage women to maintain their traditional image and role? Was that in keeping with the philosophy of the union? Or was it that we were creating odd-bodies like me who were good as workhorses for the struggle, but were thereby excluded from the courtesies extended to other women? In a reverse situation, if the General Secretary was ill, for example, wouldn't I have been willing to lift that typewriter for him too? How would this have affected his view of me as a woman? The whole thing seemed to me to explain why in the lives of these men there seemed to be one kind of woman for going to bed with and taking out, and another for working with in the struggle.

I also remember a particular meeting called to discuss the position to be taken by the union in relation to allegations of homosexuality made against a certain principal. We all agreed we should ask for his dismissal. However, the General Secretary and the other men present at the meeting also wanted to suggest a

233

campaign against all homosexuals in schools, calling for their dismissals. I disagreed. The issue, I maintained, was misuse of power. The principal had used his position to inveigle a student to provide him with homosexual services. What consenting adults wished to do in the privacy of their bedrooms was, in my view, their own business. Were we also going to have a campaign against men who in the privacy of their bedrooms subjected their wives to all kinds of sexual humiliation? How was this to be proved? The campaign against homosexuals was eventually rejected because of the timely arrival of P, the female Vice-President, who pointed out that such a move would give the authorities a weapon to use against any teacher they didn't like, by accusing them of 'homosexual tendencies'. Even members of the union could be victims of such a campaign, given the fact that the authorities were anxious to get rid of union members in the schools. Converting the issue into one of victimisation prevented the campaign, but it avoided any real consideration of the issue of sexuality.

In the process of the discussion I was accused of promoting homosexuality, and the men barely stopped short of denouncing me as being one myself. Now to me the issue of sexuality is crucial to a readjustment of male–female relations. Homosexuality is often a consequence of the inability of males to fit into the 'macho' image defined for them by society, just as lesbianism is often a response to women's disgust with the 'macho' reality, and their inability to be the delicate, passive attendants on men that society would like them to be. Once we accept that 'maleness' and 'femaleness' are not rigid, fixed concepts, we have to accept variety in sexual relations. Besides, what is it that makes society get so upset about homosexuality between consenting individuals when their sexual preference does not limit or affect the rights of anyone else? In these matters, of course, there are issues of misuse of power, and issues relating to health. Those apply to any relations, heterosexual or homosexual, and there are issues in heterosexual relations which are not discussed or given priority treatment simply because heterosexual relations are regarded as normal and accepted and so become the cover for a host of crimes – rape, physical violence of all types, mental torture and repression, and the denial of basic human rights – these issues never get addressed because they happen within the context of heterosexual relations which are regarded as normal, but which are based on the authoritarian power of the male which is entrenched to the point

234

where the males have a *right* to abuse women by virtue of the superior power assigned to them within these 'normal' hetero-sexual relations. An 'abnormal' homosexual couple who are loving and considerate to each other are, in my view, superior and much to be preferred to a 'normal' heterosexual couple where the woman is being subjected to all manner of humiliations on a daily basis because of the entrenched power of the male.

The other big problem I had was with the domestic labour issue. In the union executive, I was one of two women trying to exercise leadership while bringing up young children. The other had an exemplary husband. I was by then separated from my husband. This sister was the one who understood best and always tried to help in any way she could. She kept my children for me on many occasions when I had late meetings and for longer periods when I needed the help.

Even so I felt that it was unfair that with all these domestic burdens our 'public' work was assessed in the same way as that of the people who took on little or no domestic responsibility. I felt the concept of 'equal work' needed to be reassessed, taking into account domestic tasks and responsibilities. If a single mother with two children and no domestic help managed to address 10 school committees, and the General Secretary with a wife left to take care of business including his children, attended 12, he was *not* doing more work for the union than the single mother. It takes a woman in that position at least twice the labour to attend a union meeting as it would take a man who had no responsibility for domestic tasks.

I also felt the union, and indeed all progressive organisations, should find mechanisms to encourage men to carry out their share of domestic tasks, and so give the women a chance to find the time to do some of the 'important' work that is normally left to the males – the putting together of speeches, the analysis of data, the study and reflection needed to give ideological leadership.

Not all the issues were so clear to me then. My withdrawal from the union in 1980 had a lot to do with sheer exhaustion, but it was also a recognition that working in conditions of such extreme stress and overwork – and I haven't even discussed the financial aspects of this stress – I would not be able to do the reflection and investigation necessary to develop my own ideological position to take into account the specific problems of women.

However, raising women's issues in the union did, I think, have

235

positive consequences. It was the union which first broached the issue of maternity leave for unmarried teachers, and it was the union that invited other organisations including the women's organisations to a meeting to extend the campaign for maternity leave to all wage-earning women. I distinctly remember that at one stage the General Secretary suggested that we might have to abandon that issue as fighting for it might be unrealistic in the existing conditions. I told him that in such an event I would immediately resign from the union, and I heard nothing of it again. In fact, he put his energies fully behind the approach of getting other organisations to take up the issue.

I also think the union leadership did become more sensitive to the problems of women in the union, and nowadays the General Secretary is careful to include in his reports a section on the progress made in addressing 'women's issues' and facilitating the participation of women in union work.

At a personal level, since my departure from the union I have been pleased to hear women who were then single, and perhaps thought I was making a mountain out of a molehill on the domestic issue, seek me out to tell me how much they now understand what I was talking about.

Here is a small account of what my domestic life was like during these years. I would collect the children late at night after meetings that ended at 10.30 p.m., drive the ten or so miles home, get into bed just after midnight, be up again at 5 a.m., cook dinner and breakfast and be out of the house by 6.45 a.m. and on my way to school. Everything had to be organised like clockwork. The earliest I ever got home was 6 p.m. Those were the good days. Then I would check homework, monitor baths, comb two heads of hair and tie them with scarves for the next morning, see that uniforms and shoes were put at the ready beside the bed. In the morning I would get up at 5.30, go straight to the kitchen and put on the kettle, wake the children. One went to the bathroom while the other straightened the bedroom. By the time they were dressed, breakfast would be on the table, dinner would be on the stove. It always had to be something that I could prepare and cook in one hour flat, and didn't need too much attention – something to steam or stew usually. While they were having breakfast, I went to the bathroom. By the time I came out, the children would have the plates and cups washed, then we would all pack our things into the car. The last thing was to turn off the fire under the dinner pots and

236

dash through the front door. When the car wasn't on the road, everything had to be scheduled half an hour earlier to be at the bus stop by 6.15. When the gas price became crucial, we worked out an arrangement with friends where some days we travelled with them and other days they travelled with us.

Weekends were taken up with occasional meetings or rural trips organising for the union, but mostly they were taken up with housework – attending to all the things that had been neglected during the week, washing, shopping, preparing for the next week. Leisure was rare, though after a while I simply designated certain weekends as home time, cooked the simplest things possible for the children and myself, and slept late on Sunday morning. When I got up the children would all get into my bed and we would chat about everything from how babies were produced to national and international politics – depending on what had inspired their curiosity during the week.

Creating this space for the children was partly my own recognition of their need, but it was also partly in response to pressure from them. I remember one day I was driving up Hope Road and my five-year-old daughter suddenly said, 'Mummy, why can't you be like other "Mummies". Other Mummies stay with their children, why do you always have to be going out to meetings? When I am tall [her way of saying 'grown-up'] and have my children I am going to stay with them and be a proper Mummy.' So then I had to explain why I was doing the union work and why it was important. They accepted my explanation, and from then on they became my greatest supporters. When we won the case against the JTA they made up chants about how great their mummy was because she had 'won the JTA'. And whenever they saw pictures on TV of the demonstrations, they would feel very proud that their mummy was 'fighting for the people'. And they became quite proud of how independent they could be so that their mummy could have the time to do that work. Many Sunday mornings they would bring me breakfast in bed because they knew how tired I was. Then we would get together for our little communion. Sometimes in order to have as much time as possible for relaxation I would abandon the traditional Sunday dinner of rice and peas and chicken and do something simple like spaghetti and cheese which could be prepared in little or no time. If we were going to the beach, we would just take a bag of oranges and buy sugar cane on the way. When we got back home we would have our spaghetti and cheese and vegetables, then get homework and such things out of the way before organising clothes, washing hair etc. in preparation for the next week.

When my god-daughter Carla came to live with us it created more work and more tension: tension with her mother who had been forced to migrate for economic reasons and who, at first, could send no money for her; tension because there was competition for my attention between Carla and my younger daughter, who were almost the same age; tension because it took me so much time and pain to get Carla to learn the basics, to do her homework. I found myself spending up to five hours on the weekend getting her to do two pieces of homework, all this accompanied by bitter tears. I spent far more time trying to help her than I did with my own, and my second daughter wasn't getting any help as a result. It wasn't Carla's fault, she just had not had the basic teaching when she needed it. Now she was nervous and anxious about anything to do with school work, especially since my own children seemed to be able to do their work without any trouble.

Carla was very sensitive to the slightest difference in treatment. Anything I did for my daughters I had to do for her too. If I lay down beside one of my daughters, I had to make sure I went to lie down with her too, and for a similar length of time. She made demands for cuddling and hugging greater than those made by my own children, and sometimes I simply didn't feel like it, but if I put her off she would feel rejected, whereas my own children had got so accustomed to this that they just took it in their stride. And dealing with her on the matter of school work was really traumatic for me. I just didn't have the patience, after a full day's teaching at school, to deal with a reluctant student. Eventually I got her into a prep school where I heard the remedial teaching was good, and her mother paid the fees, but it didn't help much. When she didn't pass the Common Entrance I got her into the same school as my own children.

She also used to tell lies, perhaps because she expected to be beaten if she told the truth. To encourage the truth I told her that no matter what she did I would never beat her if she told the truth, but if I found out she was telling a lie, she would get it. I kept my promise, but she still didn't seem to be able to get over the fear of a beating, so she continued to lie about the simplest things – where she had got a strange pen she had in her bag, whether she had eaten the last of the bread – something I wouldn't think of beating her for

– I just wanted a chance to make the point that if the bread was finished she should let me know if she was the one to eat the last of it. My heart went out to her for all that fear, and it has got less over the years, but she still has it.

She is now a more confident and self-assured child. When she first came to live with us, she was in such a nervous state that she would wake up in the middle of the night screaming and claim she could see duppies. Living in the midst of gun-battles and violence in her early childhood had taken its toll. We had several Sunday morning discussions about duppies and now she is proud to announce that she doesn't believe in 'those things' any more.

Physically she is now strong and healthy. She is a sweet and generous child and I really love her a lot, and although she is now with her father, she comes to visit on holidays and weekends and is always wanting to come back to her 'Goddy'. I give her as much support as I can, but I really don't feel my nerves can withstand taking on the full responsibility again.

So that, with periodic variations, was my life for seven years, and by 1980 I was so exhausted, I was falling asleep behind the wheel on my way home regularly, I was so riddled with tension and bothered by ulcers that I felt the time had come for a break. The union was now firmly established and the union experience left me more convinced that the domestic labour issue was crucial. I wanted more time to investigate it, to explore its implications for the working class struggle and the advancement of working class women.

In spite of all the difficulties and contradictions of my work in VOW and the NUDT, I would not have chosen to work with any other women or teacher organisations existing at the time. The alliance of which VOW was a part was the embryo of the later struggles of the seventies, and some of the same women who were active in VOW went on to be part of the struggle for the minimum wage, maternity leave and school uniforms. The NUDT won paid maternity leave for all teachers, married or unmarried, and was successful in joining with other organisations to expand the maternity leave issue to wage-earning women in general. It fought for and got a new Code which gave teachers more rights and improved their conditions of work. It fought for and won student councils and the right of students and the community to have a voice on School Boards. In spite of the weaknesses, these types of organisations have brought significant concrete gains for ordinary people. And that is why it is so important to continue the struggle within them to ensure that their actions are not distorted by a failure to address certain fundamental questions.

Our work in Sistren allows us to explore women's issues without anyone breathing down our backs to tell us these things can wait because they are 'secondary' or that if we talk about how men oppress and exploit women, we are being 'anti-male' or 'dividing the struggle'. The problems of half of the population cannot be regarded as secondary, and the people's struggle will never be fully a people's struggle until women and their concerns are fully integrated into it.

Foxy and di Macca
Palace War

Ah was very active in Spangler's campaign. Ah do any lickle ting dem call on me fi do – enumeration, census-taking, talking to people in di area. Mama was active too. She work at di constituency office. Anyweh meeting deh, she deh-deh. Dem pick her up and carry her anyweh.

Spangler was a handsome man. From yuh look pon him face, you could see seh him is not a man of wrongs. Him look innocent. Brown skin, tall beard, medium build. Him born and grow in Wrongoose Penn, our community. Me know him bredda. Him is much older dan Spangler and him keep a shop near to where we used to live. One time when ah was about eight, di police was beating up people and tear-gassing dem off di street. Ah was frighten because it was di first time ah ever see police brutality. Spangler bredda come and talk to di police fi quiet it down and calm di people. Me say dem a good people.

After Mount Olympus housing scheme build, di people dem in di area wanted a change in di government. Our area, Wrongoose Penn, was a working class area. We always used to support Cyclops and his people, but after we see what happen wid di housing in Olympus, we start say we tired a dem tings deh – too much discrimination and too much corruption.

We say outsiders always come inna our area and reap di sweets. Now we waan show di rest a di world seh good people come from di ghetto. We waan show seh we can lead weself and do it good. We chose Spangler fi our candidate in di election, because him is one of us.

Ah cyaan prove it, but what ah understand is dat Cyclops was di first politician in dis country to use guns fi fight him campaign. Him do it because him wanted was to control di people living in di Underworld. Di Underworld was a place where people live inna house mek out a box top and ole car skeleton. Dem never have

243

notten. Him give di Underworld man gun fi go shoot off di man dem dat support Sassafras him rival. Sassafras man kill Cyclops boy wid stone and tek way dem gun. So a him first establish di gun and Sassafras polish it off.

After dat, Cyclops get prominent. Him decide fi bulldoze di Underworld. Him build up a new housing scheme in di hills name Mount Olympus. Plenty people did well in need of house, but yuh could only get a house if yuh carry a party card fi Cyclops party. Di house dem did pay for out a taxpayer money so everybody should a have a right fi get one. It did even reach to a stage where yuh couldn't get yuh pickney inna di area school if yuh never support Cyclops. Dat was how Cyclops build up him private force. Him a di gong. Anyting him want, di people inna Mount Olympus do it. Him is like a god to dem.

After di Underworld bulldoze, some a Cyclops ole time supporter scatter-scatter all bout. Some a dem still have dem gun, but dem rest all bout – in Lagos and Wrongoose Penn. Man and man move back and forth till dem find a resting place.

Plenty a di youth dem inna my area wasn't working. Only dem madda and faada might be working. Di youth dem depend pon some source a foreign. Myself used to depend pon my family and my baby-faada inna foreign. Ah wasn't working. Ah just had Freddy a young baby. Ah stop go school from ah was sixteen. Ah won a scholarship to a high school when ah took di grade nine achievement test. A lickle while after ah was going to di high school, di history teacher squeeze me pon me titty. It come stink inna school. Di children have it as a scandal all over di place. Ah feel so shame dat ah never go back. Ah deh a yard till long after ah have me first son Freddy. Me baby-faada was going send fi me from foreign. Ah was just waiting fi di day ah would get through to go to America.

Dat was why ah had di time to work on di campaign. Everybody get excited and everybody get involve. Whole heap a di youth dem weh nah work used to crowd up our yard. We cook fi dem and feed dem. Sometime even Spangler himself used to come. Him was friendly. Him go round from house to house eating and drinking wid di people and talking to dem about what and what him waan fi change in di area. Him say him a go build school and house fi di people dem weh live inna ratta castle wid di bunchy-fowl-house a pickney, weh a run up and down pon street. Him say him a go build park fi tek dem off a di street. Him say him going try promote

youth employment and bring in laws to help di working people –
like minimum wage and rent restriction.

Di campaign was a different style campaign. Plenty music.
Rockers all night mix wid di speeches. Feasting – rice and peas
and chicken, bully beef and rice. Dat was where ah first taste
chili-con-carne. Dem did organise outing to di country too because
di people dem say dem no have no money fi enjoy demself a
country. Yuh could feel a new spirit moving in di people. Someting
was coming to life.

Election night when Spangler win him seat, everybody celebrate.
When we hear seh dem mek him a minister of government, we was
so proud a him.

He was di Member of Parliament (MP) for Lagos, Wrongoose
Penn, and Limbo. Macca Palace also fall in his area. It was
anodder government housing scheme dat start from before di
election. Dem bulldoze Lagos and Albion to build it up. At di top
of Macca Palace was Limbo. To di northeast of Limbo on di edge
of di hills was Mount Olympus. Cyclops and fi him people still rule
up deh.

Work a give way in Macca Palace. Everybody waan get some
a di work. Dat time contract fi how much thousand dollar a
give way. Di Limbo man did well in need a di money and di work.
But Cyclops boys say dem no fi tek it. Dem feel seh if dem tek
it, Limbo a go strong wid Spangler and dem can control Olympus
at any time. One night, some man from over Olympus leggo some
shot pon di Limbo man dem dat tek di work. Di shot was a
warning. Is like dem a say, 'Tek di work if yuh bad.' After dat
di Limbo man stop tek di work, and di sweetness a di Macca
Palace fall inna di hand a Spangler man. A jealousy now begin to
develop between Macca Palace and Limbo over di sweetness of di
Palace.

Inna dem time deh Ananse name start ring hard. Him come from
Wrongoose Penn, but him have him roots in Westmoreland. Him
was a ugly man – mawga, wid a big soul and a telephone cut from
him ears to him mouth. Him always inna track shoes and blue
jeans. Ananse get one a di contract weh a give way. But me no
see him do no work none at all. Him take di big money and get
one lickle labourer fi do it and give him lickle bit a money. Him
get big car and start drive up and down all over town wid woman
and a spend big money. Him a follow Spangler who a preach bout

di rights a di small man, but him a imitate di worst ways a di Big Man.

Di day di war start, me deh a me yard a cook. We just had di parish council elections and Spangler people win. Di people dem feel glad. Dem decide fi mek up a lickle procession wid a coffin and some a di lickle yellow flower weh grow pon di road side. Notten never wrong for is a tradition from a longer time. Mama and Granny decide fi go join in. But me stay a yard fi give Freddy him dinner.

Me finish share out di dinner and go outside fi go eat. As me put di fork to me mouth, me hear 'PI! PI! PI!' Gunshot a fire. Me so frighten dat me dinner throw way. Me deh-deh a listen till me see me gate fling open. Me get up and run towards di house. As me was about to go inside, me see dis lickle boy from next door come through di gate.

'Wah happen?' me say.

'Whole heap a shot a fire! Some people get wounded.'

'Weh me Granny and me madda?'

'Dem a come.'

When Mama come in, she only say, 'Foxy! Beg yuh lickle water.'

'Wah? A wah?' me a say, for me never hear gun fire like dat before.

'Limbo man a fire shot,' Mama say. 'Dem mash up di procession.'

'How?'

'While we a march a go down di road, no di Limbo boy dem pon top a di building a fire shot pon we. Dem chase we come up yah.'

By now me a fret pon me Granny for Mama never know which part she turn. Me did grow wid her, so me have a special softness for her. Anyting happen to her, me no feel good. Me go outside go look fi her. When she come, she and Mama start talk.

'Me run inna one house uppa Limbo when di shot dem start fire,' Granny say. Everybody buss out and a laugh. How could she run in di house a di gunman dat a fire shot pon dem? But it never come in strange to her to do dat, because all di while we used to walk through Limbo to go to di bus stop.

Granny say, 'When di Limbo man fire, yuh could a hear fi-we side a answer back.'

'Fi-we man never have no gun. Dem only fling bottle,' Mama say. 'A di plain clothes police dat support Spangler. Dem was inna di procession. A dem did a fire dem gun.'

246

Lickle while after, we hear seh Cyclops candidate fi di area call down soldier and police pon Spangler supporters at di constituency office. Di soldier dem come down and start beat up di people dem. Di people tek revenge. Dem bun up di car dat belong to Cyclops candidate and dem mash up him office.

Dat same evening people a walk up and down in di community and a say,

'Me no know weh Spangler a deal wid.'

'A full time him arm him man dem.'

'It look like him waan lead people to dem destiny.'

After dat tings change. Man and man start run up and down fi gun. If yuh come from Macca Palace and Wrongoose Penn, yuh couldn't walk through Limbo to get to di bus stop any more. Macca Palace man start patrol di area.

Ananse now a di general. Him a di gorgon. Him control a whole side a man inna Macca Palace. Di man him control do all sort a tings. Kill. Bun down. Him no do notten himself. Him only master mind dem. For instance, if yuh are a lickle sufferer in di area, him will give yuh a fifty dollar. Yuh may say him good, but a because him a go use yuh fi do someting later on. How him get him gun, me don't know. All yuh hear seh is new gun come. Ah start to wonder if Spangler know how dat runnings go.

Me no know how, but me did get involve wid a badman name Archie. Around di time a di election, him start come a di yard. Mama and fi-him madda was friends. Me never like him character. Inna di days a di Underworld, Cyclops did give him gun. Dat did all turn me against him. When me know him, him used to tief car. Him never used to do it himself, but him give tips and line up di boy dem fi do it. Then him used to sell di car to di police. Or scrap it and sell di parts to di police.

Him used to play wid Freddy. Mama used to say,

'Ah hope yuh no inna no argument wid him . . . Hmmmmph!'

Granny never like him and me not even like fi hear him name, Jah know. Him used to bring di big tin of feeding fi Freddy and bring present fi me, like all nightie and bed slippers. Dat time, him did only a fatten me. When him used to bodder me, me used to say, 'Me no waan no dealings wid yuh at all.' Me never like him character at all.

Me no know what him tek and ketch me, but inna di confusion a di time, me find meself a talk to him, till all in a sudden, me find meself pregnant. Me feel terrible bout it. One a di time, me did all a tink bout suicide, but me never carry it out. By di time me start tink bout abortion, it was too late. Freddy faada find out bout it and him stop write. Him lock off communication wid me. Dat mek me worse hate Archie because me did love Freddy faada. It was my dream to go a foreign and be wid him. People used to feel dat when yuh reach a foreign yuh gone a heaven. Dat worse mek it rest pon me. Sometime ah used to dream bout Freddy faada. Den, ah started going up and down wid me friend Pet and drinking to get di whole ting off a me mind. When Boobupps born, me did still have di hatred for Archie so-till me turn it out pon di baby. Is me Granny who encourage me fi show a loving interest in di child. She say,

'Yuh cyaan tek faada fat fry pickney.'

Certain people inna di police force and inna di government did waan get Ananse. Dem waan get him to get information bout how dem get arms. One day di police were drinking in a bar in Waltham Gardens. Dem get drunk. When some a Spangler man come on pon di scene inna Ananse car, dem start fire shots pon dem. Dem shoot up di car. It get out a control and turn over. But when dem look, it wasn't Ananse in di car, it was a youth name Townman.

All di people in Macca Palace and Wrongoose Penn get vex-vex-vex. Townman wasn't no bad man nor notten. Me did know him and him was a quiet type a person (not to say sneaking). Him never used to fire gun. Him used to play wid di small children. Di whole community did feel him shouldn't dead dat way. It stir up di place and people start say, 'A just war we a defend!'

Dat was di big fire bun. Macca Palace man bun down Limbo man house. Limbo man bun down Macca Palace house. From Wrongoose Penn ah could see di people dem a run up and down and a move up and down wid dem furniture. Me did feel sorry fi dem.

One woman name Miss Carr (up to now me no know what she is, whether she for Spangler or for Cyclops), dem bun her out. Me help her carry her tings up di street fi get out a di gun fire. She did haffi store her tings at smaddy house and find somewhere else fi go cotch.

So it cool down, so it hot up. Dem bun down a business place wid a furniture shop, club, hairdresser shop and a restaurant. It was also a store-house fi a factory. All di raw material store down deh. Di whole heap a raw material bun up. Di people who work at di factory was out of a job. A whole heap a people lef homeless. Dead.

One morning a jeep a police and soldier was coming up. Ah was going across di street. Some boys were behind me coming down. All of a sudden di soldier open fire on di boy-dem. Dem run fi cover. Dem never did a fire on di police nor notten (ah was dere and ah see everyting). Di police start a house to house search fi di boys. Dem start to tek out all di lickle boy pickney in di house and ask dem, 'Weh di gun dem deh?'

When me see dat now, me run cross di street into di bar. Di police start fire shot inna di bar. Some boys was in deh. Me say to dem seh 'Soldier and police out deh!'

Dem make dem way round go get dem gun and shoot-out start. When it a come closer and hotter and everybody a lock down, me mek me way through di bar back, over a fence, go inna anodder yard; den me come out pon me street. When me reach a di corner, me buck up pon a police.

'Weh di gun deh weh yuh carry go give di man dem?'

Di way me frighten, me start to tremble and say,

'No sir! From me born me never hold a gun.' Him heng on pon me hand.

'Me a carry yuh go a jail,' him say. 'Come on! Come on! All oonoo do a incite gainst police. Oonoo put up wid oonoo gun man fi shoot off police.'

'No sir, a go me did a go fi look fi me friend and me see dem start fi fire shot.'

'Shut up yuh warra-warra mout, gal! Oonoo can go fi oonoo MP now! Everyting oonoo run go fi oonoo MP. Go fi him now!'

Him a walk wid me now and a come down wid me inna which part di gun a fire. Some people inna dem yard a see and a whisper to me, 'Run! Run! Run!' Anodder police was coming up to meet him. Him say, 'Let her go.'

'Let her go? A she a carry di gun give dem!'

'No man. A no she. Let her go.'

Di one weh hold on pon me say, 'Run!' And ah did run. Ah cork me ears and run down di street.

Ah realise seh di police a terrorise we. Dem never partial dem time deh. Dem beat all belly-woman and carry dem go jail.

Longers who used to come to our yard was friends with di Limbo man dem. My stepfaada had was to tell him not to come back to our yard, for next ting di Macca Palace man see him and say we a traitor.

One night when di area was under curfew, we was outside chatting. Di soldiers come. Dem run we off a di street. We go inside and when di soldiers gone, we come out again. Me and a youth name Babyface did a run some joke, when me see some soldier man come round di corner and smash di lightbulb.

'What's di position?' dem say. When me look good, me recognise a man who come from down Limbo. Me realise seh a di Limbo man dress up demself as soldier and tek time come inna fi-we yard. Dem mussy did walk through di cemetery. Das what dem do when dem waan terrorise di area.

'All a oonoo turn oonoo face to di wall.' Me never fraid a death. Me only fraid dem a go rape me. Me would a prefer dem kill me, more dan rape me. Dem make Babyface go one side. 'Go inna di house,' dem tell di rest a we.

Den one a dem stop me, 'Mek me see yuh finger.' Me quail up, cause me a tell yuh, me fraid. It was only me leave back wid Babyface. Di boy open me hand gently and tek off di ring. Him go fi tek out me earring. It wouldn't come off. Him pull-pull till him split di ears and draw it out. Dat time di pee-pee a run down me leg. 'Go inside,' him say. Me go in and run straight under di bed. Den me hear three shots. Me see di light from di shot dem clear.

Ah hear a voice calling, 'Mr B. Mr B. Me get shot!' Ah recognise Babyface voice. Mr B a my uncle. Him jump up and tear through di window. Ah come out and follow him. When ah look ah see Babyface a draw . . . draw go under di house. We try fi draw him out, but we couldn't do notten. Di whole a him side tear off. Him dead same place . . . in front a me.

Di incident wid Babyface affect me bad. He was only around twelve, thirteen. We find out dat dem kill him because dem tek him fi my stepfaada. Dem did have on di same colour shirt. A must Longers say someting to di Limbo man.

After dat, me couldn't sleep a night time. Couldn't eat. Fraid dem come back again. Every night shot a fire. Every night. When yuh wake, yuh wonder if any a di Limbo man dem a come in pon yuh. Mama did all a get miserable one a di time tru di confusion and she start tek out tings on di children.

Me decide seh me a move. Me was going twenty and me never

want me twentieth birthday ketch me inna Mama house. Me say 'Me have di two children and me still living under me madda roof. It come in like me a depend pon her.' Me did want her fi realise seh me nah depend pon her fi notten. From me born me know her as a independent woman, a warrior. She don't fight woman; a pure man she fight. Me did waan show seh me strong and independent too.

Me move into a yard wid me friend Pet. It was a lickle way out a di war zone. Ah carry Boobupps wid me. Freddy stick to him great-grand and him grand, so me leave him wid dem. Boobupps love me so much das anyweh storm blow, him blow wid me. Me decide fi mek Archie pay di rent for me. Me still never like him, but me say me have di pickney fi him. Him haffi stand up to him responsibility. Him fi pay di rent and feed him baby. Him did really mind Boobupps fi truc – meanwhile him deh wid him whole heap a woman. Him wild same way. Him tief and gamble. Him come and go a di yard. Him feel seh since di time so violent and me live to meself, me will soft. Me a go do anyting to keep a man.

Me decide seh a no so it go. Me haffi start work. Me get a job in di Crash Programme as area warden and time keeper. Deep down inside, me never please fi people see me a do di.work wid di rubbish heap and di fly dem a box-box all bout. Man come and quint to yuh and waan yuh fi talk to dem. Dat wasn't di way my Granny bring me up. Me was ashamed. Sometime, me nah tell no lie, me just come on pon di job and when yuh tek a stock, me missing, cause me never waan people fi see me inna di work more dan so. Me never like it, but me nah go talk hard against it because it gimme a lickle push start.

Ah was like a supervisor fi di rest a workers. Ah never had no problems wid dat, because ah used to get on wid di odder workers. Di pay wasn't plenty so some a dem used to go way a foreign, buy tings and do dem lickle peddling pon di side. Ah always tell dem fi mek sure do dem work on di road same way so me could give a good account of dem.

Ah was working on di street in Wrongoose Penn, so ah could see everyting dat was going on. Ah notice dat when Spangler pass, him car full up a bad man. Him start lose weight and wear plenty jewellery. Him always have on a snake head ring. Di more di war gwan is di more attention di bad man dem get from Spangler. Is like dem start to live off a di fighting. Is like di more dem fight is di more famous dem become. Di fighting give dem someting to turn to Spangler wid. Dem can say, 'Me do so and so last night!'

Yuh have a set a boys in di area who siddung and wait till war develop between Cyclops and Spangler man to do dem wrongs. Dese boys a just terrorist. Dem nah fight fi defend no rights nor notten. Dem claim seh dem nah work fi no lickle money. When dem tief dem can mek more money. Dem a di sweetest ting. A pure Clarkes bootie dem wear . . . dem buy it out a tings dat dem tief. Sometimes, if dem know a war can happen dem stir it up. If a truck a pass through, dem will jump pon di truck and start fling tings uppa Limbo, till when Limbo man start fling back and shot fire.

Meantime Cyclops a say di Limbo man too soft. Dem look like dem would a tek side wid Macca Palace and him start put on di pressure from Mount Olympus. Serious guns start bark. M16, Magnum, AK47, and SLR.

Me gwan a work. One day, di supervisor come to me and say dem need volunteers fi turn teacher-aides inna school. She ask me if me interested. She say me will haffi tek a test. Me tell her yes, for me was dying fi come off di street.

When me pass di test and get in di school, is like a big change come inna me life. Me never haffi out a street a see wah a gwan.

One Thursday evening, my supervisor told me ah was to go up to 4 Central Avenue, to get ready for a Worker's Week Concert wid di odder teacher-aides. When we reach deh, dem tell we fi choose what we waan do, whether drama or singing. Ah chose drama.

Di teacher took us into a room and shut di door. What bring me alive was when she ask everybody fi talk bout dem experience. Talk bout factory work, go-go dancing and di various areas in di ghetto where we live. We even talk bout prostitution. Di teacher ask we what we tink bout it, if we tink is dirty or if is tru wants why women do it. We start to discuss deeper. Then she give us a warm-up exercise. Me run up like a lickle girl fi do it for di evening bring out a childish feeling in me. Some a di odder women did a bawl out and a say 'A wah kind a someting dis? It a go pain me up!' But me did like it.

After dat we did our first play *Downpression Get a Blow*. Ah was shy to go on stage in front of all di people, but when ah hear di applause it mek me feel dat cares-not-what would come after, ah would have to be on stage for more.

After dat, we kept on meeting – doing drama and talking out about our life experiences. We talk bout how employers treat

252

helpers. Di lickle bit a pay and di round di clock work. One a di women in a di group tell us about a woman who use to give her helper a special tinnin plate and condense can to eat and drink out of. Yuh couldn't eat until di employer finish eating. Di dinner always leave into di pot. Di employer used to tek out di meat, slice it and count out di finger of banana to leave for di helper to eat before she go to work.

Plenty women used to talk bout di children dat we have and di baby-faada problem. At first, me was shy to talk bout myself. Di impression woman always give me is dat dem is a set of people who always lap dem tail, tek yuh name spread table cloth. Me did feel sort a funny at di time, having children fi two different man, especially since me never like Archie. Me never discuss it wid nobody. When me come meet Didi and hear she talk bout her baby faada and how she hate him after she get pregnant, me say, 'Well if yuh can say your own me can say mine, for we actually deh pon di same ting.' Me and she start talk bout it.

Tings develop so-till we start meet more people and talk bout woman and work and woman and politics. We discuss what is politics and how it affect woman. After we done talk ah get to feel dat di little day-to-day tings dat happen to we as women, is politics too. For instance, if yuh tek yuh pickney to hospital and it die in yuh hand – dat is politics. If yuh do someting to yuh own child dat damage him or her fi di future, dat is politics too. If yuh man box yuh down, dat is politics. But plenty politicians don't tink dose tings have anyting to do wid politics.

Ah also get fi find out dat for a long time woman all over di world been fighting fi woman rights. It going on from di beginning. In Jamaica, Nanny and plenty odder black women have been fighting all along. It is a great struggle. What we are doing in fi-we lickle way is notten to what odder women do. When ah get fi find out dat, is like it gimme lickle strength fi gwan batter.

Di group was a way to keep out a di area. Me was so glad fi di relief from di violence. Me used to stay out till all various hours. Di people used to see me when me leave in di morning, but dem no see me when me go home in di evening.

Ananse is di ranking. Him rule. When Sufferer deh pon hard time, him give Sufferer a fifty dollar fi send him children go a school. Sufferer have a daughter name Peaches. She full Ananse eye. Ananse tell Sufferer dat deh daughter a fi-him. Sufferer say, 'No. She free.'

Ananse get vex. Him sit upon him throne in him castle and him call him forces, like di Don, di Emperor. Dem come and dem say, 'Yes, Boss!'

Him send dem to visit Sufferer for him nah do notten himself. Him only mastermind. Di boys visit Sufferer. Sufferer disappear. Sufferer woman go fi talk, but she know if she talk dem come fi she. Lickle while later, yuh only hear say Ananse deh wid Sufferer woman and wid Peaches. Him say him a tek care a di family. Ananse is an undertaker.

When di people in di community see him wid Peaches, some a dem start turn gainst him. Odders dat get assistance from him support him. A division begin to grow mongst di people. People start talk.

'Ananse man kill off Sufferer, tru him waan move out a fi-him clique.'

'If him find seh yuh a earn two shilling more dan weh him a give yuh, him will lick yuh way.'

'Yuh no fi have more woman dan him.'

'Yuh no fi drive more car dan him.'

Me definitely no check fi how him deal wid woman. Me no like how him tek di law inna fi him own hands.

One Saturday, Archie did a carry me down a Macca Palace and him stop fi talk to Ananse. Me overhear Ananse ask him fi one a him (Ananse) girlfriends. After we drive off me say,

'Wah mek him a ask fi di gal? A kill him waan come kill her?'

'Wah happen to yuh? Everyting yuh fight di man inna. Wah mek yuh no mind yuh own business. Yuh hate di man so-till yuh gone inna all di man private affairs.'

'Gweh!' me say. All di while a so dem stay, use di word 'private' fi buy pass and cover up all kind a slackness.

'Come out a me car!' him say.

Me siddung inna di car and me and him a war. Him know me no like Ananse, but when me and him a drive, him always waan stop fi chat to Ananse. It come in like him a spite me. Me and him always inna minor war. Him waan me fi siddung and depend pon him fi carry me everyweh. Me no stay so. Me is a woman of my own. Every dance him go to, him always come buck up inna me. Is like me impede him wid him woman for when me deh bout him cyaan get no woman. Dem only a say,

'See him baby madda deh.'

One night me inna di bar a drink. Pet come in and say,

'War a gwan!'

'A wah?'

'Ananse and Jumpy.' Jumpy was my bredren. Him was working on a site as a supervisor. 'Ananse man come on and tell Jumpy seh is only dem fi get di work. Jumpy say no, for dem no know notten bout di work. Dem no know how fi do it. Dem only waan collect when weekend time come. Jumpy say him haffi give di work to di man dat do it good. Dem go way. Later Jumpy only get a message to say, "Spangler say yuh must give Ananse di work." Jumpy still say, "No." From dat, Jumpy man and Ananse man start war.'

'Gweh wid dat man! Spangler could a never say so!'

'A so Spangler gwan all di while. If donation come fi di area – is Ananse get it. Him a promote Ananse in everyting.'

'Gweh! Yuh only a try fi frame him.'

A di first internal war me ever know bout. Me never surprise bout Ananse for him was a regular war monger, so yuh must expect one day dat it will get closer. But me couldn't believe wah she tell me bout Spangler. Me couldn't believe him would a back Ananse in him wrong doings.

'If yuh tell Spangler anyting bout Ananse in secret, him carry it straight back to Ananse.'

'Dat a no true!' me say and me get up and come out a di bar. Me never believe her, but is like a doubt kind a come in me mind.

Lickle after, me happen to carry anodder friend go a Spangler's office. Ah wanted was to get a recommendation to get her child into secondary school. When me go a di door a pure screwface greet me. A pure bad man in dem Clarkes bootie and ting. Ah go fi knock pon di door and dem stop me.

'Ah come to see Mr Spangler bout a recommendation fi a school pickney,' ah say to dem.

'Gweh wid dat!' one big fat one wid whole heap a gold chain tell me. 'Di man a deal wid important business.'

'Wah yuh a defend?' ah ask him.

Him no say notten. One next lickle mawga one wid a black beret, a khaki shirt and a freckle face come back me up and say, 'Yuh cyaan pass. All di same yuh look nice. Sexy and ting!' Ah go to di door again and dem impede me again.

'Awo!' me say, 'Is only gunman can talk to Spangler now!' Di fat one push me one side and tell me a bad word. A next red one come out and say,

'Hey, gal! Yuh tink yuh badder dan me! Come out a di office.'

Me and me friend tek time and come out, but me vex bad. Me start see weh Pet did a talk bout. Me say Spangler come to we innocent and now him a suck out we eye. Politics supposed to be someting to help people. It supposed to bring welfare and educate people bout dem democratic rights. Instead it a ruin me life.

Spangler was a person from mongst we who we did tink we could a look to fi guidance. As a MP him suppose to be frequent inna di area, close to all di people. But notten like dat a gwan. Him have him favourite. And him favourite is pure man. Dem only rob and scrape. Dem not fighting fi di society better and fi we children better. Dem only go out deh and shoot off a lot a people and when dem fire di gun done, dem no care if we di rest still hungry and ignorant. Dem no care if we is no better off.

If yuh ask dem what is politics, dem cyaan tell yuh. Dem cyaan even siddung and give yuh a good argument and say politics is so and so. Dem only can say, 'Well, me a P' or 'Me a D and me a fight fi D.' 'Wah mek yuh a fight fi D?' Dem no know. Dem only love weh di man give dem.

Di party Spangler belongs to talk bout woman, so him bring in more woman fi camouflage. Whole heap a woman used to follow him. When dem waan we fi cook and run up and down fi dem, den claim seh woman a di backbone a di political struggle. But when we waan more dan fi serve dem, dem no tek no interest. Me start tink bout di amount a food me cook and money me spend pon Spangler campaign. Me start tink bout my two boy pickney. Me ask meself if me want dem fi grow up and turn like Ananse. Already Freddy come fi know what gun is. Him start talk strong bout Spangler party.

Spangler give we tings – yes. Like him build plenty school, hospital and house fi poor people. Him mek education free and him bring in pension and food stamp scheme. But whatever him give we, him turn round and tek it back in a different form. Him preach one ting and practise anodder. Him talk big bout freedom, but yet still, him action keep we in bondage. Yuh cyaan see him fi criticise him to him face, talk to him or tell him what yuh tink. Him just gwan him own way.

To me Archie was di representative in my life of everyting me never like bout Macca Palace and Wrongoose Penn. One special incident mek me mek up me mind seh me a go get rid a him. One night him arrange fi Pet fi go wid him and some a him friend dem to a club. Inna di hours one a him friend hold on pon her and a try force her fi come have sex wid him. Him a draw her, draw her. Archie was derc and him never try fi stop him. It was di odders who did haffi defend her when she start try fi protect herself. After dat me couldn't even look pon Archie. Me realise seh him have di same fault as Ananse. Me couldn't tink of myself as somebody who defend rights fi woman and stay in dat relationship.

Di next day me lay down deh a sleep and me only feel somebody come over me. Inna me sleep me feel when him go toward di dresser and when me look, ole massa a bathe and tek out him clothes fi go check one a him woman. Dat time me a di school gal.

Me jump up and me say, 'Tek out everyting you have.' Ah just grab di drawer and turn out everyting pon di bed. Ah tek up clean and dirty and fling out a door. Me fling di clothes pon di verandah. Dat time him mouth a twitch and him a gwan like him waan come lick me. Ah run fi di baby chamber pot and carry it up in him face, 'Lick me if yuh bad!'

Me Granny come in and see me have on me slip and brassiere and stand up at di verandah rail wid di chamber pot in me hand. Hear she, 'What happen Archie? Yuh girlfriend throw yuh out?' Him turn pink like a dat time him a go mad. Anyway, him go way. Di clothes dem stay deh till sun come bun dem.

One Saturday when me least concern, me a wash some clothes and a set up meself fi go a Town. Me deh-deh a wash. Me only feel one lick right cross me face. Di tub and everyting drop down inna di cistern. Me look up and me see seh a him and Yellowman, one police boy. Me run fi me quart bottle of oil and ah tek it and give him one blow-wow chop inna him forehead. Dat time blood and oil a wash him. Ah run inna Hyacinth house and lock di door.

'Foxy, come out and talk to me, no?' Dat a Yellowman.

'Talk to yuh bout wah?'

When me say so, dem start fi chop off di door fi come in. Ah climb through di window and run in me friend yard fi acid. Me siddung inna di garden a wait pon dem wid di bottle a acid. Dat time ants a bite me and dog a bark after me. Lickle while later dem go way.

One day me inna me yard a eat grapefruit. Me look round an me see him and two man a come. Him come wid Lenky Roy and Cracky fi hold me, mek him get fi beat me. Me jump up and say,

'Archie, just go through me gate! A so me bad das yuh haffi bring man fi hold me.'

Ah mek one stab after him. Di knife just go so, 'Whoops,' and buss him shirt and cut him right across him titty. Him go way wid di cut and from dat him no trouble me.

Him feel seh him a man and me must abide by him. But my madda was a type a woman weh fight. Me no see why me should a come out a fi-her school and cyaan help meself. So me fight him. As a argument develop, him nah get di chance fi lick me, me first start it. My Granny say no man could beat my madda. My madda always say, 'Yuh no fi mek no man rule yuh or turn yuh inna no football or batterstick. Yuh fi help yuhself.'

After dat me move back inna Wrongoose Penn. Granny was still living deh and she was lonely. She was in need of company and so me decide fi go back, no matter what. Me shall never agree wid how Spangler a do him business, but me born and grow in Wrongoose Penn. Tru dat, certain relationship build up between me and di community. If yuh live deh and yuh bruck, somebody will give yuh a ten cent. Dem will give yuh good encouragement. In general, yuh cyaan go to yuh bed hungry. Me feel a softness toward di community and me did waan see it improve. We did bring in Spangler because we did waan di leadership of Wrongoose Penn to come from we weself. We did waan bring in changes from Cyclops corruption. Ah did still want dat, and ah did still want di tings dat Spangler used to talk bout when him first come in, but ah wanted di leadership to base pon some better foundation dat tek account a women and children. Ah wanted we as a people to work togedder by some principle and not just like a outlaw business. Ah wanted leaders dat would look pon di way how dem do tings and not just pon what dem preach or di tings dem give we.

Election was coming and tings was getting extra hot. Olympus man did a attack we hard-hard. Dem did waan fi control di area so dem could get fi stop supporters of our party from vote. Dem did waan we fi run way leave we house so dem could tek it over. Olympus man used to have a pretty car dat go round and shoot up man and man in Macca Palace. When di Macca Palace man start defend demself, police and soldier tek over di area entirely.

Macca Palace man couldn't get fi defend demself. It was obvious now dat it was just Cyclops dem a defend. Ah was fretting dat dem would bring in di Limbo man pon we and murder we.

One day, we see Spangler drive up wid a representative from di police force. Dem have a meeting wid di top ranking Macca Palace man. Lickle after we only hear seh Ananse deh a country. Me did feel seh it suit di two a dem, for while him in country Ananse would a just satta. Who waan dead, dead. Meantime him safe, till tings quiet down.

While Ananse was away a new set a ranking develop among di people dat did waan get rid a him. After election, when tings did quiet down, Ananse come from country. Spangler win him seat again, but a big internal war develop.

At dat time, is like a overthrow against corruption did a gwan in di palace. Yuh couldn't talk to nobody. Me did nervous nervous bad, because yuh never know who is who. Every morning yuh get up yuh see one and two people dead. Up my way, five people dead. Man, woman and children. Dem run out Ananse. Mash up him big car. Kill him dead.

After dat Spangler don't come back in di area. Dat was when everybody get fi know dat what dem suspect bout Spangler was di truth. Him was di mastermind of everyting. Up to now, Spangler don't come back in di area. Him fraid to confront we for we reject him and his dirty work.

Ava's Diary

July 1968

The day I graduated from primary school everybody in the yard wanted to see how I looked – my mother, my father, Tangy, Chico Blues, Goddy, Granny, Mammy and all the others on the road. I wondered what was going to happen next. I never knew what I wanted to do, but I wanted to see some progress in my life. My father said he couldn't afford to support me any more. 'Di five pound a week mc a get from Motor Sales cyaan stretch fi feed all a oonoo. If yuh fi go back a school yuh will haffi pay yuh own way.' That means I have to go and find work.

When me finish dress and come outside me see Bertie, di one dem call Plain Man, a ride up and down pon him bicycle pon di road. Him waan fi look pon me. Me never really talk to him yet, but him always a send message to me through Tangy's boyfriend. When me reach a school and di graduation ceremony a tek place, me look outside a di building and see him inna di school yard.

September 1968

I did a test at a technical school for evening classes and passed. Another girl who also graduated with me said her cousin might be able to get a job for me as a trimmer at Edison Garment Manufacturers. I got the job. It only paid seven dollars a week. I began working there in the day and going to evening classes at St Andrews Technical High School.

Bertie and me go a Hope Gardens at di weekend. Me get di chance fi talk to him. Me tell him seh me no interested inna no boyfriend. If me and him go anywhere and him try put argument to me, me feel shy. Sometime me haffi tell him, 'Leave me alone. Me no suppose to a do dem tings deh. Yuh no see seh me a pickney.' Di

263

conversation always end up being a sexual conversation for is dat him a try fi get over.

Mama never really reason full wid me about sex. She just gimme little one-one sentence. Goddy is di only one who ever say anyting to me. After dem burn di napkin and boil it and mix it up wid milk and give it to me to drink, Goddy call me up her house one day. 'Be careful how yuh go a di pipe side,' she say, 'for yuh can catch cold.' Me used to love walk barefoot to di pipe. Tru dat me mussy really ketch cold. Me no know if is dat mek me have pain in me belly so on di first day of me period. Me beg Mama fi carry me go a doctor, but she wouldn't carry me. Dem only put me over di chamber fi siddung wid some hot water and some gin or brandy. Dem say it will help it. It never did. Dem always a say, 'No mek no bwoy trouble yuh.' Me never know what dat mean. Me never ask no question fi clarify what dem mean when dem say dat.

April 1969

A must coward lick me mek me get pregnant, for me never so keen on di sex business. Me no know if a because we do it on di fifth day a me period, or if a because a di stand up activity. Me no know. Me haffi stop go a di people dem work and stop go a school.

February 1970

Every night, Julie cry whole night. Me cyaan get no sleep. She cry day time too. Me cyaan get fi do no work. My father start get miserable because of di bawling. 'Tek de ganja baby out a me house,' him a say. Him call her ganja baby because him believe Bertie smoke ganja. Me cyaan control her none at all. When she start bawl a nighttime and me haffi get up, de miserableness tek me and me start bawl too. Mama haffi tek her.

Bertie deh a him madda yard. Him only come visit.

April 1970

I got a job at Mr Chin's factory. They make panties. They said they would put me to work on the machine.

Me no know but me no feel justified to work between seven to ten dollars a week. Me have di responsibility fi Julie. Bertie only help me lickle bit. Di only time me can work a good money is when

264

me do task work which is rare. Me no see why government cyaan provide someweh decent fi yuh fi live when yuh have a family . . . at a reasonable rent. Me start feel seh society a punish me because me is a woman. If me was a man wid di same amount a responsibility, dem would claim seh me is a breadwinner and pay me more.

November 1970

Bertie love to lick me. Him always a find some lickle stupid reason fi lick me in me face or in me belly. Fi-him friend do it too and him follow fashion. Is a style wid dem. Some a dem love talk bout how dem a 'control dat dawta'. When him lick me, me no even waan people see me. I feel shame. From ever since, when man beat woman in di yard, people always pass remarks and say, 'She like it,' when notten don't go so. Others say, 'Poor ting'. But none a dem can tell you how fi cope wid it.

Me no know how fi reason wid Bertie bout it. Him bark at me as if I am his child.

May 1971

Me find seh me pregnant again. Me no want di baby. Me still a live inna me parents' house. It no big enough fi hold all a we. Where me going put dis one? No space no deh. Julie was just one year old di odder day. Me no give meself enough time fi plan me life. Me waan go back a school. Me waan get a better job. Me feel like me cyaan deal wid anodder baby.

Me find myself seeking an abortion. Me tell Bertie seh me a go do it. Him tell him madda. Nobody never sure whether dem would a prefer me do it or not, but dem never try fi stop me.

Every Saturday me do what me haffi do, den me leave and go a di different doctor's office, one by one. Me no know weh me get di courage from, but me just ask whoever me see if dem do abortion. All a dem say, 'No, we don't do that here.' One Saturday, me go to a woman doctor and she say, 'I wouldn't encourage you to do that, but what you should do is have the baby and join the family planning clinic.'

Me never know notten bout birth control. Me never feel seh it have anyting fi do wid me. Me hear people a talk bout it but me never tek no interest in it. When di doctor give me di advice so clear me decide seh me will go ahead wid di pregnancy.

June 1971

Me move out a di house and take over di little room weh di Millwood dem did live inna. Me buy a little bed and stove, a crib and a table and fix up di room. Me haffi pay a contribution for di room. It go to Chico Blues' food. Him no have no other source of money a come in. Imagine, Mama a look after dat man from she was bout nine years old, when her aunty carry her from country. She haffi cook, wash, clean for all of us, plus him and him two sons. When I move out it will kind a lessen di load.

January 1972

My second daughter, Suzette was born 1 December 1971. Julie was exactly one year and seven months.

After dem discharge me from hospital dem tek we in a room and tell we bout di different birth control method. I start to tek di injection. Dem seh dat a di best ting.

Me spirit feel little better. Me mek up me mind dat me going haffi work and support di two pickney. Me go out a one next garment factory go work and leave both a dem wid me Granny.

June 1972

From me know myself, politician keep dem meeting and a tell we seh we fi vote fi dem, cause we need new toilet and bathroom. Up to now, no new toilet no build. Mama and Granny used to belong to ZQP Local Division. She and my Granny used to quarrel bout it. Mama used to say, 'Look from when yuh join dat deh sinting deh and yuh cyaan get no house and no work and you still inna it.'

Now dem a tear down house. Everyday yuh hear bulldozer. A night time, people gather up di wood weh dem tear off di house dem and a light fire fi brighten up di place. We might no have no street light but we have wood fire light. The housing scheme nearby nearly finish and Mr Speng di MP say dem a go build house over pon fi-we side. Dem build so much house till dem all build house in di middle of di road and di bus can't get to run again.

September 1973

At last me get fi go back a class. Me plan fi tek me exams soon. Me must able fi get a good work when me get me certificate.

Everybody want work in di area. Di emergency employment programme come in. Dem a pay twenty-five dollars per week. Dem say if yuh want work, yuh haffi join a local division of one of di parties since di programme is administered through di councillors' office at di local government. Me never have no interest inna politics because it so confusing in this society. Me did waan fi do someting more than go to work and come home, so me decide fi join one of di QXP Local Divisions. Inna di meeting, we talk bout di politicians and what taking place inna di party, food, clothing and housing. We also discuss what politicians can do to better di lives of those who voted for dem.

October 1974

Twenty-five dollars a week is plenty more than seven, so when dem chose me fi go pon di Crash Programme work, me change me job from di factory. Me never fussy bout di work for me say nobody nah come inna my community fi di purpose of come look pon me a sweep di street. Bertie father keep on a bodder me. 'Weh yuh a do deh? Yuh no fi do dat work.' Das all him can tell me. Him a work at camp, but him nah look no work up a camp fi me go do. Bertie get a work as a postman, but him still a gimme lickle and notten.

December 1974

Everyday Bertie a talk bout di bulldozing. 'It a get bad. Everybody haffi find someweh else go. Dem a mash up people life. People who no used to noweh else haffi find different place go. Dem haffi start pay rent. Tings going hard fi people. Me no know how some people a go manage!'

Di 'some people' a me. Plenty a we inna di area never pay much rent. Most of di houses were board houses. One or two have concrete houses. Di people who live inna dem deh concrete one is mostly land owners. Dem collect rent from di tenant dem who live in di board shack. Dem is not official land owners, but dem charge di rest rent tru dem have di lickle concrete nog. Plenty a dem get dem house because smaddy dead and lef it give dem or because

267

dem go way a foreign and work money fi buy di place.

Only some people who orginally lived in the area can afford the new houses. Some people start to move further up the street. People from surrounding areas are coming to live here. The spirit of the community is changing. Ah wonder how ah going manage fi true.

Bertie moved out of his mother's house and got a room in Kencott. He asked me if I wanted to come up there to stay with him. It makes sense, for things are very bad on my part of the road. (Next ting yuh know dem a go reach inna fi we yard wid di bulldozer and me no have noweh fi go.) Julie and Suzette are going to school now, I decided to move up there since I could bring dem down and leave dcm at school on my way to work.

All Bertie's lickle back room can hold is di bed and a lickle table and a next centre table. At least is a shelter.

Bertie will not pay di landlord him rent! Every night is pure tracing go on between Bertie and me. Our room is on di same building. Di landlord inna bodderation because him next door and can hear every word me say.

Bertie is a person like dis . . . him gamble from Sunday to Sunday. Me no know if him do it because a di kind a person him is . . . or if a because him father and his cousin a gambler, but Bertie no pass notten. Him gamble crown and anchor, three card, card pack and race horse. Everyting name gambling him into it. As soon as him get him money Friday, him gamble it out and it finish same Friday night. Meanwhile a my twenty-five dollars a week a do everyting.

Me start walk go up a Cross Roads to get me lickle dividends, for a Cross Roads him do him gambling. One night me buck up him father and him say, 'Ava, weh yuh a go now?'

'Me a go fi me lickle dividends sir.'

'I don't know why yuh must follow up me son go up a dat place all di while,' him say.

'Mek me tell yuh someting, sir. It tek a whole heap off a your son fi bring di money come give me and me and him live same

268

place. But it no tek notten off a me fi go walk go up for it.'

Me go up deh go stand up and long out me mouth. If me no long out me mouth, me tell him friend dem me deh bout and him fi come to me. Lickle later hear him, 'Weh yuh a come up yah fah? Yuh cyaan wait till me come home?' All dem someting deh. Him no like embarrassment, yet him never act like him a father.

One good ting though, him stop beat. Long time now him only trace.

December 1975

Him start sleep out till me get suspicious. I know him gamble every night, but yuh can be gambling all night, every night, right through di night and yuh have no money? It start get intensive. So me say, 'No. Dis cyaan be gambling.' Me know him money run out so weh him could a gone pon a night when him broke? Must woman him gone go look for, and a come in next morning a come tell me, 'Morning, A.' And what hurt me more dan all is dat dem pickney did have one lickle bed weh want one mattress and me ask him for di money and him wouldn't give me.

Several morning me mek it me point a duty get up out a me bed early and go stand up out a Half Way Tree and wait. Me see him a come off a one bus from Havendale.

So me cuss and go on bad and me get fi find out seh him ride him bicycle go deliver him letters and him meet a woman who is a domestic helper and live pon premises and him start to check her.

'Das why me cyaan get no money fi di pickney for yuh tek yuh money and go spend it out go give yuh woman dem.'

'Which woman?' him say. 'Yuh see di woman have any money? She a save up her money send go a country to give her pickney and me borrow it.'

'Fi wah?'

'Fi go try earn lickle money pon di one weh me have.'

'Yuh mean yuh a tek out di woman money and go gamble it?'

'Yuh no see seh a investment? Me cannot work fi live inna Jamaica. How me waan fi live, me cannot live.'

'Yuh cyaan gamble fi live so neither. How yuh can a invest when yuh a gamble back whatever lickle winning yuh get till yuh lose it?'

Everyting buss out when me cuss. Me did know seh tings never right. Me did feel seh we would a have a equal share in di house, but him never feel so. It suit him fi have me deh, a tek care a di house wid my twenty-five dollar a week, meantime him a recreate himself. Me just miserable. Everyting mash up. Me life gone bad. Me no have nobody fi talk bout dem yah problem wid. Me friends dem don't have dem kind a problem. Me never discuss child maintenance or man problem in di QXP group. Plenty a di tings weh him do me, me no tell nobody. Di one and two dat me tell say 'Missis lef di boy. Him no mean yuh no good.'

March 1976

We move to South Road now fi some time. Paying forty-five dollar a month.

Meantime trouble get worse. Him a gamble same way, stay out all night same way, and come in come nyam out me nice rice and peas and come drink out me nice nice beef soup and a me one twenty-five dollar a week same way.

Di landmissis nah get her rent. A daytime when me leave dem children and gone to work, she tek set pon di pickney.

'Di pickney dem come in like goat. Dem a tear out di flowers dem and di tree out a di yard.'

If me a wash me clothes she come round.

'A weh yuh husband deh? Him nah pay me no rent. Me a tell yuh, any cemetery him resurrect out a dis morning, just tell him fi give yuh me rent. Yuh hear. Awo! For me no know what do oonoo so?'

January 1977

So war bruck out again between me and him and me decide seh me nah stay deh if him not paying di rent. Me nah tell him notten, but me going move out a di yard and tek time screechy go way. Me tell me father to bring di van and tek me tings down to Lincoln Avenue weh nobody not living at di moment. Dat is di place where Mama put her lickle house, when she move from Fourteenth Street. She paying lease on it, but she living further up di road. Me going stay deh and pay her a lickle allowance for we haffi contribute to di lease. Me, Julie and Suzette going to down deh alone.

Me waan come out a him place cause a him control here so. Me going tek me two piece of greng-greng and go way.

February 1977

Rock City build up now wid plenty new concrete house, but fi-we yard still no have no new toilet or bathroom. Me still a cook pon outside stove, and di place still poto-poto when it rain.

After the children and I settled in I decided to go and see him. I decided not to go where he was living. I went up to the Post Office to make him know that I wasn't coming back where he lives and that since that is the case I am asking him to contribute at least twenty dollars a week for the children. He said all right.

Today, me go down Post Office fi di twenty dollar. It end up dat me go down deh go stand up and watch gambling den. Dat mussy some special civil service law. All dem rule deh nobody no know bout. Dem have a lickle room down inna di corner of di building weh di whole a dem siddung and gamble. Yuh could a have a direct gambling den pon a place like Post Office and nobody no know bout it? Every single Friday evening di room full a gambler and di whole a dem going home penniless to dem family.

Me come home without a cent.

March 1977

I went to the new court – the Family Court – to register a complaint against him.

Lickle after me drop di case. Him tell me no fi carry di children dem name go a court. 'Dem nah go get fi go a America, if a so,' him same one tell me. Me done know seh him nah go want to appear at any of di sessions. Is a waste of time for me one fi go to court.

I decided to stay in Lincoln Avenue and pay my own way out of this by myself . . . whether he wants to give the children anything, yes or no, I can't bother with the struggle.

April 1977

Since me and the children are alone, if a man come to me other than him, I would have to leave them and go out with him. Therefore I have decided not to have any relationship with another man for the time being.

Bertie know seh me no have no man friend, so him come if him want to come, till me and him start to talk good and him start come intensively.

271

April 1977

They have changed up the Crash Programme. They sent us to take a test. I passed and they put me to work in a school as a teacher's aide. We have to look after the children in the schools between shifts.

We went on a special training course to the Cultural Training Centre where they taught us things we could do with the children like singing, dancing and craft. I like working with the children very much.

Some of us are going to take part in a concert for Workers' Week in May. We are doing some drama and go to rehearsals every afternoon.

January 1978

We have formed a regular drama group since the concert. It is all women. Prudence Rose and Essem Shannon from down the road are in it. We are planning to do a play in February based on our experiences as women from the ghetto. We come together and talk our life story and put it in a lickle scene.

The rehearsals make all of us think about our lives. Me did really pass through plenty. Dem should a have some process fi help girls to know what to expect when dem turn woman. Me never get no teaching bout work and man and family life. Nowadays, dem start teach bout sex education in school. Me no feel seh dat enough. Dem need to teach bout relationships between man and woman.

February 1978

Our play opened at the Barn Theatre. It is called *Bellywoman Bangarang*, because it is about teenage pregnancy. I thought up the title. Betty's baby-father came to the dress rehearsal and threatened to beat her up because she wasn't staying at home and taking care of the children. Sistren had to smuggle her out of the theatre, put her in the director's van and hide her under our frocks and costumes. The night the play opened the police had to be there as he has threatened to mash up the show. He did not carry out his threat.

Our play is a big success. We came on TV and radio. The TV station would not allow us to broadcast the scene where one girl

272

gets her period and her Goddy tells her she mustn't make no boy trouble her. I wonder what is so secret about that. It's the true situation.

December 1978

Bellywoman won two awards. One from festival and one from foreign. We have been written up a lot in the newspaper.

January 1979

I think Bertie must be jealous about my work in Sistren. Not the fact of my working, but maybe he feels that I am developing new privileges. He doesn't like it when I am in the newspaper or in the public eye any at all.

Why do men always feel threatened anytime we woman begin to exchange thought and experience? Dem mussy feel seh di only solution di women a go come up wid is fi tell yuh fi leave dem. Wid Sistren, him feel extra threatened because we a deal wid issues pertaining to women.

March 1979

Some time ago, Bertie told me he met a woman working in a bar and he rented a room in Franklyn Town and put her. Him always want a woman to back him up. If is even somebody to look after his clothes, so he can look good to go out. Or somebody fi back him up wid a two dollars put pon toppa fi him fi go gamble. Him cyaan go widout woman. Still when him tell me bout di woman, me vex for me say if dat is di case me nah go get no allowance none at all. Everyting going stay in Franklyn Town. And me was right.

So me start walk fi me dividends again. Several mornings now me wake up dem children from five o'clock in di morning when dog fraid fi walk and me and dem deh pon di road a go a Franklin Town for money. Me push dem in front a me and say 'Oonoo gwan! A fi oonoo Poopa! Gwan and tell him seh oonoo want money.' Dem cry. Dat woman and him give us a hard time.

April 1979

Our new play *Bandoolu Version* deals with problems facing women

273

living in the ghetto – like tribal war, and mafia business. It a show dem from di point of view of di women. I think we are doing the right thing to encourage women to discuss our troubles. If people know what dem a face dem can start look for a way out. Being with Sistren is beginning to release a lot of tension in me.

January 1980

Sistren get lickle more advanced. Me start earn few shillings from di work because I am di secretary for di group. We are now working on our play about *Nanny*, the Maroon leader. We are learning many new things about Jamaican history, like how the Maroons fight, about our African culture. Me go up a Accompong Maroon Town go celebrate Nanny's birthday. Di people teach we plenty a dem songs and we dance wid dem. We learn how dem used to fight guerilla war in di cockpit country.

August 1980

Now and den Bertie bring few dollars fi dem pickney. Him a live wid him woman inna Franklyn Town and still want smooth sexual relationship wid me pon toppa it. All dem madness deh! Me say 'No Way'. When him come and touch me, me just vex up. Sometime him come all three, four o'clock in di morning and me cuss and go on bad. Him haffi come out back. Him know him nah stay. Him nah get no result.

Him mussy tink seh him have di right to control any dawta him get involve wid. Whole heap a dem no feel seh women are human beings wid flesh and blood and feelings. We di women haffi mek society see dem tings tru our own efforts. We can talk fi weself, after all!

February 1981

Now that the ZQP is the new government, what will happen to the emergency programme? We expect it will end. Sistren had a retreat to straighten out certain problems – like how to manage the group and what our aims are. We have written down our ideas about how and why we do our work saying that one of our main aims is to make the private area of women's life a matter of political concern. Unless we do that we won't understand why women are oppressed.

274

June 1981

I am playing one of the lead roles in our new major production, *QPH*. It is my first major role. A woman told me my performance brought tears to her eyes.

August 1981

We went to Barbados to perform. Bertie all phone me in Barbados. Anxious fi me come. Mussy tink me a carry luxury fi him. When me come, him question-question me. Me carry one bag fi him and him tek it. Me carry a cap and him tek it. Him mussy inna some money problem. Him next woman rent no pay and tings no smooth wid him. Well she mussy can cope wid it so fine wid me. We supposed to go to Canada in the next month.

10 September 1981

Bertie came to the house and saw a note on the table to the children. It said, 'I will try to borrow two dollars from the money I have, for your lunch money tomorrow.'

'Yuh have money?' he asked.

'The children know what money I'm referring to. They know is Sistren money.'

'Lend me twenty dollars till tomorrow?'

Tomorrow would have been Friday. Me never see it necessary to lend him since him was going collect his pay the next day. Secondly, it wasn't my personal money. Me tell him that and an argument develop.

Him carry me up a work on di bike. When we reach, him ask me again to lend him the twenty dollars. Me tell him me going have to find out from the person in charge of the petty cash.

Me go upstairs and me ask Clare. 'You are asking a ridiculous question because you know the money is for paint,' she said. I went back downstairs to tell him it wasn't possible.

'Me no believe yuh,' he said, because me was laughing.

'Of course. Me see Clare and tell her yuh want the money to borrow.'

'Then yuh had to tell her is me?'

'Well go and ask her yuhself,' me say.

We went upstairs where she was working. Ella came into the

office. Clare said nothing. She didn't repeat herself. 'Ask her no?'

'No,' me say, 'ask her yourself.'

'What's the problem?' said Ella who knew nothing. I explained to her what was happening. She said, 'Ava, it's your decision. That money belongs to Sistren.' She left the room. Nobody spoke. Bertie turned round and went downstairs. I followed him fi ask him why he was so persistent, why him never believe weh me say and haffi come so far fi prove me was a tell di truth. By di time me reach downstairs, him drive off.

After work I got a lift home with Jean. The children told me that Bertie had been there looking for me. I fed dem and we went to bed. After about half an hour I heard POOM! POOM! POOM! pon di door. He came in.

'Me and yuh a go have someting. Weh Essem and Miss Rose?' he asked.

'Me no know,' then BOW! the first blow.

'Yes, yuh deh a street wid yuh man dem. Everybody pass me out a drama school and yuh never deh-deh!' BOW! BOW! BOW! Some more blows.

'Me get a drive from Jean.'

'Who name G? A yuh man. Oh ho! Everyday yuh say yuh gone a work when yuh no gone deh. Yuh gone a yuh man and tek work buy pass.' BOW! 'Yuh too lie, yuh never ask fi di money. Yuh hear what Ella say. Me know seh yuh could did well and lend me, but a so yuh love treat me like boy.' Julie and Suzette jumped up and started to cry. Me start grab off tings off di wall fi lick him and den me say, 'No. Me nah lick him, for next ting him gimme bad lick and me cyaan go Canada.'

'What yuh tek me for?' Him say to di children, 'If yuh continue wid di bawling ah going lock yuh outside.'

I was in one corner of the room crying. He said, 'Light di stove and put on water fi bathe your face.' I did it. I looked in the mirror to see what I was doing. My eye was swollen. Hear him, 'Yuh a look, but yuh no start get lick yet.'

Then he started to search my things. He searched everyting I take to work. He found my address book and asked. 'How yuh know so much people in Barbados?' Me a cry and a sap me face.

'Who dem people yah? Yes. A dem place yah yuh deh wid yuh man and say a Sistren yuh deh.' Then he found a cheque from Sistren for a hundred and ten dollars paid to me.

'Yes. Yuh know yuh a get cheque today and yuh couldn't lend

276

me di money.' BOW! BOW!

'I never know I was getting the money because Essem never tell us she was going pay us today.' After searching some more, he gave me a few more blows and then left. The children and me sat down and looked at the broken things and cried.

At about three o'clock in the morning, me and the children go up to his mother and father. Me tell dem seh him come down deh and beat me up. None a dem no say notten to me. None a dem no even say, 'Mek me look pon yuh' or 'Which part a yuh get hurt?' Dat get me vex worse now. Me say, 'Oh, so a so oonoo do it?'

Friday, 11 September 1981

I went for Miss Rose to tell her what had happened. The children went to school. I was tired and weak. I only wanted to sleep. At about one o'clock, Clare and Veteran came to look for me because Miss Rose had told them what had happened. Veteran say she had suspected something, because I had said I was worried about what would happen when I went home. They were both shocked at what they saw. Clare asked if I wanted to go to the doctor. Me tell her seh me feel too weak fi go. She took the cheque and promised to cash it and send it down with Miss Rose so I could have the money. They left. I went back to sleep.

Later Miss Rose told me that Sistren had a meeting about the incident. Everybody was very angry and some were in tears. Nobody could think of how to deal with the situation. There were several ideas of what to do:
1. Call him into a meeting to reason with him
2. Get some other men to beat him up
3. Get Ava out of the situation and give her as much support as possible
4. Encourage her to take police action.

After a great deal of discussion they decided on three and four even though they knew the police didn't handle cases of domestic violence very seriously. Miss Rose was to persuade me to leave the house with the children. She tried, but where would I go?

Saturday, 12 September 1981

I felt tired and weak, but I had to wash some clothes, so I took the clothes basket and was about to go outside, when somebody knocked on the door. I thought it was my neighbour Karen so I opened it.

'Yuh get tru wid di cheque?' said Bertie.

'What cheque yuh talking?' I told Julie to call my mother and Miss Rose. Me never say notten more to him because me never want to antagonise him. In a few moments Miss Rose arrived. 'Julie your mother is not well, so tidy the place. Ava don't wash no clothes because Clare is coming to take you to the doctor.'

'Wah yuh a go a doctor for? Wah happen to yuh? Yuh sick?'

'Me head a hot me, man,' I said.

'Yuh send gone call people fi bring down disgrace and embarrassment pon me, but yuh know me is a mad man and anybody come inna my argument between me and yuh, dem going get same treatment like yuh.'

'Is not she send and call me,' said Miss Rose. 'I came because she isn't well.'

'Me not talking to yuh, maam,' he said and left. Me go up a work wid Miss Rose and di children.

When I got there everybody was in sympathy with me. I phoned the police station and they told me to come in and make a report. Jean went with me.

I told the story to the Inspector. He asked me what I wanted the police to do. I told him I wanted the police to warn Bertie. I told him where he could be found. He said we would have to go to Cross Roads where a policeman would come with us to find him to talk to.

We went to Cross Roads. I told the story, all over again. Two policemen accompanied us to the race track and the other gambling places. We didn't see him. The police told me to come back at ten p.m. When I got there, they were off duty. I went home.

Me never sleep at home. Me sleep at me mother. Me did fraid he would a come back come mek a next scene and me wouldn't able fi fight. Me did also fraid seh di neighbours a go complain bout di whole heap a contention.

Monday, 14 September 1981

In the early afternoon he came to my house and saw me washing. He called me inside. I hesitated, then went.

'Yuh change di cheque yet?' I went back outside without answering.

278

'If me come back later and yuh a gwan same way like idiot, watch out fi me and yuh.'

I slept at my mother's.

Wednesday, 16 September 1981

As I approached the gate on my way home from work I was planning to go home to iron my costume for the following night's performance of *QPH*. I was planning to watch 'Dallas' on TV. The children ran up to me and before I could say anything, they told me that their father had gone to their school and demanded the room key. They told him that I left it with someone in the yard. He had then gone to the yard and taken the key from the young woman who had it and gone into my room and searched it again.

Me start fret. The children were afraid. They were crying. I made up my mind to lock him up.

My brother followed me down the police station at Cross Roads. Me tell di policeman what happen di morning. Him couldn't find no trace of Saturday's statement. I knew that Bertie was at the Stadium. I told the police I wanted to go there to find him and lock him up.

I phoned Sistren, who were rehearsing *Domestic* at the Barn. It was a dress rehearsal. Essem, Clare and I went to Stadium with the police. We decided that he shouldn't see me coming, or he might suspect something. When we got there, I hid behind a bush. Essem saw him standing beside a cart.

'See him there,' she said, but there were too many people for the police to be sure which one he was. 'All right,' she said, 'me a go point him out.' She sidled over to him. 'Bertie, wah a gwan,' she said. 'Buy a sky juice for me no.' He bought the sky juice. As he handed it to her, the Stadium police picked him up.

When we got back to Cross Roads station all of Sistren were sitting or standing outside the police station. They stayed there until they were sure he was spending the night in jail.

Thursday, 17 September 1981

I went home early that morning to get my costume and iron it. At seven o'clock, Bertie's father came and asked, 'Ah yuh cause me son fi deh a jail?'

279

'Yes,' I said.

'Ah going up deh now,' he said.

I felt suspicious. I locked all the windows and doors and went on ironing. A few moments after, I heard footsteps outside. Somebody called. I recognised the voice. It was Bertie's nephew. I didn't answer. He continued to call. I heard the sound of an iron pipe knocking on the ground. That made me more frightened. I stayed very still. He walked round the house hitting the pipe on the ground and against the walls over and over. Then finally he left.

Me run go next door and beg di neighbour fi tek a message to Miss Rose asking her to come wid me to di bus stop. I mek up me mind fi a court case. 'Tings gone too far now,' me say to meself and me go straight up a di station.

When Sistren heard about the nephew they said I couldn't stay in the neighbourhood. So I packed up the children and sent them to their Granny's. Peggy, a friend of Sistren, picked me up and took me to stay in Red Hills with Ella and Clare. I was so glad to have the support from Sistren. Me no tink me could a manage by meself.

October 1981

When we came back from Canada, I went back to Red Hills. The children were all right with their Granny. Me go look fi dem weekends. Me decide seh me nah go back down deh for me no want fi haffi encounter wid Bertie. Me decide seh me a go try find a place to live uptown.

November 1981

We went to court on the appointed date for the case. Nothing happened. I don't understand what went wrong. I was given another date.

The second time, Clare, Ella, Miss Rose and Essem came with me to court. Again nothing happened. We checked the list of all the cases, but his name wasn't there. I saw one of the policemen from Halfway Tree and asked him what was going on. He said that Bertie was in jail at Central on a fraud charge. We couldn't figure it out.

Outside, Ella met a lawyer she knew. She asked him to find out what had happened. He said Bertie should have been brought from the lock-up to deal with the case and then returned there afterward.

280

He quickly made some enquiries and then told us the police hadn't registered the case. As long as they hadn't registered it there was nothing we could do. We felt confused. We needed advice but now we weren't sure where to go to get it.

December 1981

I never got another summons. Sistren encouraged me to take up the case with a lawyer. I went to see a lawyer named Jim Haines. He advised me to go easy since Bertie is my children's father and I would still need maintenance from him. 'In these instances,' he said, 'one must be very cautious.'

I left his office feeling more confused. I had never got much child maintenance from Bertie, so I couldn't see how that came into it. My life was upside down. My children were separated from me. I had nowhere to live. I was afraid to go back to my old home. I wanted to forget the whole thing, so I accepted what the lawyer told me and dropped the case.

November 1982

I saw him. I was walking with Yvonne. 'There he is,' I said and started to walk fast to cross the road.

'Slow down,' she said.

Inside the office compound he caught up with me. 'A now dem can lock me up since me go a jail for notten already,' him say and him hold on pon me. 'Sodomite gal, Yvonne a yuh woman.' I suppose he thought that by calling us lesbians he would shame us. People began to gather, he let me go and we walked away.

I don't want to have anything to do with him. He's a threat to my life. All I want is progress for my children and myself. I don't want him to destroy me.

November 1984

Bertie is living in America now. He sends things for the children more regularly and we hear from him often.

Looking back I realise that it took me about two years to get over all the bangarang caused from the beating. For about three years, I stayed with friends outside the community I come from because I couldn't afford to rent anywhere. Now I am living in my old neighbourhood. Only one of my daughters is with me. The other is still with her Granny.

I feel stronger in relationships with men. I find it easier to relate to men, but I am still cautious. I am not into any relationship where words like 'control', 'ownership' are used. Any time me hear a man say 'Me a control dat dawta deh,' me know him is a man dat feel him have power over yuh and yuh fi abide by fi-him rule. If yuh no do what him say, yuh haffi get a beating. Di rest a him friend support him inna him backwardness for dem feel same way. Di police support it too for dem no tek man and woman business (as dem call it) seriously. Other women condone it when dem comfort di man after him done beat up a woman and no mek him face up to what him a do.

When a man beat yuh, it is a very embarrassing thing to talk about in public. The experience mek yuh feel so weak and dominated dat yuh no feel nobody would a pay yuh no mind. For a woman who haffi depend pon a man dat beat her, it is even harder to do someting bout di problem because she might lose her only form of support.

Being in a women's group helped me to face the crisis, but Sistren couldn't follow up the situation completely. The group wasn't equipped to deal with that problem. We really need an organisation to study the problem and then take it up thoroughly. In my case for instance, the problem was related to so many other things like housing, employment and children that I don't think going to the criminal court would have solved anything. I think they should have a special place which can offer counselling for people in my situation and rehabilitation for people like Bertie Right now, there is nothing like that in our society.

Afterword

Honor Ford-Smith

On the morning of May 3, 2004, the building at 20 Kensington Crescent in Kingston, Jamaica, home to the Sistren Theatre Collective since 1985, burned to the ground. Watching the blaze that engulfed the building were four women, co-founders of the original collective, who today make up a much reduced Sistren. Apart from gutting the building, the fire also destroyed unpublished scripts, costumes and props, textiles, a small library, and the collective's archive. Perhaps it is not surprising, then, that one critic has asserted that Sistren today is struggling to survive, engulfed in nostalgia for past struggles but unable to intervene effectively in the present (Green 2004).

Why, then, bother to republish *Lionheart Gal*? Apart from the insight it offers into gendered storytelling about the past, what does it have to offer the present? In what follows, I take up these questions, sketching the contemporary moment and describing some of the ruptures it has caused in the lives of the contributors. Then, turning to the book itself, I reflect on responses to it, suggesting that rather than taking up the text as a 'classic' statement of Caribbean feminism at a certain moment, it needs to be read as an incomplete project riddled with contradictions, absences as well as hopeful promise. Reading the stories through the many questions raised since its publication in 1986 means that the book can remain productive of new desires, strategies and possibilities for emancipatory struggles in the present.

The Contemporary Context

Since this book first came out in 1986, the world has changed in ways nobody could have imagined, and not much for the better. The collapse of the Soviet Union, the genocidal wars of racialised nationalisms, the impact of neoliberal globalisation on impoverished, formerly colonised peoples and the postcolonial state, the uprooting of millions of people as a result of military and economic catastrophes, the spread of the AIDS pandemic and other diseases, the acceleration of manmade environmental crises – all these monumental occurrences have created a situation in which the narratives between these covers seem in many ways to belong to a world that no longer exists.

If the contradictory legacies of British imperialism, postcolonial nation building and the immediacy of neocolonialism shaped the context of the first publication, the realities of a new imperialism, post–9/11, inform the context of the second. The collection reappears in a moment in which the practices of empire are more openly aggressive than at any time in the last two decades. As I write, the US government and its allies are fighting with immense technological sophistication on military fronts in Afghanistan and Iraq, in spite of global opposition and the considerable opposition of their own citizens. Within their own borders they are busily implementing new forms of surveillance and curtailing many of the freedoms on which capitalism has relied since the nineteenth century. In the Caribbean, coercive manipulation of the postcolonial state by the United States, France and Canada in collaboration with local elites is once again starkly visible in Haiti, where the death toll continues to rise after the second coup against President Aristide. United Nations peacekeepers and the Haitian police are implicated in everyday human rights abuses and in repression of supporters of Fanmi Lavalas (Aristide's political party). On a naval base in Guantánamo Bay in Cuba, the Government of the United States of America has produced a spectacle of cruelty for all the region and the world to witness, holding prisoners of war in conditions that contravene the Geneva Convention.

None of this aggression has squashed resistance to global empire, forcing more and more people to ask questions like, Why have Western powers continued to intervene in Haitian politics? And, Why do young, middle-class, Western-educated men choose to become suicide bombers? Such a discussion of the underlying causes of the present wars points to the failures of neocolonialism and to its human costs, and provokes the assessment of new possibilities for social movements.

As history teaches and as Gandhi famously remarked, empires, like tyrannies, always fall, but the trouble is they take so much and so many with them in both their expansion and their eclipse. Perhaps one of the most jarring aspects of the new empire, as Inderpal Grewal convincingly proposes, is that it circulates notions of democracy and citizenship through consumer practices. The consumption of brand-name commodities and the means to get them are presented not just as the means to acquiring acceptable identities, but also as necessary for participation in international community and culture (Grewal 2005). Democracy, it seems, is no longer envisioned as a concept related to participation in the notion of a common good; rather, it is associated with the right to consume particular brand-name products marketed transnationally. Access to these globalised commodities is one of the defining aspects of participation in what is frequently described as 'world-class' culture. This is not only a material matter; it is also a cultural matter. To put it simply, the meaning of life is conflated with the circulation, marketing and consumption of certain commodities and the identities associated with them. It is very difficult to think outside of the ever-expanding tentacles of commodification, let alone to imagine a world which is not dependent on the free market.

Such a huge shift in cultural consciousness could not have been achieved without the destruction of the popular assumption that citizenship entailed equal access to what might be described as the common good – that is, something that did not depend on the free market, even though it may not have been completely transcendent of it. The common good was a concept linked to notions of community, created and re-created through narratives, beliefs and other forms of cultural production as well as through access to shared resources and socialised support systems such as education and health care. While it was always a concept marked by deep inequities and constrained by skewed relations of power, these imperfections motivated many to struggle for its full realisation.

In the twentieth century, the nation state was the form chosen by anticolonial leaders to be the institution that would succeed the colony and serve this common good. From its inception the nation was a problematic construction, operating in highly classed, gendered and racialised ways, favouring able-bodied, male, heterosexual subjects, and offering differential access to its resources and services. The stories in *Lionheart Gal* can be seen as a dialogue with notions of the Jamaican and the Caribbean community of nations, and an attempt to challenge the limitations of narratives of nation by demonstrating the problematic everyday reality of men and women. The present global order calls into question, in new ways, the viability and limitations of the notion of nation, and forces us to ask how the terms of reference for a discussion of nation, state and region have altered.

Fire, Blood and Exodus

In Jamaica, for example, three decades of structural adjustment policies have transformed public space and public institutions, changed individual tastes and desires, contributed to a widening gap between rich and poor and to increased levels of violence. The well-documented transformation of Jamaican society has affected the contributors to this volume at practically every level of existence. Take the fire I mentioned before, for example. Fires happen everywhere, but the speed with which this one demolished the building was enabled by the deterioration of state services. Fire engines were in short supply, and so the fire brigade took ages to arrive. While waiting, friends and neighbours tried to put out the fire with garden hoses, only to find that the water pressure was so low that only a trickle came out. When the fire engines arrived their equipment was in poor order – all results of an impoverished and heavily indebted state – and more time was lost. By the time functioning fire engines finally arrived, the fire had eaten up the building and the collective was homeless. The sympathy and kindness of friends in Jamaica and elsewhere, and their contributions and moral support, have enabled Sistren to develop a plan and fundraise for reconstruction. The organisation has found temporary accommodation at the office of the Association of Development Agencies in Kingston.

At a much more traumatic level, contributors to *Lionheart Gal* and others associated with the original collective have endured

286

enormous personal losses as a result of the ongoing crisis. The most serious of these is the fallout from chronic violence in Kingston. Two mothers have lost sons in inner-city violence. Two women have lost brothers violently. Another has lost all three of her sons. All have witnessed and coped with the reality of everyday violence and sexual violence and the horror inflicted in multiple ways on survivors. To survive these losses, to cope with them, to go on living, survivors have to deny the agony they bring, an agony that is all the more terrible because these losses are increasingly ordinary – especially for poor people. The majority of violent deaths in Jamaica are those of working-class men under thirty, and the majority of victims of sexual and domestic violence are working-class women.

This seemingly endless cycle of violence has its origins in a highly complex constellation of old and new factors which implicate and benefit many who are neither poor nor working class and who are privileged to live outside Kingston's inner city and its diasporic replicas. The roots of violence include a longstanding culture of patronage and clientelism dating back to plantation slavery, but later sustained in the mid-twentieth century by political clientelism and reproduced through glamourised media images of armoured masculinity. In the final analysis, although these images are associated with winning consent for the production and marketing of illegal narcotics, we also need to be conscious of the very old historical routes these images have taken through Caribbean culture. The predecessor of the don-man is the pirate, as Peter Tosh brilliantly observed long ago in his song 'You Can't Blame the Youth'. Another predecessor is the overseer, who for centuries ran estates as if they were feudal fiefdoms, dispensing favours and punishments, even though in reality he was, like the don-man, only the manager of property that did not belong to him. The ghosts of Busha and Pirate continue to stalk the land.

Contemporary violence can be seen, at one level, as one of the unresolved and lingering legacies of the traumatic and foundational cruelty on which Caribbean society was built – African slavery, indentureship and aboriginal genocide. Studies of violent trauma by scholars like Judith Herman (1992) show that its strategies and effects are learned across generations. They reproduce themselves cyclically across time, in gendered ways, transforming subjects,

287

circumscribing behaviours and conditioning responses. Racialised, gendered, sexualised and homophobic violence does not simply stop because of legislation or the individual desire to change. Without ongoing disruption of its material causes, as well as careful intervention at the level of identity and cultural memory, violence migrates across time, masked in countless guises.

Its lingering reality is complicated by a proliferation of media images that circulate glamourised and gendered images of Jamaican men as violent, as thieves, gangsters and drug smugglers. The Hollywood animated film *Shark Tale,* for example, contains a composite media image of 'the Jamaican' as seen by the average North American. The film presents us with two dread-locksed enforcers who serve the top don of the marine underworld – a shark. They are imagined as jellyfish – literally, a form of life that survives off pollution. They are cowardly, gratuitously cruel, unable to think for themselves and, unlike everyone else in the movie, the only two characters incapable of showing affection. At the end of the film when everyone else grows, forgives and symbolically embraces difference by hugging, the two yardies' electrified locks fuse, spark and prevent them from touching, rendering them irredeemable.

Such stereotypes of black men are reminiscent of old colonial images such as those of the nineteenth-century essayist Thomas Carlyle, who imagined all Jamaican men as potentially violent and irrational threats to European civilisation. *Shark Tale*'s enforcers remind us how old ideas can be recycled across the generations via Hollywood, dressed up in *bling bling.* They become the nodal point for the reproduction of the old colonial violence across generations, in ways which position victims of violence as dispensers of it. As Frantz Fanon long ago pointed out, such representations are toxic for everyone because they affect how we know ourselves and our sense of possibility. They do not simply reflect a social reality – rather, they construct it. They disfigure not just because they lie about the agony of violence, but because they naturalise and normalise the trauma of gratuitous violence without investigating how and in whose interests it is generated and maintained.

My point here is not to deny that many are complicit with violence or to defer collusion with the problem by blaming more powerful outsiders. I am aware of complicity and collusion. I am

288

also aware that those who collude with and perpetuate this cyclical violence come in all sizes, shades and colours, and from all levels of the society. The person who pulls the trigger or inserts the knife is only one of a number of actors. Again, I am not arguing that those who practise gratuitous violence are innocent victims produced by a combination of unhappy systemic circumstances which they have no possibility of resisting. Nor do I puritanically believe that violence should be censored in the interest of so-called positive images; it may even be possible that some audiences have the imaginative resources to take up and use these images in transformative ways. My point is simply that when glamourised images of armoured masculinity are the dominant images in circulation in a context of extreme inequity, they naturalise and normalise violent relationships and create notions of style, taste, pleasure and possibility that become linked to them, contributing to their reproduction.

I have given two examples of the kinds of personal costs wrought by the crisis of the last three decades in Jamaica. One response to it has been gendered migration; indeed, the movement from country to city described in *Lionheart Gal* has been superseded by the movement of many to *farin* (that is, overseas). This migration is not a matter of individual choice: it is a systemic response of millions to the social and economic reality of a region that increasingly functions as kind of Bantustan. By that I mean that the region produces labour for export across borders, and functions as a kind of impoverished holding area for labour that it is unable to employ. Those who migrate send home remittances to help family and friends survive, and many of those who remain look forward to the possibility of being able to do the same.

The women who tell their stories in this book are part of this scenario; they are now scattered across islands and continents. The majority search for a means to earn a living, guarantee their children access to housing, employment and education, help their parents and kin, further their own development, and look after themselves in sickness and old age. Myrtle Thompson moves back and forth between England and Jamaica. Vivette Lewis goes between Canada and Jamaica. Lorna Burrell lives in New York. Bev Hanson, Cerene Stephenson, Jennifer Williams, Jasmin Smith, Becky Knowles and

289

Beverly Elliot are scattered throughout the United States. Bev Hanson, for example, works two jobs in New York City, contributing her drama skills to a community health project for immigrant women. I go back and forth between the region and Toronto, Canada, where I am now based and where I now teach. Joan French currently works for UNICEF in Africa. Two women living in North America are cancer survivors, but they, too, continue to help their kin at home out of their limited resources. Lana Finikin, Lillian Foster, Afolashade, Myrtle Thompson and Jerline Todd are the remaining members of a collective that continues to operate in Kingston, even though it has contracted since the early 1990s.

'Lord, but the Stream so Muddy!'

Lionheart Gal, then, reappears in a moment profoundly different from that of Sistren's creation, which was an optimistic era marked by anticolonial and revolutionary victories, by women's activism, and by the hope that a realignment of power in the interests of the weak and the formerly colonised was possible. The call for the re-publication of the book has come mainly from students and scholars who want to use it in curricula for women's studies and Caribbean studies. The endorsement of the book by centres of knowledge production legitimates it, but also points to the fact that many of the social movements that existed in the 1970s and early 1980s and that inspired the initial readership have either burned out or been contained, isolated or absorbed into what has been called the 'NGOisation' of social movements. Sistren, for example, is described by Sharon Green as out of touch with working-class youth, lacking in leadership and unable to transform stale, ineffective educational methodologies (Green 2004).

The stasis she describes is not peculiar to Sistren; it has afflicted many of the organisations and individuals formed in the same period. Indeed, perhaps it is an achievement that Sistren has survived at all, given the context. At the end of the 1980s it seemed that history had written a script that everlastingly shuffled the same old patterns of domination and subordination, privilege and pain, envy, desire and exclusion, differential treatment and pathologised representations in endless variations. Many of those associated with

290

the social and cultural movements of the 1960s and 1970s retreated, channelled their energies in new directions or burned out.

In a reflection on the last decades of the twentieth century in the Caribbean, Antiguan activist Tim Hector commented that the succession of invasions, murders and deaths, including those of Walter Rodney and Maurice Bishop, had traumatised him or, as he put it, given him a 'thunder clap shock' from which he found it hard to recover (Hector 2000). Hector's comment resonates loudly for me, because it breaks the silence around the costs of the kind of work he and others attempted, and the invisible destructiveness of loss. Many of those involved in the social and cultural movements of the period have become seriously ill. Several have died – among them Elean Thomas, Michael Smith, Dennis Scott, Patrick Lewis and Joe Ruglass, all friends of the collective. Others have simply retreated, perhaps worn out by the way in which old patterns of privilege and pain re-compose and install themselves intractably in the social world and also within all of us.

On the other hand, some have become what I think of as professional feminists – that is, women for whom gender is a profession. Some, like myself, teach in universities. Others have taken up positions of leadership either within the postcolonial state, or within the 'machinery' of non-governmental organisations (NGOs) as consultants or administrators associated with the World Bank, the United Nations and many others. They have moved into the spaces opened up by the incorporation and transformation of their struggles into new forms of hegemony. Andaiye, a longtime activist and organiser from Red Thread, a women's collective in Guyana, has argued that the incorporation of middle-class feminists into NGOs and other institutions as advisors, consultants, trainers and employees represents the depoliticising of the women's movement in the region. Andaiye is fond of quoting Sonia Harris, who, after reading a paper from one international NGO advocating gender mainstreaming, scrawled at the bottom 'Lord, but the stream so muddy!'

Under what conditions, we might then ask, can social movements reproduce themselves and remain effective? Is there any space for the shaping of new critical and radical subjectivities through these new forms of international governance – such as the United Nations

– or do these new institutions simply perpetuate the status quo, allowing a few middle-class women some professional status while leaving intact the inequities and contradictions of modernisation? Are we living through a cycle of resistance and accommodation in which an entirely negative process of co-optation has taken place? Full discussion of these questions is beyond the scope of this afterword, but what I can do here is consider them in relation to the critical discussion of *Lionheart Gal.*

Critical Issues Related to *Lionheart Gal*: Reflection and Re-entry

Fortuitously, the book has been discussed by several scholars. Here I summarise some of the issues raised by critics and offer a reflection on them. Scholars praise the book as an example of a new wave of postcolonial literature, and one young scholar argues that the book, along with the plays, opened up the question of postcolonial sexual citizenship as a political issue (Batra 2005). Dalleo contends that while the book holds on to the somewhat elitist literary ideals of the anticolonial movement, it is one of a number of texts that attempts 'a concomitant redefinition of literature's relationships to the public and private, activity and passivity, and politics itself throughout the formerly colonial world' (Dalleo 2004, abstract 1). Robert Carr (2002) argues in a highly innovative article that reading official narratives of democratic socialism against some of the stories in *Lionheart Gal* pushes the boundaries of anticolonial nationalism and offers a feminist counternarrative to official versions of history.

Many critics raise disturbing questions. Carolyn Cooper's seminal essay, presented soon after the appearance of the book and later published in her collection of 1993, set the tone for much of the criticism that has followed. Cooper argues that the book's dialogical character pushes the generic boundaries between sociological and literary text. While she endorses the innovative nature of the narratives, she identifies a number of questions as problematic. Focusing on the narratives of womanhood, rather than childhood, she identifies differences between the asexual nature of the middle-class women's accounts and the more intimate revelations of the working-class women, suggesting that these re-inscribe the divide between the respectability of middle-class women and their sexual opposites – the 'out and out' black working-class woman. Finally and most insightfully, she argues that the use of standard English in the introduction and in the narratives of the middle-strata sistren 'subverts the subversive' by undermining my argument for *patwa* (patois) as a complex language of reflection, and re-inscribing English as a scribal and authoritative form.

Carr and Dalleo also raise questions about the collaboration that produced the book, the methodology and the collaborative relationship between myself as 'amanuensis' (Cooper 1993) and the contributors. Dalleo points to the disjuncture between the patwa-speaking voice of the collective and my theoretical, 'academic' use of so-called standard English, contending that this underlines 'continuities between Sistren and the elitist elements of anti colonial desires to speak for the folk' (Dalleo 2004, 159) and reduces the work to the didactic or evangelical rather than the dialogical. Cooper sums up the concern when she contends,

> Further the search for what Honor calls a 'throughline for each story' (p. xxvii) superimposes on these misbehaving, idiosyncratic oral accounts a decidedly scribal narrative necessity. The looping, circular line of oral narration becomes diametrically opposed to the unidirectional, ideological throughline. The autonomous oral stories revolt against the constricting, scribal narrative intention of the predetermined thematic project. (Cooper 1993, 89)

As the interviewer, scribe and editor, I have thought long and hard about all these criticisms. The most challenging questions for me are those related to the ethics of the collaborative project, the question of collaboration across social and racial differences, and in particular the power of the editor/interviewer. Several questions spin off from those raised by the critics. Does the work produced merely result in the commodification of the lives of poor women in ways that fix them in the stance of passive victims who need to be rescued by their more powerful sisters? Does the work somehow fix the identity of an essential, real Jamaican woman in a language and experience that is both dependent on and in direct opposition to colonial middle-class whiteness? Does the project place in circulation the construction of the authentic black subaltern female essence fetishised for consumption by voyeuristic readers eager to fix their own superiority by distinguishing themselves from this construction of the real? Do writers such as myself, apparently white, middle-class Jamaican women working with black, working-class women, inevitably gain in power by engaging in cultural collaboration across difference? Do we inevitably construct a virtuous identity for ourselves through management, regulation and translation of the subordinate other? To what extent does such intellectual and creative work depend on relations of power that are suffused with domination, fear and desire for the other? Is it always impossible to disrupt this order?

It took a long time for me to reach a kind of incomplete conclusion that is deliberately, even self-consciously, optimistic. I lay out that position knowing how difficult it is to hold on to a sense of possibility and hopefulness, but also knowing that without a commitment to a politics of hope it is quite impossible to find the energy to do anything at all, let alone challenge oppressive social relationships.

I propose that social movements and the cultural work they produce are never pure spaces of resistance, and that they do not produce pure ruptures with domination. How easy it is to write that; how hard it is to live and live with! Groups like Sistren and the work they produce attempt to intervene in specific relations of power and knowledge but they rarely, if ever, completely transcend these relations. They resist, transform and accommodate, often simultaneously; sometimes the source of resistance is also the source of accommodation. The narratives of liberation and the relations that produce them are often conflicted and contested, both in terms of how they interact with each other and in terms of how they interconnect with other social relations. But it is the conflicts, struggles, cracks and absences that are in themselves productive of expanded visions of liberation. It is the unsettling, unfinished and contradictory quality of these stories, the uneven terrain of power they traverse, that in the long term is most productive of dialogue and action. Engaging critically with the cracks in the narratives can bring new life to them through their reinterpretation; addressing the cracks, absences and imperfections can provoke responses that will fill these absences.

294

The stories in this volume were created at a particular moment in an attempt to reach a wide audience and to advocate for a particular kind of feminist practice. This brand of feminism differentiated itself from liberal Western feminism while remaining in dialogue with the latter, as well as other social movements. This took place in a dialogical space both within and outside of the Caribbean, through the contributions of women in the region, Caribbean women in diaspora and women in other countries. Sistren's work was not a purely isolated, local phenomenon (Reddock 1998). The heated debates that took place within these encounters resulted in the emergence of a number of issues which helped to transform the idea of feminism as a homogenous movement dominated by white North Americans and Europeans. It was a dialogue that was both local and global. While Sistren's work addressed audiences in the region in working-class and other communities, it was also taken up by women elsewhere, in particular by black women in diaspora. In hindsight, the first issue which emerged from that dialogue at home and abroad was the idea that it was important to examine women's social relations to each other as well as their relationships to men of different social groups. It was also important to examine their membership in multiple other communities, such as those of class and nation, in the overall context of expanding and changing global capitalism. Sistren and other groups such as Red Thread, as well as individual women like Joan French working within the movement, asserted the importance of women organising autonomously, but they did not treat women as a homogenous group nor as a collection of autonomous individuals. Women's situation was analysed according to their social and material locations and their relationships to each other, as well as to men in specific sites such as the home and the plantation, and in terms of sexual relations.

Such an approach ultimately assumes that we need to complicate our reading of gendered subordination and resistance, representing men and women neither as simply colluding with domination nor as heroically challenging it. Instead, what emerges is a complex mix of roles which depend on elaborate and everyday hierarchical race, class and gender arrangements – arrangements which permit individual women to be simultaneously oppressor and oppressed. Such an approach also dispels the notion that working-class women and middle-class women occupy rigid positions as each other's opposites, and are content to play out roles as passive victim and active oppressor. While oppressive structures are ever present, Caribbean people are not easily robbed of agency. As regional histories show, they resist political agendas with which they disagree in myriad and cunning ways. One of these is hybrid language use.

The Caribbean is probably the least likely place to argue for a strict dichotomy between the oral and the written, in which the oral can be equated with spontaneity and rebelliousness and the written with formal political agendas aiming to constrain the grassroots. One has only to think of the uses of the Bible in everyday speech, or the role of the oral in regional courtroom rituals in English, to realise how difficult it is to create a rigid dichotomy between written and oral. Scholars such as Vail and White (1991) have criticised discrete notions of oral society and cautioned against the notion of an 'oral' culture, arguing that this is in fact an anthropological construction that reinforces old ideas of the primitive other whose authentic essence never changes over the course of history. *Lionheart Gal* represents an effort to break down the oral/scribal dichotomy by placing side by side the range of language uses and by mixing oral and scribal, standard English and various forms of Jamaican. Taken together, the pieces represent the complexity of the society, its ambivalence, its conflicted and contradictory nature. They never completely transcend the power relations that produce the society, but as Robert Carr (1994) demonstrates, the book attempts to make those relations strange, to de-naturalise them by naming the power relations and exposing them as part of the project.

This strategy of exposing and naming the sources of power which give rise to the way we think about our lives is not foolproof. It finally depends on community, on a commitment to dialogue across differences of class, sexuality, religion, race, age and nation. This commitment to dialogue and to small-scale coalition and collaboration across what is now called difference was the ethical centrepiece of the early work of Sistren, and of this collection. I wonder to what extent this crossing of class and colour barriers would be possible now. It would not have been possible without a commitment to this process over a protracted period of time. This commitment was likely helped on both sides by the fact that many of us shared youth and friendship in common. Elsewhere I have written about the problems and conflicts we confronted in collaboration (Ford-Smith 1995), proposing that issues of privilege and pain related to race, class, age, sexuality and so on cannot be opted out of or abolished simply because of the desire to do so or because of utopian commitments. These problems and conflicts shape us and our relations; they also shape our language and social institutions. Products such as *Lionheart Gal* challenge the inequitable relations, but they do not finally abolish them. They remain constrained, imperfect, complicated and full of struggle. Crossing the boundaries of difference while remaining aware of the deep structures of privilege and pain is hard work. It does not produce final truths or perfect social relations, but it is probably the only road to creating something that confronts inequity.

There are many gaps that remain to be filled in these narratives; some have already been addressed by the work of other scholars and writers. For example, the question of sexuality needed far fuller exploration than was possible here. Afro-Caribbean writers like Makeda Silvera (1992) and M. Jacqui Alexander (2000) have bravely taken up these questions. Silvera has discussed the everyday life of working-class lesbian women, confronting the silence around the question. Alexander has explored the reasons for the active perpetuation of homophobia in law and tourism in the context of the regional crisis, exposing the ways in which neocolonial power works through notions of the body and sexual citizenship. Her work helps us understand why women organising together can seem so threatening to male elites. Since then writers like Dionne Brand, Thomas Glave, Shani Mootoo and others have taken up the question of sexuality. Their work, along with that of the Jamaica Forum for Lesbians, All-Sexuals and Gays, and folks involved in AIDS support, has contributed to changing the perception of Jamaica and the anglophone Caribbean as a backward hotbed of homophobia.

Another gap in the work remains around questions of race. While *Lionheart Gal* revises many earlier images of black women in anticolonial literature, it does not describe the actual reality of working across racial and class differences, and the enormous commitment that this requires. Such a narrative would perhaps be helped by developing more accessible ways to understand and

297

discuss race as a social construction rather than a biological descriptor. Racism, as an ideology, was constructed and maintained through gendered cultural representations in the service of colonial patriarchy. This collection begins to disrupt the stereotypes of colonial racism. Further work requires attentiveness to how these racial constructions inform relationships between different racialised groups in the service of colonial *and* neocolonial patriarchy. African nationalist discourses successfully identified economic and social issues related to anti-black racism, but largely failed to challenge the normalisation of able-bodied heterosexual masculinity, as scholars like Carby (1998) pointed out. It also failed to address how specific racial discourses such as those defining Indians, indigenous and other racial groups in the region affect everyday relationships between these groups and constrain regional reality. These are perhaps two obvious areas for future work. The stories in the volume are therefore only part of what has never been told, or what has been told all wrong. Imperfect as they are, they are full of hope, offering a living attempt to rupture the myriad hierarchies that constrain social possibility.

Retreat and reflection can be a strategy for re-entry. The reappearance of this volume, far from being the production of a museum piece and an act of nostalgia, can serve as an opportunity for folks to take up its contradictions and absences, to engage with them and produce a broader sense of what is there as well as what is missing in the narratives, critiquing, redefining and using these insights to enact emancipatory narratives. This is one way to think about *Lionheart Gal* in this millennium, not just as a historical document reflecting an important moment in the Caribbean women's movement but also as a place from which to re-vision what novelist Erna Brodber once called 'the incomplete project of emancipation'.

References

Alexander, M.J. 2000. 'Not Just (Any) Body Can Be a Citizen: The Politics of Law, Sexuality and Postcoloniality in Trinidad and Tobago and the Bahamas'. In *Cultures of Empire: Colonizers in Britain and the Empire in the Nineteenth and Twentieth Centuries, A Reader,* edited by Catherine Hall, 359–76. New York: Routledge.

Andaiye. 2002. *The Angle You Look from Determines What You See: Towards a Critique of Feminist Politics in the Caribbean.* Kingston: Centre for Gender and Development Studies, Mona Campus Unit, University of the West Indies, Mona.

Batra, K. 2005. ' "We Shouldn't Shame to Talk"· Postcolonial Sexual Citizenship in Sistren Theatre Collective's *Bellywoman Bangarang* and *QPH*'. Unpublished paper.

Carby, H. 1998. *Race Men.* Cambridge: Harvard University Press.

Carr, R. 1994. 'Crossing the First World/Third World Divides: Testimonial, Transnational Feminisms, and the Post Modern Condition'. In *Scattered Hegemonies: Postmodernity and Transnational Feminist Practices,* edited by Inderpal Grewal and Caren Kaplan, 153–72. Minneapolis: University of Minnesota Press.

———. 2002. 'A Politics of Change: Sistren, Subalternity and the Social Pact in the War for Democratic Socialism'. In *Black Nationalism in the New World: Reading the African American and the West Indian Experience,* 225–69. Durham: Duke University Press.

Cooper, C. 1993. *Noises in the Blood: Orality, Gender and the 'Vulgar' Body of Jamaican Popular Culture.* London: Macmillan Caribbean.

Dalleo, R. 2004. 'From Anti-Colonial to Postcolonial: Authority and Masculinity in the Caribbean Literary Field'. PhD diss., State University of New York at Stony Brook.

Fanon, F. 1967. *Black Skin, White Masks.* New York: Grove Press.

Ford-Smith, H. 1995. 'Ring Ding in a Tight Corner: Sistren, Collective Democracy, and the Organization of Cultural Production'. In *Feminist Genealogies, Colonial Legacies, Democratic Futures,* edited by M. Jacqui Alexander and Chandra Talpade Mohanty. New York: Routledge.

Green, S. 2004. 'Sistren Theatre Collective: Struggling to Remain Radical in an Era of Globalization'. *Theatre Topics* 14, no. 2 (September): 473–95.

Grewal, I. 2005. *Transnational America: Feminisms, Diasporas and Neoliberalism.* Durham: Duke University Press.

Hector, L.T. 2000. 'Yesterday and Tomorrow: Beyond Catastrophe and Death'. *Fan the Flame* (October 27). http://www.candw.ag/~jardinea/ ffhtm/ff001027.htm.

Herman, J. 1992. *Trauma and Recovery: The Aftermath of Violence from Domestic Abuse to Political Terror.* New York: Basic Books.

Reddock, R. 1998. 'Women's Organizations and Movements in the Commonwealth Caribbean: The Response to Global Economic Crisis in the 1980s'. *Feminist Review,* no. 59 (Summer): 57–73.

Silvera, M. 1992. 'Man Royals and Sodomites: Some Thoughts on the Invisibility of Afro-Caribbean Lesbians'. In *Piece of My Heart: A Lesbian of Colour Anthology,* edited by Makeda Silvera. Toronto: Sister Vision Press.

Vail, L., and C. White. 1991. *Power and the Praise Poem: Southern African Voices in History.* Charlottesville: University of Virginia Press.

Glossary and Notes

This glossary contains Jamaican words and English words with non-standard usages as they appear in the text. The spellings and interpretation owe a great deal to the *Dictionary of Jamaican English* edited by F.G. Cassidy and R.B. Le Page (Cambridge University Press, London, 1967) and to Mervyn Morris' work on the language in *Louise Bennett: Selected Poems* (Sangster's Book Stores, 1982). Notes are also included on names of Jamaican organisations, people and processes.

A

a   is, be, am, are, it is, there are, to, of, in, at

abeng   musical instrument made from cowhorn and used by maroons to send messages. In the late 1960s a radical newspaper.

ah   I

almshouse   poorhouse

Ananse   a trickster, the spider-hero of traditional Jamaican stories of Ashanti origin

anyting   anything

anyweh   anywhere

approve school   a reformatory, a school for children who have broken the law

ascorden   according

at all tall   at all, at all

awo   oh

B

baby-faada   man with whom a woman has had a child, not necessarily a partner, opposite of baby-madda

back   used after a verb to indicate doing something again, e.g. 'come home back' – come home again

301

backative   support, back-up

bacra massa   white master

bad up   to treat roughly, to threaten

balm woman (or man)   one who keeps a balm yard, one who administers herbal and other remedies and who leads at his or her yard a revivalist service

balm yard   a headquarters and ritual site, where herbal and other remedies are administered. Worship takes place there, accompanied by drumming and dances of which possession/ trances are an integral part. Balm woman or man officiates at balm yard.

banana trash   dried bits of banana stem

bandoolu   having to do with chicanery, tricky, illegal, dishonest

Bandoolu Version   Sistren's second major production (1979) deals with women involved with men who were hustlers or thieves and the rejection by those women of that way of life. Directed by Honor Ford Smith.

bangarang   confusion, riot, disorder, quarrel, old useless things

basic school   nursery school

batty   backside, bottom

battyman   male homosexual

beat up dem gum   insinuate, quarrel, to talk a lot of nonsense

bellywoman   pregnant woman

Bellywoman Bangarang   Sistren's first major production based on the lives of group members and using ring-games as central images; motherhood and sexuality are the main themes. Directed by Honor Ford Smith in 1978 and by Rawle Gibbons in 1982.

ben   been, probably derived from English verbal particle been

Big Man   rich or upper class man owning property or business

blackheart man   a man who gives candy to children in order to lure them away with him

bleach   to stay up very late at night, to stay out in the night air

bodder   bother

boderation   a vexation or annoyance, a person or thing that annoys

bongo   from Hausa word 'bungo', meaning nincompoop, country bumpkin, of unprepossessing appearance. In Jamaica originally used derogatively meaning very black, stupid, uncouth, rough. Today, also used to mean person proud of African ancestry.

302

boots up   to boost someone, to support someone, to encourage someone

branch   a local section of the Jamaica Labour Party (JLP)

bredda   brother

breed   to make or be pregnant

bright   smart, precocious, bold

bruck   break

bruckins   a lively vigorous dance; a specific dance form from eastern Jamaica associated with a ritual play commemorating emancipation; also called bruckins party

buck up   meet, encounter

bulla   a round flat cake, sometimes with a hole in the middle

bun   burn

bunchy fowl house   little chicken coops, grouped together made out of scraps of wood and mesh wire, used to refer to many people living in poor housing

busha   overseer or owner of a plantation

business   bother, take interest in, usually used with negative 'me no business'

buss   burst

Busta   *see* Bustamante

Bustamante   Sir Alexander Bustamante, labour leader in the anti-
colonial struggle of the 1930s. Later Chief Minister and first Prime Minister of Jamaica, national hero, founder of the Jamaica Labour Party and the Bustamante Industrial Trade Union.

C

callaloo   green leafy vegetable similar to spinach

Camp   Up Park Camp, headquarters for British and later Jamaican soldiers in Kingston

cause   because

check   pass by, contact, indicate sexual interest in another

check fi   like, admire

chinee   Chinese

cho   interjection of anger, impatience, disappointment

cho cho   a kind of squash, a vegetable

cho cho arbour   cho cho vine

cho cho walk   area of ground where cho cho is grown

Christian   member or supporter of a revivalist or fundamentalist religious group, often suddenly converted through vision or at

303

a crusade, rejects 'worldly' things such as make-up, alcohol, dancing outside of church or, if a woman, revealing dress

civil sweet   a type of orange, tasting sweet and sour

claat   cloth, in language of abuse usually refers to women's sanitary towel, also often coupled with reference to women's vagina (e.g. pussyclaat, bloodclaat)

coolie duppy   ghost of an East Indian – a troublesome spirit

cotch   to lean up, temporary support, a temporary resting place

cotta   a circular pad placed on the head to protect it and steady a load borne on it

Crashie   *see* Impact Programme

Crash Programme   *see* Impact Programme

crepe   sneakers, rubber-soled tennis shoes

criss   crisp, stylish, smart

croaking lizard   greyish-white lizard that croaks, much feared

crocus   burlap, sacking, crocus bag, burlap bag

crotch   crutch

crucial   terrible, life-threatening, critical

cuss   quarrel, curse

cut cake   candy made with bits of chopped coconut and brown sugar

cut eye   to catch someone's eye and then quickly lower the eyelid, while turning the head away. An insulting action or mark of scorn (e.g. 'She cut her eye after me' – she made an insulting gesture at me)

cutlass   machete

cyaan   can't

D

dah   that, that one, at, in, on to; dah + verb is equivalent to 'to be' + present participle (e.g. me dah go – I am going)

dan   than

das   that is, that's

dat   that

dawta   daughter, woman (a Rasta word taken from the biblical concept of 'Daughters of Zion')

days' work   part-time work, paid for by the day, often used to refer to paid domestic work or work in the household

days' worker   woman who does days' work

deh   there

deh-deh   was there, were there, is there, are there

deh pon to be about

deh-so there

deh-wid to have a regular sexual relationship with another person, to be in a sexual partnership with another

deliverance campaign slogan of the Jamaica Labour Party (JLP) in 1980 election

dem them, also used to indicate plural (e.g. di key dem – the keys)

den then

dere there

dese these

different different, separate

differently separately

dildo macca cactus with prickles, named dildo because of its phallic shape

dis this

do-do faeces

dose those

downpression oppression

Downpression get a Blow Sistren's first public presentation

draws panties

drops coconut candy made of coconut cut into small bits and cooked in sugar till thickened, then dropped on to a pan

drum pan large oil drum for storing water

duppy ghost

dutty dirty

E

Ee Hee! yes! oh yes?

E-E interjection expressing surprise, astonishment. Indeed!; can also be amused surprise, sometimes worry or used tauntingly.

Ee? eh? asking for repetition or agreement

Ettu a ritual and religious observance of Yoruba origin from Western Jamaica especially the parish of Hanover. It celebrates the cycle of life. Rites are held to mark marriage, birth or death. An Ettu play includes ritual feeding of the spirits, singing and dancing to the Tata (kerosene pan – drum) and recognising of members of the community through shawling – i.e. the placing of fabric or a hat on the shoulders or head of the dancer.

everyting everything

F

faada father

facety rude, impertinent

fah for

farmwork scheme an arrangement with the government of the USA, by which male Jamaican workers go as temporary cheap labour to the USA. to work on estates at jobs such as cutting sugar cane or picking fruit.

fass interfering, meddlesome, quick to intrude in other's business

fast *see* fass

favour to resemble

feel a way to be upset, annoyed, disappointed

fi for, to

fi-dem theirs

fi-her hers

fi-him his

fi-me mine

fi-we ours

figat forget

flah flah codfish fritters

follow fashion to copy

form pretend

forty nights ritual observance of death, including dance, games, singing and drumming, celebrated for forty nights after the death of the deceased. Traditional in parts of Jamaica where there is strong Yoruba influence e.g. Hanover and Portland.

fraid afraid

G

gainst against

gal girl

galang go along, go away, go on

ganja marijuana

Garvey, Marcus Jamaican national hero, black nationalist and founder of the Universal Negro Improvement Association, which in the first half of the twentieth century organised millions of black people around the world in favour of African independence and black self-reliance and dignity.

get a blow to receive an attack

get inna spirit to become possessed

gimme give me

gingeration generation

gingy a small fly, any of various small flies

ginnal trickster

Goddy godmother

Grace paper bag a brown paper bag with the emblem of a Jamaican food processing company stamped on it.

grade nine achievement a last chance given to children attending junior secondary schools to gain entrance to grammar (high) schools. If their academic achievement is high the children are selected to take a test which, on passing, allows them a place in the third or fourth form of a grammar school.

grang grang bush, thicket

Great House large residential house built on sugar estates in colonial times.

greng greng bits and pieces, things

grip suitcase

ground field

group local section of the People's National Party (PNP)

gwan go on

gweh go away

gwine going to

<h2 style="text-align:center">H</h2>

haffi have to

heng hang

hige hag

higgler seller of small produce or goods, formerly itinerant but now also one who sells in a market or on the roadside

High School grammar school, established by the church and traditionally funded both by the church and government. Entrance is gained by passing the common entrance. However a small number of fee-paying children are also admitted. Education is primarily academic and secondarily vocational. high schools which are few in number, are usually sex-segregated.

him his, her, he, she

Hope Gardens Botanical Gardens in Kingston

hours beat sometimes, now and then, later

hustler one who makes a living by combining selling with odd jobs. Also sometimes with begging, borrowing and trickery.

ignorancy ignorance

ignorant to get ignorant, to get angry, to loose one's temper

Impact Programme Also called Crash Programme and Special Employment Programme. A special make-work programme which provided jobs for many unemployed people, the majority of whom were women, during the Democratic Socialist Government of the PNP in the 1970s. It usually took the form of street cleaning, and was to be a temporary step on the way to permanent employment in another government sector. It was abolished in 1981 by the Jamaica Labour Party government.

irie all right

jah Jehovah, God

Jamaica Labour Party Founded by Sir Alexander Bustamante in 1943. A conservative party presently pursuing monetarist policies in line with increased dependence on foreign capital investment and loans from western banking systems.

JAMAL Jamaica Movement for the Advancement of Adult Literacy, an institution founded in the 1970s for the promotion of adult literacy through non-formal means.

JBC Jamaican Broadcasting Corporation

jippy jappa a kind of straw usually used to make hats and bags

JLP *see* Jamaica Labour Party

jook stab stick, poke, prod

JSC Jamaica School Certificate. A school leaving exam which students leaving secondary schools can take. It is not accepted as an entrance requirement to tertiary institutions.

ketch catch

kirrout clear out

kiss teeth to make a sucking sound in disgust, annoyance or protest

krebeh krebeh old worn out or useless stuff, a legacy

Kumina a religious ceremony found among people of Congo origin, especially associated with eastern Jamaica. Rites are held to celebrate birth, death or any other significant occasion. They are accompanied by drumming, possession, dancing, animal sacrifice and speech in 'country', a ritual language containing many Congo-based words.

L

Labourite   a derogatory reference to supporter of the Jamaica Labour Party

landmissis   landlady

lathe   a thin narrow flat piece of wood often used instead of a mattress on beds

lawd   Lord

lef   leave, left

leggo   let go

leggo beast   wild, dangerous person

lick   hit, beat, strike; to lick down – to hit to the ground

licky-licky   subservient

lickle more   after a time

line and line   border to border, neighbours

logi-logi   heavy, slow, sluggish, stupid, a person with these characteristics

low   allow, let someone have their own way

M

macca   prickles, thorns

machete   cutlass

madda   mother

madda woman   woman who keeps balm yard

Manley, Michael   Trade unionist and leader of the People's National Party, son of Norman Washington and his wife Edna, an artist and sculptress. Prime Minister of Jamaica 1972–80, advocate of a policy he named Democratic Socialism, which was characterised by social reform, gradual state-purchasing of national resources and a foreign policy emphasising alliances with third world and socialist countries.

Manley, Norman Washington   National hero and founder of the People's National Party, leader of the anti-colonial struggle, Queen's Counsel and Premier of Jamaica, advocate of socialism by reform.

man royal   woman who behaves like a man

Maroon   Originally blacks who refused to be enslaved and who lived in the mountains, waging a guerilla war against the English. In 1738, under Kojo's leadership they signed a treaty with the British guaranteeing them separate existence within the slave colony of Jamaica.

mash-up   beat, break, smash, destroy

mass mister, master
massy mercy
mawga meagre, thin
mek make
mek hase make haste
member remember
mi I, me, my
missis mistress
mongoose furry mammal with long tail, eats snakes, chickens etc
mongst amongst
MP Member of Parliament
murderation torture, very brutal beating
mussy must have, must be

N

nadda another
nah not
Nana Yah Sistren's major production in 1980, directed by Jean
Small, focuses on Nanny, the female guerilla leader of the
Easter Maroons who won a land patent from the British in
1739.
nine nights wake which includes games, singing, dancing, story-
telling, usually held nine nights after the death of the deceased
no not, an, is, are not, please, won't you
notten nothing, anything
noweh nowhere
nyam eat

O

Obeah The practice of malignant magic as widely known in
Jamaica. Its origins are African. The magic is designed or
'worked' upon or on behalf of someone, to be distinguished
from myal which is a curative or healing practice.
odder other
offa off of
ole old
ole hige nagging old woman, an old woman who takes her skin
off at night, flies round as raw body to suck blood, especially
of babies, supernatural, but not a spirit
ongle only
oonoo you (plural)

out a   out of
owna   own

<h2 style="text-align:center">P</h2>

pardner   a savings club, in which each member pays a certain sum each week, and in turn gets a whole week's collection
peeny wally   firefly
PNP   *see* People's National Party
People's National Party   Nationalist party founded in 1938 by N.W. Manley and others, with the aim of creating socialism by reform. It was modelled on the British Labour Party and strongly influenced by Fabian ideas. From 1972–80 the party, led by Michael Manley, formed the government of Jamaica and pursued a policy called Democratic Socialism, which was based on social reforms, state purchase of private property and a foreign policy committed to building links with third world and socialist countries. The hostile reaction to these policies on the part of vested interests created a national crisis including large scale violence, flight of capital and food shortages. In a violent election in 1980 the PNP lost power to the JLP.
Poco   Pukkumina, a religion mixing Christian fundamentalism with some African religious customs. Worship involves singing and dancing to drums, possession by ancestral and other spirits as well as Bible readings, prayer, testimony and sermon.
pon   at, upon, on
Poopa   Father
puddung   to put down
pure   only
puss   thief, (i.e. like a cat)

<h2 style="text-align:center">Q</h2>

QPH   Sistren's fourth major production. The play was about the inmates of the Kingston Almshouse which burnt down in 1980, during election violence. 153 destitute women burned to death. No men died. *QPH* was scripted and directed by Hertencer Lindsay in 1981.
quail-up   to wilt, to shrink, to fade
quatty   a penny ha'penny, $1\frac{1}{2}$d
quint   wink, squint

rahtid a mild expletive

ranking man who achieves status in a working class community, through community defence, gang leadership, hustling or violence

ranks *see* ranking

rass the buttocks, often used in a exclamatory way to show strong opposition, scorn, anger, impatience. It is considered very vulgar.

Rastafarian A member of a religious group which takes Ras Tafari, Haile Selassie, the former Emperor of Ethiopia, as a deity. The group developed in the 1930s, inspired by Selassie's struggle against the Italians for control of Ethiopia. Rastas, or Dreads as they are also called, avow a desire to return to Africa, physically or spiritually by establishing an African society where they live. This includes a rejection of the European cultural values that are remnants of colonialism in Caribbean societies. There is a wide range of thought among Rastafari. Some place great emphasis on the Bible, which they interpret in the fundamentalist tradition. For others the cultural and political aspects of the African outlook are more important. The culture has influenced many who are not believers in Selassie to adopt elements of the Rasta way of life such as vegetarianism, locksed hair (as is worn by the Masai warriors of Kenya), and the use of words developed within the group e.g. irie – all right. Herb smoking (smoking of marijuana) is a religious rite among Rastafari.

ratta castle shack, old house which leaks and is in ill-repair, infested with vermin and rats

rattan a form of straw weave used to make furniture

read up to interpret things without foreknowledge, to tell fortune or to speak as a seer

red a colour covering the range from yellow through orange to red. A complexion term referring to a person with light or yellowish skin and some feature displaying African ancestry.

red ibo a light coloured person with nappy hair or other features displaying African origin. Originally, like bongo, used with derogatory intent.

ribbit rivet

rockers reggae with a slow rhythm

rolling calf a ghost, taking the form of a monster with fiery eyes, who trails a long chain behind him. People who lead dishonest lives are said to 'turn rolling calf' when they die. Haunts roads and countryside.

ruction   commotion, dispute

run   chase; to chase out

runnings   business, process

S

sah   sir

Saint Hilda's High School   An Anglican boarding school for girls in Browns Town, St Ann, providing academic education. Until the 1950s when, under N.W. Manley, the government offered free places to poor children, only those who could afford to pay the fees could attend. These were largely white or brown. It is alleged that an English headmistress who admitted black girls to the school was dismissed for this reason in the 1930s.

sankey   religious songs or hymns often composed by Ira David Sankey

satta   sit down, stay put

scaveech fish   fish prepared with pimento, pepper, onion and vinegar

scholarship   The common entrance examination which all Jamaican children are supposed to sit. It determines which children will enter traditional high (grammar) schools and become eligible for pre-university education. Less than twenty-five per cent 'pass' as places in high schools are restricted.

screw face   scowl, scowling person

Seaga, Edward   Leader of the Jamaica Labour Party and Prime Minister of Jamaica since 1980, he pursues a monetarist policy, aspects of which include dependence on Western banking systems, export-oriented industrialisation financed by foreign capital and tourism promotion. State expenditure on education, health and social services is decreased to a minimum.

seh   say, that

session   party, dance

set   *see* tek set

shut   shirt

shut pan   a container with a cover in which workers carry lunch

siddung   sit down

sinting something
sipple-jack a whip made from shrubs
sistren sisters
slackness indiscipline, sexual wrongdoings
smaddy somebody
so thus, emphasises adverb of places, e.g. deh-so, yah-so
sodomite lesbian
someweh somewhere
so-so only, mediocre, unaccompanied by something one might
    have expected it to be accompanied by
so-till until
spliff marijuana cigarette
stangerine tangerine
stoosh posh, show-off
stop pon premises live on the premises
stretch me candy made from melted sugar coloured with red and
    stretched into a long, curved shape
sweet please greatly, amuse
sweet boy attractive, well dressed young man
switch branch of a tree often the tamarind, used for beating

T

tall long
tall hair long straight hair
tan to stand, to stay, to be in a specified state, to appear, to seem
    to be
tarra-tarra blankety-blank, substitute for blah blah blah or bad
    word
tea any liquid taken as beverage, the first meal of the day, usually
    but not always including tea
teapot penis
tek take
tek set to follow around, to irritate
tek something buy pass use something as an excuse
tek time to go slowly, cautiously
tenant yard tenement yard, a communal yard in which many
    people rent rooms
throw pardner to save money in a savings club, *see* pardner
throw word abuse, accuse by implication
tick stick
ticky ticky thin

314

tief   thief

tink   think

tinnin   tin

togedder   together

tongues   spirit language

toto   a small cake made of flour, sugar and coconut

Town   Kingston, the capital city of Jamaica

trace   curse, quarrel

tru   because, because of, since

trump   a process of breathing loudly, as a part of revivalist
practices, helps to induce trance

trust   to buy on credit

tump   thump, hit

tun   turn

tusty   dry

U

uppa   up at

W

waan   want

wah   what

waiter   serving tray

wappen bappen   shack, improvised house made out of scraps of
wood, zinc or cardboard

warra warra   blankety-blank, substitute for bad word

wash   lemonade

wattle and daub   laths, twigs, branches of bamboo used to make
wall of a house or fence and daubed with red clay or lime

way   away

weh   which, what, whatever, where

whipping boy   also called whooping boy, whistling cowboy, a
ghost which manifests itself with loud whoopings, cracking of
whips. It is supposed to be the ghost of a man who used to pen
the cattle on an estate during slavery. Associated with rolling
calf.

who for   whose

wi   will

wid   with

wis   vines

wuk   work

315

wutliss worthless

Y

yah here
yah so here
yaw you hear
yuh you, yours